教育部人文社会科学研究规划基金项目"适度干预视角下中小企业融资扶持政策精准供给研究"（20YJA790078）

适度干预视角下中小企业

融资扶持政策精准供给研究

薛 菁 林 莉◎著

九州出版社
JIUZHOUPRESS

图书在版编目（CIP）数据

适度干预视角下中小企业融资扶持政策精准供给研究 /
薛菁，林莉著. —北京：九州出版社，2024.7.

ISBN 978-7-5225-3329-2

Ⅰ.F279.243

中国国家版本馆CIP数据核字第20243AV496号

适度干预视角下中小企业融资扶持政策精准供给研究

作　　者	薛　菁　林　莉　著
责任编辑	田　梦
出版发行	九州出版社
地　　址	北京市西城区阜外大街甲35号（100037）
发行电话	（010）68992190/3/5/6
网　　址	www.jiuzhoupress.com
印　　刷	三河市龙大印装有限公司
开　　本	710毫米×1000毫米　16开
印　　张	17.5
字　　数	213千字
版　　次	2025年1月第1版
印　　次	2025年1月第1次印刷
书　　号	ISBN 978-7-5225-3329-2
定　　价	99.00元

前　言

出台扶持政策缓解中小企业融资困境是政府干预金融市场从而实现政策目标的一种举措。精准有效的中小企业融资扶持要求政策供给与中小企业融资需求相适应；坚持市场化导向，不破坏公平竞争的市场环境，不违背优胜劣汰的市场规律。中小企业融资扶持政策的精准供给有利于保护各方市场主体合法权益，有助于增强中小企业自我造血能力。我国中小企业融资扶持经历了从政府主导到政府与市场协同作用的演变过程。近年来，在高质量发展背景下，与信贷、债券、股权三个企业融资主渠道相关的扶持政策不断出台，定向降准、民营企业债券融资支持工具、资本市场注册制改革等政策举措拓宽了中小企业融资途径和促进了民营企业发展壮大。随着普惠政策的不断出台，精准施策问题逐渐引起重视，中共中央 国务院针对中小企业长期存在的痛点和难点，于2019年12月印发《关于营造更好发展环境支持民营企业改革发展的意见》，并且于2023年7月发布《中共中央 国务院关于促进民营经济发展壮大的意见》。各级政府为了进一步激活中小企业的活力和创造力，在扶持民营经济发展的文件中均将"完善精准有效的政策环境""精准制定实施各类支持政策"等作为扶持举措。这些政策文件的发布和实施为本书研究中小企业融资扶持的精准性问题提供了政策依据。

从政策实施效应看，"大水漫灌"式的政策供给在实践中存在着无效和浪费的弊端，例如，与企业需求不相适应，影响融资扶持效率；因降低融资准入门槛带来金融风险；过多政策介入破坏融资市场上投融资主体的自主性。因此，中小企业融资扶持精准性研究中需重视政策供给适度性问题。从政策干预的适度性角度探讨中小企业融资扶持政策的有效供给，反映了新时期民营经济发展中对政府与市场关系的处理，是政企关系理论、竞争中立原则等在实践中的具体应用，对促进金融高质量服务实体经济具有理论意义和实践价值。基于上述思考，本书在阐释中小企业融资扶持政策的精准性和适度性间逻辑关系基础上，从信贷融资、债券融资、股权融资三个方面考察我国中小企业融资扶持政策供给精准性，从适度干预视角提出精准施策的对策建议。

本书的研究特色体现在三个方面：一是研究思想。借鉴金融市场政府适度干预理论、竞争中立原则等学术论述，认为只有坚持政策扶持的适度性才能实现精准施策，才能支持中小企业高质量发展。二是研究内容。本书的研究重点是当前中小企业融资三个渠道——信贷、债券、股权融资中的政策扶持适度性与政策实施效应精准性之间的关系，研究内容具有现实契合性。三是研究方法。坚持规范与实证研究相结合，注重分析工具的适用性和有效性，注重通过调研获取第一手的数据资料和典型案例作为研究基础。

本书章节结构以及写作分工的具体情况为：薛菁与林莉共同完成第一章绪论；林莉负责本书第二章中小企业融资扶持政策供给适度性与精准性关系；薛菁负责第三章我国中小企业融资扶持政策供给精准性评价、第四章适度干预视角下中小企业信贷扶持政策精准供给研究、第五章适度干预视角下中小企业债券融资扶持政策精准供给研究、第六章适度干预视角下中小企业股权融资扶持政策精准供给研究、第七章营造公平高效的中小企业融资扶持制度环境、第八章结论，以及全书的总体设计和整理收尾工作。

中小企业融资扶持政策精准性与适度性关系理论探讨与实践应用是一个复杂的研究课题，本书仅做了初步探索，由于时间、资料、能力的限制，在理论阐释、实证方法、数据处理、案例选取、结论验证等方面还存在待深入研究的地方，真诚期待同行和读者的批评指正，为后续研究提供指导和帮助。

薛菁　林莉

2024 年 2 月 18 日

目　录

第一章 绪 论

第一节 研究背景

近些年来，为支持民营企业发展，中央政府和地方各级政府在解决中小企业融资难问题上态度鲜明，政策利好不断，陆续出台普惠性扶持政策缓解中小企业融资困境，重视精准施策。从 2019 年 12 月中共中央、国务院《关于营造更好发展环境支持民营企业改革发展的意见》到 2023 年 7 月中共中央、国务院《关于促进民营经济发展壮大的意见》，以及各级政府在支持民营经济发展过程中制定的"完善精准有效的政策环境""精准制定实施各类支持政策"等目标，为研究中小企业融资扶持的精准性问题提供了政策依据。

但从政策实施的精准性考察来看，这种"大水漫灌"式的政策供给在实践中存在以下问题：政策供给有时与企业需求错配，影响融资扶持效率；在"普惠"背景下地方政府将融资扶持政策作为财政扶持工具，降低金融支持准入门槛以扶持本地区企业发展，由此产生不容忽视的风险；政策扶持重心倾向于激励银行多贷款给中小企业，对多层次、多渠道中小企业融资服务主体的政策激励不够；过多政策介入可能破坏金融机构、中小企业等市场主体的自主性。因此，在精准施策语境下，需要重视中小企业融资扶持"度"的把握；基于适度干预原则对如何营造精准有效的中小企业融资政策环境进行研究，既是新时代民营经济高质量发展实践中处理好政府和市场关系的要求，也是政企关系理论、竞争中立原则等在实践中的具体应用，具有学术和应用研究价值。

第二节　国内外研究状况

在现代各国经济发展过程中，中小企业的发展具有不容忽视的作用，是国际经济发展的基础，是社会稳定的保障。然而，在中小企业的发展过程中，存在一些问题，其中"融资"是中小企业发展突破的瓶颈。研究中小企业融资问题，化解中小企业的资金缺口，对中小企业的持续性发展具有重大的意义。

一、国外研究现状

各国根据国家的经济发展情况，形成各具特色的中小企业融资扶持政策体系。适度性和精准性是政策实施效应研究的一个视角，学者们以此为原则对政策评价和政策优化提出自己的思考。

（一）中小企业融资扶持中政府适度干预研究

随着金融抑制和金融发展等理论出现，学界对政府在金融市场上干预的"度"的研究日益重视和深化。在此背景下，学者们开始从适度干预视角分析各国中小企业融资扶持政策的有效性。弗雷德里克（Fredrik）对1987—1993年瑞典上市企业接受政府融资补贴后的产出数据进行分析后，发现对企业而言，融资补贴仅发挥一年的正面效应，第二年便出现负面效应，并随着时间推移逐渐扩大，由此得出政府的融资补贴要适度的结论。[①] 乔伊（Joe）等分析日本政府的小微企业融资扶持政策后，发现政府鼓励商业银行为小微企业提供"延期偿还"政策使有限信贷资源更多流向无效率企业，导致资源配置效率降低，造成实施效果与政策设计初衷相悖。[②] 克莱尔（Claire）等研究了1987—1993 年间瑞典政策性担保机构为中小企业提供融资服务的数据，发现过度的政策性担保易引发道德风险，增加受资企业的破产概率。[③] 这些文献揭示了在中小企业融资扶持中政策干预"度"影响着政策效应的精准有效，其中的研究结论和方法值得借鉴。

（二）中小企业融资扶持政策精准性研究

各国学者以信贷扶持为切入点探究中小企业融资扶持政策的实施效应，印证政策供给是否精准有效。非常规的结构性货币政策效应是一种常见的中小企业信贷扶持政策，如美国美联储的定期证券借贷工具（TSLF）、扭转操作（OT），英国英格兰银行的融资换贷款计划（FLS），欧元区的系列定向长期再融资操作（TLTROs），日本央行的刺激银行借贷工具（SBLF）等，都是在特定背景下对常规性货币政策的一种补充，近年以其为例探究中小企业融资扶持政策精准性的相关文献颇多。多数研究肯定了实施非常规性货币政策的必要性，揭示了特定的非常规结构性货币政策对企业融资的积极作用。例

① FREDRIK B. Capital Subsidies and the Performance of Firms [J]. *Small Business Economics*, 2000, 14 (3): 183-193.

② PEEK J, ROSENGREN E. Unnatural Selection: Perverse Incentives and the Misallocation of Credit in Japan [J]. *American Economic Review*, 2005, 95 (4): 1144-1166.

③ LELARGE C, SRAER D, THESMAR D. *Entrepreneurship and Credit Constraints: Evidence from a French Loan Guarantee Program* [C] // LERNER J, SCHOAR A. *International Differences in Entrepreneurship*, Chicago: University of Chicago Press, 2010: 243-273.

如伯克尔（Boeckx）等发现美联储的定期证券借贷工具（TSLF）有效降低了用于借款抵押的国债和流动性低的抵押物的回购利率，促进商业银行信贷投放，支持中小企业融资[①]；彻姆（Churm）提出在企业抵押品充足的前提下，英国的融资换贷款计划 FLS 能降低资金成本，增加商业企业的信贷供给，刺激社会消费与投资[②]；埃斯波西托（Esposito）等基于 2015—2017 年意大利402 家银行的公司信贷季度数据的 DID 分析，发现定向再融资计划 TLTROs能够激励商业银行增加企业中期贷款的投放，降低贷款利率，其中中小企业是最大受益者。[③] 但也有不同的声音，斯旺森（Swanson）发现美联储的一系列结构性货币政策工具的操作效果没有达到政策预期，私人部门受益不大[④]；艾肯格林（Eichengreen）认为当社会信用环境不佳、不良贷款普遍时，欧元区的系列定向再融资计划（TLTROs）也无法刺激银行增加对中小企业的信贷供给[⑤]；利娅（Lea）在研究中发现从英格兰银行的融资换贷款计划（FLS）中受益更多的是建房互助会而不是金融机构，并且无法帮助企业获得银行信贷，违背了政策设计的初衷。[⑥] 此外相关研究还探讨了资本市场对中小企业发展的影响，例如，豪伊特（Howitt）提出了修正的索罗斯旺模型，发现资本市场

① BOECKX J, DOSSCHE M, PEERSMAN G. Effectiveness and Transmission of the ECB's Balance Sheet Policies [J]. *International Journal of Central Banking*, 2017, 13 (1): 297–333.

② CHURM R, JOYCE M, KAPETANIOS G, et al. Unconventional Monetary Policies and the Macroeconomy: The Impact of the UK's QE2 and Funding for Lending Scheme [J]. *The Quarterly Review of Economics and Finance*, 2018, 80 (C): 721–736.

③ ESPOSITO L, FANTINO D, SUNG Y. The Impact of TLTRO2 on the Italian Credit Market: Some Econometric Evidence [R]. *Temi di Discussione (Economic working papers)*, 2020.

④ SWANSON E T. Let's Twist Again: A High-Frequency Event-Study Analysis of Operation Twist and Its Implications for QE2 [J]. *Brookings Papers on Economic Activity*, 2011 (spring): 151–188.

⑤ EICHENGREEN B. The ECB Tries Again [J]. *Intereconomics*, 2014, 49 (4): 239–240.

⑥ LEA R. Eurozone Weakness: the ECB Responds [J]. *Energy*, 2014, 56 (42): 23–26.

能从资金供需两端激励企业技术创新。^① 艾伦（Allen）对比了资本市场股权融资（直接融资）和银行贷款（间接融资）对企业技术创新的促进作用，得出股票市场直接融资对企业技术创新的促进效果更佳的结论。^② 这些截然不同的研究结论印证着政策实施效应有效性的复杂性及政策适度供给的必要性。

二、国内研究现状

近年来，随着国家对中小企业扶持力度的增加，对企业中融资问题的关注，相关的政策不断出台。因此，国内研究政府扶持"度"对融资政策供给精确性影响的文献逐渐增多。

（一）中小企业融资扶持中政府适度干预研究

在支持民营经济发展壮大的背景下，探讨中小企业融资扶持政策效应研究的文献日益增多。陆岷峰等学者对当前我国中小微企业间接和直接融资扶持政策进行评析，强调当前扶持中小微企业发展必须解决好政策精准度问题^③；赵庆功认为部分金融税收政策应当遵循税收中性原则，才能使政策效果符合既定目标^④；胡斌指出我国中小企业融资扶持政策应避免将增强企业信贷可得性看作是缓解中小企业融资困难的主要途径，而要重视对多层次融资渠

① HOWITT P. Capital Accumulation and Innovation in Endogenous Growth：Confronting the Facts［D］. Columbus：Ohio State University，1992.

② ALLEN F. *Stock Markets and Resource Allocation*［C］// COLLIN M, XAVIER V. *Capital Market and Financial Intermediation*，Cambridge：Cambridge University Press, 1993：81–108.

③ 陆岷峰，陈捷. 民营企业融资困境：供给结构、导向错位与校正重点［J］. 福建论坛（人文社会科学版），2020（7）：68–77.

④ 赵庆功. 从税收中立视角看我国税收优惠制度改革［J］. 现代经济探讨，2018（10）：37–41.

道服务中小企业的政策激励，从而提升政策实施效果[①]；巴曙松等在研究中指出我国地方政府介入企业融资市场破坏了银企之间以经济效率最大化为基础订立的自由信贷契约，是银行信贷资源配置无效率和银行坏账产生的一个原因。[②]李晓华等也认为我国融资扶持政策设计使企业过于依赖政府和外来的无偿资金，对增强中小企业融资能力没有实质性影响。[③]上述研究结论显示政策扶持的"度"影响着融资政策扶持效应的精准有效，但是针对两者关系的专门研究比较少。曾刚表示在纾困惠企政策频出的背景下，融资扶持政策供给要坚持市场化、法治化原则，充分发挥市场功能和金融机构的自主性。[④]匡贤明指出政府帮助民营企业走出融资困境，要更多采取市场化的方法，对民营企业进行分类、分层，按照市场规律依法依规精准施策。[⑤]徐博欢认为不能只用政策手段引导商业性金融机构满足商业性主体的信贷需求，市场问题要用市场手段才能从根本上解决。[⑥]徐阳洋认为民营企业应直面市场的选择和淘汰。从融资方面看，品质好的大中型民营企业获得银行贷款有其必然性，品质较差的民营企业接受市场的选择与淘汰符合市场规则。[⑦]费扬文建议政府在经济下行期给予民营企业更多维更强力度的政策支持，但政策支持的重点应放在

---

① 胡斌.中国小微企业融资难问题研究——基于金融结构视角［M］.北京：经济科学出版社，2018.

② 巴曙松，刘孝红，牛播坤.转型时期中国金融体系中的地方治理与银行改革的互动研究［J］.金融研究，2005（5）：25-38.

③ 李晓华，刘翠平.面向市场的中小企业融资政策——对传统政府扶持政策的反思［J］.西南金融，2003（11）：46-48.

④ 张琼斯.曾刚解读"一二五"目标：是结构优化而非"大水漫灌"不会对银行不良形成太大影响［EB/OL］.（2018-11-11）［2023-01-15］.https://news.cnstock.com/news,bwkx-201811-4296654.htm.

⑤ 匡贤明.正确处理六大关系，帮助民营企业走出融资困境［J］.金融经济，2019（1）：15-17.

⑥ 陆岷峰，徐博欢."一带一路"背景下国家间金融冲突及融合机制研究——基于金融文化的功能及运用模式思考［J］.金融理论与教学，2020（1）：1-7.

⑦ 陆岷峰，徐阳洋.数字小微金融：产生场景与发展策略［J］.西南金融，2020（1）：62-70.

强化政策的前瞻性指引，引导市场形成稳定的预期，降低不确定性对实体经济的影响。[①] 周文等认为政府应为民营企业提供多样化的融资渠道，但过度干预市场会扭曲融资市场资源配置效率，因此需要提高政府和市场作用耦合性，推进两者的强强联合与优势互补，为民营经济创造良好的发展环境。[②]

（二）中小企业融资扶持政策供给精准性研究

我国政府一直重视中小企业融资难的问题，并且不断出台相关扶持政策缓解此类问题。很多文献探讨了单一融资扶持政策的实施效应，以反映政策供给的精准性，认为政策扶持对缓解中小企业融资困境很重要。郑霞指出财税政策对小微企业融资效果并不显著，但是政府的公共服务体系和信用担保制度能有效促进小微企业的融资。[③] 杜跃平等调研了新创企业对融资扶持政策的满意度和关注度，发现政府直补性质的融资扶持政策效果不如融资服务理念、体制、模式、管理创新有效。[④] 吴阳芬等分析了融资扶持政策对科技型中小企业融资效率的影响，得出融资扶持政策效果乏力的结论。[⑤] 王爱俭等以"十三五规划"中产业政策变化为线索进行实证研究发现政策扶持对企业金融资产配置决策不能起到制止"脱实向虚"的作用。[⑥] 有些研究则对政策的融资扶持效应予以肯定。杨蓉等从促进融资的视角探究了产业扶持政策促进企业

① 费扬文.经济增长、经济政策不确定性与民营企业融资困境 [J].南大商学评论，2022（3）：55-71.
② 周文，白佶.民营经济发展与中国式现代化 [J].社会科学研究，2023（6）：1-11.
③ 郑霞.政策视角下小微企业融资机制创新研究 [J].中央财经大学学报，2015（1）：41-46.
④ 杜跃平，马晶晶.科技创新创业金融政策满意度研究 [J].科技进步与对策，2016（9）：96-102.
⑤ 吴阳芬，曾繁华.我国新三板中小企业融资效率测度研究 [J].湖北社会科学，2019（1）：69-77.
⑥ 王爱俭，舒鑫，于博.产业政策扶持与企业金融资产配置—基于"五年规划"变更的自然实验 [J].商业经济与管理，2020，40（10）：52-72.

创新投资的机理。[①] 蔺鹏等建立灰色关联度模型探讨了融资扶持政策与科技型中小企业创新政策需求的契合度及对企业创新绩效的正向影响。[②] 朱诗怡等发现，定向降准和企业所得税优惠政策叠加可以更好地帮助小微企业获取较低成本的信贷资源。[③] 张磊等对比了政策扶持与金融科技对小微企业信贷困难的缓解效果，发现政策扶持虽然能增加小微企业信贷规模和降低融资成本，但违约风险却在上升；而将金融科技引入信贷机制会增强政策扶持效果，却不会导致违约风险上升。[④] 上述文献的研究结论为优化中小微企业金融扶持政策供给提供了实证参考。

在我国，随着中小企业扶持政策渐成体系，关于政策整体评价的相关研究不少，其中不乏对融资扶持政策的评价。如欧阳晓等以财税、金融、产业、公共服务、创新、组织为一级指标构建了由 24 个二级指标组成的评价体系，从政府和企业两个视角对中小企业政策扶持绩效进行评价。[⑤] 张秀利构建了一个由三层指标构成的中小企业扶持政策有效性指标体系，基于企业问卷调研资料评价政策扶持效果，其中对企业的融资扶持是四大类一级指标之一。[⑥] 岳宇君等建立博弈模型依循科技型中小企业扶持政策变迁从政策设计、政策传

① 杨蓉，刘婷婷，高凯．产业政策扶持、企业融资与制造业企业创新投资［J］．山西财经大学学报，2018（11）：41–51.

② 蔺鹏，孟娜娜，李颖．科技金融政策与科技型中小企业创新绩效的耦合协调研究——以河北省为例［J］．科技管理研究，2018（3）：54–62.

③ 朱诗怡，张凯．定向降准与企业所得税政策的叠加"普惠"效应——基于 2012—2016 年全国企业调查数据［J］．财政研究，2021（5）：102–115.

④ 张磊，许坤，张琳，等．政策扶持、金融科技与小微企业信贷融资［J］．统计研究，2023（12）：50–61.

⑤ 欧阳晓，李坚飞．我国中小企业发展支持力度评价及政策建议［J］．中国软科学，2009（10）：142–147.

⑥ 张秀利，祝志勇．中小企业支持政策的有效性检验及影响因素——基于 23 个省市 388 家企业的有序多分类 Logistic 模型分析［J］．技术经济与管理研究，2017（5）：81–86.

导、政策执行、政策效果四个方面对政策效果进行分析并提出完善建议。[①]陈畴镛等以浙江省企业为调研对象，评价中小微企业对近年政府融资扶持政策的认可度和感知度，从绩效评价的3E维度评价政策的实施效应。[②]在政策效果评价中，诸多研究不约而同地选择了对企业的创新作用作为评价标准，例如寇明婷等运用层次分析法揭示研发费用加计扣除政策和所得税税收优惠政策对企业研发活动的激励效果[③]；王桂军从政府补贴和税收优惠组合实施视角探讨了促进企业创新的产业政策选择问题，发现政府补贴与税收优惠的组合实施显著降低了企业的创新能力。[④]李新功、孙忠娟等在对我国融资扶持政策体系进行整体考察后发现，当前以财政金融政策为主的融资扶持政策对中小企业创新的影响具有地区、产业和发展阶段异质性。[⑤⑥]

（三）中小企业信贷扶持政策供给精准性研究

2014—2020年间我国实施了多轮定向降准政策，关于该政策对中小企业信贷支持效果的研究延续至今，大部分学者认为定向降准有效地改善了中小微企业融资难、融资贵问题，具体从两方面展开分析。一是基于资金供给

① 岳宇君，胡汉辉.科技型中小企业支持政策变迁的博弈模型与利益协调分析 [J].经济与管理研究，2018（2）：96-107.

② 陈畴镛，童阳.中小微企业金融扶持政策的感知效应研究——以浙江省为例 [J].治理研究，2019（4）：99-106.

③ 寇明婷，魏建武，肖明，等.双管齐下是否更优？企业研发税收优惠政策组合一致性研究 [J].管理评论，2022（1）：92-105.

④ 王桂军，张辉.促进企业创新的产业政策选择：政策工具组合视角 [J].经济学动态，2020（10）：12-27.

⑤ 李新功.政府R&D资助、金融信贷与企业不同成长阶段实证研究 [J].管理评论，2018（10）：73-81.

⑥ 孙忠娟，范合君，李纪珍.何种创新政策更有效？——基于企业规模的异质性分析 [J].经济管理，2022（2）：73-87.

端——银行的视角，认为定向降准能够改善商业银行对小微企业的"惜贷"现象，如钱水土等基于某地农商行的实证研究得出定向降准政策能引导银行信贷增量流向民营小微企业的结论[①]；陈书涵等基于银行调研数据的研究也证实定向降准能激励银行增加对小微、三农企业的信贷额。[②] 二是基于资金需求方——企业的视角，刘琦等学者采用 PSM–DID 模型定量考察发现在实施定向降准政策后，定向支持企业信贷的可得性显著提高[③]；中国人民银行三亚市中心支行课题组和中国人民银行郑州中心支行课题组均在研究中得出定向降准政策的实施降低了目标企业的信贷成本，提高了小微企业信贷可得性的结论。[④][⑤]

同时，也有研究提出了不一样的论断，认为定向降准政策并没有达到预定的政策目标，如欧阳志刚等通过分析多种货币政策工具对不同企业的影响效应所产生的差异，得出央行货币政策对特征企业具有定向调节效应[⑥]；黎齐研究发现定向降准政策释放的流动性未精准流入目标企业[⑦]；张智富等认为政

① 钱水土，吴卫华 . 定向降准能否有效缓解小微企业融资难？——来自银行微观数据准自然实验设计的证据 [J]. 浙江社会科学，2020（11）：14–22.

② 陈书涵，黄志刚，林朝颖，等 . 定向降准政策对商业银行信贷行为的影响研究 [J]. 中国经济问题，2019（1）：14–26.

③ 刘琦，董斌 . 定向降准政策的调控效果——基于 PSM–DID 方法的实证分析 [J]. 金融论坛，2020（9）：10–18.

④ 中国人民银行三亚市中心支行课题组，向志容 . 定向降准与企业融资约束——基于 A 股上市公司的经验证据 [J]. 南方金融，2020（1）：3–11.

⑤ 中国人民银行郑州中心支行课题组，张戈 . 定向降准政策的普惠效应研究——基于"三农"、小微企业的实证分析 [J]. 征信，2022（2）：66–78.

⑥ 欧阳志刚，薛龙 . 新常态下多种货币政策工具对特征企业的定向调节效应 [J]. 管理世界，2017（2）：53–66.

⑦ 黎齐 . 中国央行定向降准政策的有效性——基于双重差分模型的实证研究 [J]. 财经论丛，2017（4）：37–46.

策释放出的流动性没有起到提高目标企业信贷可得性的作用[1]；张景智通过研究发现新型货币工具所产生的结构效应强于总量效应[2]；冯明等学者研究发现定向降准新释放的可贷资金一部分流向定向部门，大部分仍流向非定向部门[3]；林朝颖等也发现定向降准释放的流动性部分外溢至非目标领域，削弱了政策效应。[4]资料来源、分析方法等技术性因素的不同是造成研究中产生不同结论的主要原因，除此之外，部分研究还探讨了影响定向降准政策实施效应的外生因素，如马理等提出银行的趋利属性影响定向降准政策实施效果[5]；郭晔等认为银行间竞争对定向降准政策的普惠效应具有正向调节作用，但银行间时间维度的竞争和区域维度的竞争所带来的影响有所差异[6]；钱水土等发现地方信用环境建设质量影响定向降准政策对商业银行信贷的"支小"效应。[7]张炜等将定向降准政策实施效应与政策实施的力度相联系，发现定向降准政策多次实施后释放出的流动性部分溢出到非扶持目标。[8]张人中和马威发现虽然定向降准政策释放了流动性，但并没有实现定向流入中小企业，反而进入

① 张智富.结构性货币政策工具运用效果研究 [J].金融与经济，2020（1）：4-9.

② 张景智.新型货币政策工具总量与结构效应比较研究——基于定向降准的实证 [J].上海金融学院学报，2016（4）：5-16.

③ 冯明，伍戈.定向降准政策的结构性效果研究——基于两部门异质性商业银行模型的理论分析 [J].财贸经济，2018（12）：62-79.

④ 林朝颖，黄志刚.定向降准的微观效应——风险加速亦或质量回归？ [J].经济管理，2020（5）：18-36.

⑤ 马理，娄田田，牛慕鸿.定向降准与商业银行行为选择 [J].金融研究，2015（9）：82-95.

⑥ 郭晔，徐菲，舒中桥.银行竞争背景下定向降准政策的"普惠"效应——基于A股和新三板三农、小微企业数据的分析 [J].金融研究，2019（1）：1-18

⑦ 钱水土，吴卫华.信用环境、定向降准与小微企业信贷融资——基于合成控制法的经验研究 [J].财贸经济，2020（2）：99-114.

⑧ 张炜，潘紫嫣.定向降准政策真的能够促进企业贷款需求吗？ [J].华侨大学学报（哲学社会科学版），2022（4）：51-64.

了投资收益高的金融、房地产部门，政策效果不佳。[①]

（四）中小企业债券融资扶持政策供给精准性研究

在债券融资扶持方面，增信发债企业是常见的融资扶持策略，我国经历了由政府成立政策性担保公司到激励市场主体创设信用风险保护工具的市场化增信的过程，相关文献对实施效果进行分析，比较政府干预企业债券融资市场的可行性和适度性。2020 年之前大多数学者主要研究政府担保对企业发债的影响，例如，卢钇辰认为以政策性担保作为增信手段可以降低企业债券发行人和市场投资者间存在的信息不对称的情况，能够提高企业发债成功率和降低发债成本。[②]韩鹏飞等在研究中发现采用担保、质押、抵押等措施对发债企业增信时，可以使债券融资成本得到一定程度的降低。[③]

但是也有不同的结论，如李明明等以沪深两市在 2012—2014 年间发行的中小企业私募债资料为数据基础，比较担保机制和信用评级两种增信工具对企业私募债融资的影响，发现信用评级与债务融资成本呈负相关关系，有担保的中小企业的私募债融资成本更高，因为市场认为其违约风险更高。[④]2010年以后，随着我国债券违约事件增多及债券刚兑的打破，信用风险缓释工具由不被关注变成用于扶持民营企业发行债券的主要市场化工具，特别在 2018年信用风险缓释工具（CRM）重启后，相关研究日益增多。李跃松以 2018 年

---

① 张人中，马威.定向降准的传导机制与传导效果研究［J］.经济与管理研究，2022（1）：72-86.

② 卢钇辰.债券担保、信用评级与道德风险关系的探究——基于公司信用债市场的实证研究［J］.中国物价，2013（8）：45-47.

③ 韩鹏飞，胡奕明.政府隐性担保一定能降低债券的融资成本吗？——关于国有企业和地方融资平台债券的实证研究［J］.金融研究，2015（3）：116-130.

④ 李明明，秦凤鸣.担保机制、信用评级与中小企业私募债融资成本［J］.证券市场导报，2015（9）：56-62.

在银行间市场发行的有限的信用风险缓释工具产品为研究资料，发现引入信用风险缓释工具能够帮助民营企业进入债券市场融资。[①]徐光等发现信用风险缓释工具产品对民营企业发债融资的扶持作用体现在信号传递和保险两个效应上，从而提高企业发债成功率和降低发行成本。[②]吴春波等就信用风险缓释凭证（CRMW）这一具体的债券增信品种进行研究，也得出信用风险缓释凭证能增加民营企业债券发行额和降低发行成本的作用。[③]张兆芹等以珠江投管为例[④]、苗艳芳以人福医药为例[⑤]从微观视角探究信用风险缓释工具在民营企业融资中的应用效果。卜振兴从投资者角度进行研究，认为当前信用风险缓释工具产品市场难以扩展的原因在于投资者参与动力不足。[⑥]苏洁等发现定向发债支持政策对民营企业的融资约束的缓解作用具有异质性影响，相比高评级民营企业，其对低评级民营企业的融资约束改善效果更显著，提出应充分发挥债券市场的精准调控作用，增强扶持政策的针对性、灵活性和适应性。[⑦]

① 李跃松.信用风险缓释工具与债券发行利率［J］.金融市场研究，2019（6）：10-16.

② 徐光，赵茜，王宇光.定向支持政策能缓解民营企业的融资约束吗？——基于民营企业债务融资支持工具政策的研究［J］.金融研究，2019（12）：187-206.

③ 吴春波，陈耸，邓弋威，等.信用风险缓释工具助力民企融资分析［J］.新金融，2020（12）：48-53.

④ 张兆芹，王秋雨.信用风险缓释工具助力民营企业融资分析——以珠江投管为例［J］.财会通讯，2023（16）：145-149.

⑤ 苗艳芳.信用风险缓释工具在民营企业融资中的应用——以人福医药为例［J］.财会通讯，2022（2）：131-135.

⑥ 卜振兴.我国信用风险缓释工具的发展困境及对策——基于投资者的视角［J］.经济视角，2020（2）：15-21.

⑦ 苏洁，王勇.定向融资支持政策与民营企业纾困效果研究［J］.价格理论与实践，2022（8）：84-87.

（五）中小企业股权融资扶持政策供给精准性研究

股权融资可分为场内股权融资和场外股权融资两个部分。中小企业场外股权融资扶持主要指风险投资资金，如私募投资资金、创业投资资金等，这些资金通过入股中小企业，有助于缓解其融资难的问题。早有研究发现，风险投资入股中小企业后可以帮助企业选择最有利的时机申请首次公开募股（IPO）融资[1]；而且有风险投资背景的公司在新股上市时股价折价较低，能帮助企业融到更多的股权资金。[2] 我国不仅将财政出资设立的政府投资基金直接投资中小企业，还对私募基金和风投基金出资中小企业给予政策支持，相关研究已经深入探讨了这些政策扶持的效果及政府扶持的"度"。如吴超鹏等认为政府背景的国有风险投资机构具有引导社会资源支持中小企业融资的能力。[3] 何朝林等认为在创业投资基金运作中政府扮演着投资者、委托者、保障者和监管者四重角色，并构建模型分析政府创投基金在科技型中小企业不同发展阶段的作用，提出政府适度干预，适时退出的运作原则。[4] 周冲等从信号传递、监督、社会网络以及公司治理四个角度分析了风险投资对中小企业融资难问题的缓解机理，提出政府应大力支持风投行业发展壮大，鼓励风投机构"投早、投小"，支持实体经济的发展。[5]

---

① LERNER J. Venture Capitalists and the Decision to Go Public [J]. *Journal of Financial Economics*, 1994, 35（3）: 293–316.

② MEGGINSON W L, WEISS K A. Venture Capitalist Certification in Initial Public Offerings [J]. *Journal of Finance*, 1991, 46（3）: 879–903.

③ 吴超鹏, 吴世农, 程静雅, 等. 风险投资对上市公司投融资行为影响的实证研究 [J]. 经济研究, 2012（1）: 105–119.

④ 何朝林, 梁悦. 创业投资引导基金运行中的政府行为——基于科技型中小企业技术创新 [J]. 科学管理研究, 2017（4）: 99–102.

⑤ 周冲, 袁经发. 风险投资对中小企业融资成本的影响机制研究 [J]. 山东社会科学, 2023（9）: 151–158.

在场内股权融资市场方面，我国大部分学者认为证券市场注册制实施后，政府对新股发行的干预减少了，由此对中小企业融资成本、IPO效率乃至企业创新等高质量发展具有正向影响。边江泽等在研究中发现科创板、创业板注册制实施后，不同板块的反应差异显著，于是提出全面注册制背景下政策推动资本市场支持实体经济发展也需要考虑这些差异。[①] 赖黎和祝文达等学者发现注册制实施提高了股票市场发行定价效率，进而提高优质创新型企业的IPO估值，激发其申请上市的积极性。[②③] 有些文献探讨了注册制对中小企业发展的积极意义。刘瑞琳等发现科创板注册制下严格的上市公司信息披露制度会对同行业公司的研发投入产生溢出效应，促使同行业的其他公司增加研发投入。[④] 莫国莉等认为注册制下信息披露制度会增进企业信息的透明度和财务风险防范能力，从而有效缓解中小企业的融资约束。[⑤] 但也有部分学者对注册制的作用持谨慎态度，认为注册制下存在潜在的金融风险，指出注册制的实施并不意味政府监管的完全放手，反而需要在某些方面行使更大的监管职责[⑥]；在放松市场准入条件，减少政府干预的同时，要加强对注册制引发的发

① 边江泽，余湄，汪寿阳，等.注册制改革下的市场反应——基于科创板与创业板的分析［J］.系统工程理论与实践，2023（9）：1-43.

② 赖黎，蓝春丹，秦明春.市场化改革提升了定价效率吗？——来自注册制的证据［J］.管理世界，2022（4）：172-184.

③ 祝文达，胡洁，董银红.注册制新股发行定价改革与IPO质量——基于技术创新的视角［J］.管理评论，2023（2）：70-78.

④ 刘瑞琳，李丹.注册制改革会产生溢出效应吗？——基于企业投资行为的视角［J］.金融研究，2022（10）：170-188.

⑤ 莫国莉，刘振伟，张卫国，等.注册制改革缓解巾小企业融资约束了吗？——来自改革试点准自然实验的证据［J］.南方金融，2023（5）：55-69.

⑥ 蒋大兴.隐退中的"权力型"证监会——注册制改革与证券监管权之重整［J］.法学评论，2014（2）：39-53.

行欺诈风险的防范。[①] 傅捷等学者通过分析我国股票市场和股票发行制度的发展历程[②]，以及冯冠等通过分析创业板的数据[③]，发现注册制的推行导致 IPO 溢价率上升，对资本市场的定价效率产生反向影响。这些研究为注册制下政府干预提供了合理解释。

三、相关研究述评

在当前我国高度重视中小企业融资难、融资贵问题的背景下，从适度干预的视角研究政策扶持精准性和有效性具有现实意义，不过现有研究存在进一步深化的空间。第一，当前我国针对中小企业融资扶持政策供给"度"的专门研究不多，主要只从理论上提出总的原则，而未结合当前我国中小企业融资扶持政策供给实践进行分析，也未针对具体的融资扶持措施进行研究，只有将理论原则与具体实践结合起来分析才能为中小企业融资扶持精准施策提供有意义的参考。第二，国内外已有研究结论对我国当前中小企业融资扶持实践不具普适性，这是因为政策干预的"度"是动态变化的概念，在中小企业融资扶持中不同政策举措、不同政策作用点、不同国情、不同地域、不同时代背景下"适度"的界定都有所不同，对政策实施精准性影响也不同。为深入研究这一选题，本书拟以在中国国情下中小企业融资扶持实践为对象，探究中小企业融资扶持政策供给的"度"，分析其对政策实施效应的影响，为营造精准有效的中小企业融资扶持政策环境提供理论和实证参考。

---

① 陈洁.科创板注册制的实施机制与风险防范［J］.法学，2019（1）：148–161.

② 傅捷，华生，汲铮.关键历史节点与资本市场股票发行制度演进［J］.东南学术，2022（5）：206–214.

③ 冯冠，周孝华，仁勇.注册制改革对 IPO 抑价的影响——来自创业板的证据［J］.改革，2022（9）：66–82.

第三节 研究内容和结构

本书按照"问题提出—理论概述—实证分析—对策建议"思路，从适度干预的视角，以信贷融资扶持、债券融资扶持和股权融资扶持三支"箭"为线索，评价中小企业融资扶持中政策供给的精准性，提出促进政策精准供给的对策建议。除绪论和结语外，主要内容由以下六个部分组成。

第一，中小企业融资扶持政策供给适度性与精准性关系论述。从实现目标、实施基础、运行原则三个方面界定中小企业融资扶持政策精准供给的理论内涵；基于供给与需求、扶持与救助、公平与效率、放开与监管之间的权衡阐述政策供给精准性与政策干预的"度"的关系；从政策主体、政策客体、政策目标、政策工具四个方面提出中小企业融资扶持政策精准供给应坚持的原则。

第二，我国中小企业融资扶持政策供给精准性评价。梳理 2018 年以来中央和地方出台的中小企业融资扶持政策；运用模糊层次分析法、熵值法、综合评价法从政策内容、政策工具、政策执行、政策配套四个维度以精准性为视角考察中小企业融资扶持政策对企业高质量发展的作用；探讨当前中小企业融资政策扶持中的精准性悖论及其对政策实施精准性的影响；提出高质量发展背景下中小企业融资扶持政策精准供给应关注的问题。

第三，适度干预视角下中小企业信贷扶持政策精准供给研究。银行信贷是我国中小企业主要间接融资来源。本部分以 2014—2020 年间多轮实施的以支农支小为目标的定向降准政策为案例，基于企业调研数据，分析定向降准政策对中小企业信贷可得性、创新投入的影响效应，探究在 2014—2020 年间定向降准政策的多轮推进下中小企业融资扶持效应的动态变化，考察"定向降准政策—企业信贷扶持—企业高质量发展"的传导路径是否通畅，以及在多轮政策推出后传导效应的变动趋势，探讨地区金融发展水平和社会信用建设情况等宏观环境因素对定向降准政策供给"度"的影响，从适度干预视角提出信贷政策精准服务实体经济的对策建议。

第四，适度干预视角下中小企业债券融资扶持政策精准供给研究。债券融资是我国中小企业直接融资主要渠道之一。本部分首先构建中小企业债券融资市场最优政府干预理论模型，分析在中小企业债券融资市场上政府适度干预的主要影响因素，为探究我国中小企业债券融资扶持中政府干预有效性提供理论依据和分析工具。接着梳理20世纪80年代至今，我国企业债券发行中政府干预实践演变路径，归纳我国企业债券融资市场政府干预特点；从中选取债券发行注册制改革和创设信用风险保护工具增信中小企业债券两个举措，分析现有政策的中小企业融资扶持效应。最后，针对当前实践中的难点问题，借鉴国际上政府支持中小企业债券融资的有益经验，探讨适度干预视角下中小企业债券融资精准扶持应注意的问题。

第五，适度干预视角下中小企业股权融资扶持政策精准供给研究。发展资本市场来弥补中小企业融资缺口已是我国政府和市场各方的共识。本部分从股权融资对中小企业创新的影响机理入手，分析了中小企业高质量发展目标下股权融资扶持的必要性；接着从股票发行监管制度和新股定价制度两个方面梳理了30多年来我国政府在股权市场管理中的职能变迁，通过考察科创板注册制改革对中小企业高质量发展的影响效应探究在股权融资管理市场化改革背景下政府监管职能的变化及与市场自律监管的关系；最后，从适度干预视角提出中小企业股权融资扶持政策精准供给的对策建议。

第六，营造公平高效的中小企业融资扶持制度环境。融资扶持政策适度供给与精准实施需要公平高效的制度环境的配套支持。本部分从企业家的行为决策入手构建制度环境对企业经营决策影响模型，从理论上解释制度环境对中小企业融资扶持精准有效的重要性；接着从完善中小企业信用管理机制、优化针对金融机构的企业信贷服务评价标准、健全证券市场投资者权益保护制度、引入公平竞争审查制度、构建数字化融资服务平台等方面讨论如何构建公平高效的中小企业融资扶持制度环境。

基于上述研究内容，全书研究框架如图 1.1 所示。

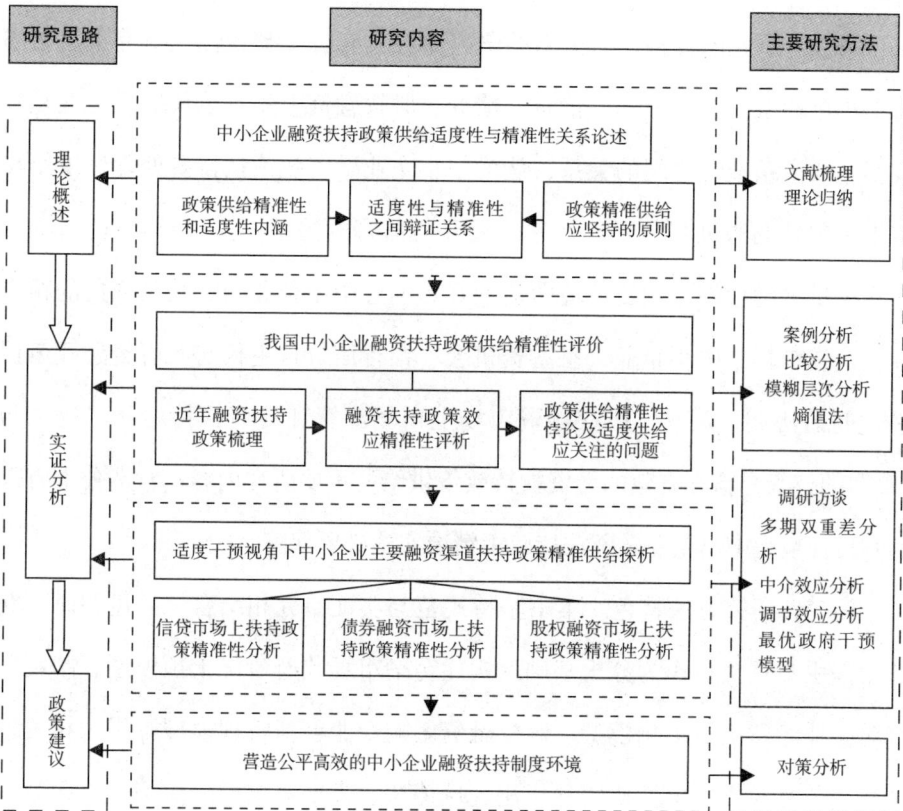

图 1.1 研究思路与研究方法

第四节　研究特色

第一，研究思想特色。本书借鉴金融市场政府适度干预理论、竞争中立原则等学术论述，认为政策扶持必须适度才能实现精准施策，达到最优政策效应。基于适度干预视角探究如何构建精准有效的中小企业融资政策环境，是优化营商环境重要内容，也是解决中小企业融资难问题的一个新的研究视角。

第二，研究内容特色。本书的研究内容具有现实契合性。研究重点是当前中小企业融资主渠道——信贷、债券、股权融资中的政策扶持适度性与政策实施效应精准性之间的关系，认为中小企业融资政策扶持要处理好供给与需求、扶持与救助、公平与效率、放开与监管的关系；扶持对象选择偏好、融资渠道激励偏好、融资环境营造偏好影响着中小企业融资政策扶持的精准性；信贷市场上中小企业公平融资机会、银行信贷自主权与政府金融政策促进之间的协调，债券、股权融资市场上市场配置和政府扶持之间"放"与"管"的权衡是精准有效的融资扶持政策供给的重要研究内容；营造公平有效的制度环境是中小企业融资扶持政策精准实施必要保障。

第三，研究方法特色。本书坚持规范与实证研究相结合。通过调研，获取第一手数据资料作为分析基础。构建金融市场政府最优干预模型、制度环境对企业经营决策影响模型、股权融资影响企业创新机理模型等用于相关理论分析，将模糊集定性比较分析法、熵值法、多期双重差分模型、中介效应模型、调节效应模型等应用于实证研究，注重分析工具的适用性和有效性。

第二章 中小企业融资扶持政策供给适度性与精准性关系

本章从理论上对中小企业融资扶持政策精准性内涵进行界定，探讨政策干预的"度"与政策供给精准性之间的关系，提出实现政策精准供给应坚持的原则，为探究中小企业融资扶持政策供给适度性和精准性问题提供理论基础。

第一节 中小企业融资扶持政策精准供给内涵界定

基于政府与市场关系理论、供需匹配定理和竞争中性原则，中小企业融资扶持政策精准供给内涵应从以下三个方面进行界定。

一、融资扶持政策精准供给以提升企业融资能力为目标

在政府与市场关系中，市场在资源配置中起决定性作用。为规范市场秩序，政府有权对市场主体经营活动进行必要的干预，但是经营自主权属于市场主体[①]，政府出台政策缓解中小企业融资困难也必须遵守这一规则。中小企业融资市场的健康发展要靠市场自身建设，资金供给规模、方向和成本最终

---

① 郎佩娟.政府干预经济的原则与界限［J］.中国政法大学学报，2018（4）：15-24.

由市场决定。虽然政府出台融资扶持政策的目的是增强民营企业、中小微企业的融资可得性和降低融资成本，缓解融资困境，但是政府无权违背市场规律而强制资金供给主体和金融服务机构为中小微企业提供低成本的资金，只能运用政策引导融资市场上资金供方愿意为民营企业特别是中小微企业提供融资服务，因此中小企业融资扶持政策精准供给的基本目标应是提升中小微企业的融资能力。在这一目标下，税费减免促进民营企业高质量发展、增信中小微企业、完善中小企业融资担保机制、培育多元融资渠道、优化公平的发展环境等政策举措，比激励金融机构扩大中小微企业贷款规模、提供贷款利率优惠、设立政府基金直接补贴企业等更能增强民营中小微企业增强市场竞争优势，吸引投资者、金融机构主动服务于中小微企业融资。

二、融资扶持政策精准供给以匹配企业融资的政策需求为基础

政策供给与政策需求的匹配关系是界定民营企业融资扶持政策精准供给内涵的另一理论依据。在公共政策制定和动态调整过程中，政策制定者（政策供给方）和政策作用对象（政策需求方）构成一个相互依存、相互作用的系统。[①] 政策需求的变动推动政策供给不断进行适应性调整，只有政策供给与政策需求达到均衡状态，这时政策运行才是有效的。[②] 穆奇尼克（Muchinsky）等率先提出个体与环境之间的适配模型，将各主体之间的适配关系分为相似性适配关系与补偿性适配关系两种，认为当主体间形成补偿性适配关系时，

① 陈振明.政策科学教程［M］.北京：科学出版社，2015.

② HALL P M, MCGINTY P J. Policy as the Transformation of Intentions：Producing Program from Statute［J］. *The Sociological Quarterly*，1997，38（3）：439-467.

整个系统的运行效率将得到提升。[①] 而克里斯托夫（Kristof）在研究中进一步指出当一方主体的供给能够满足另一方主体的需求时，主体之间补偿性适配关系才会出现。[②] 基于上述理论，在中小企业融资市场上只有当政府方的政策供给能够满足市场各主体，如企业、金融机构、第三方组织等的政策需求时，政策实施效应才能精准有效。政策制定方如何提高对市场主体各方政策需求的响应质量是其中的关键点，在中小企业融资市场上，资金供需双方之间利益的协调、各方市场主体的异质性需求的处理是政府在政策制定和执行中要致力解决的难点。具体来说，从供需匹配理论出发，中小企业融资扶持政策精准供给重点在于：精准了解市场主体的政策需求；跟踪、评估已有政策实施效应的有效性、定期衡量政策供需偏差并及时矫正。

三、融资扶持政策精准供给以不破坏公平竞争的融资环境为原则

竞争是市场经济健康运行的基础，有效竞争必须是公平竞争，公平竞争的核心是遵守"竞争中性"原则。澳大利亚1996年颁布的《联邦竞争中立政策声明》中关于竞争中性原则的六项内容和经济合作与发展组织（OECD）2012年发布的《竞争中性：保持公共部门和私人部门的公平竞争》中关于竞争中性原则的八个标准，均认为由于政府制定政策时的所有制歧视和规模歧视，私人部门在市场上面临差别性对待是竞争中性原则在实践中要重点解决的问题。随着我国对民营企业高质量发展的高度重视及新一轮国企改革的推进，竞争中性原则在民营企业扶持政策中得到重视。以融资扶持政策为例，

① MUCHINSKY P M, MONAHAN C J. What is Person-environment Congruence? Supplementary Models Versus Complementary of Fit [J] . *Journal of Vocational Behavior*, 1987, 310（3）: 268-277.

② KRISTOF A L. Person-organization Fit: an Integrative Review of its Conceptualizations, Measurement, and Implications [J] . *Personnel Psychology*, 2006, 49（1）: 1-49.

最近针对中小微企业融资中的"痛点"推出了一系列政策举措，这些政策利好尽量避免以往政策执行中民营企业遭遇到的所有制歧视、规模歧视，强调金融服务对所有企业一视同仁。但在不断强调加大对民营企业扶持力度的背景下，需要警惕矫枉过正的政策供给，如对中小民营企业的融资扶持政策有时呈现出补偿性的超中性待遇的倾向，也是对竞争中性原则的违背，因此，竞争中性原则下的民营企业融资扶持政策精准性内涵应界定为"保证政策扶持不破坏公平竞争的市场环境，不破坏优胜劣汰的市场选择，营造有助于民营企业增强自我造血能力的市场氛围"。

第二节　中小企业融资扶持政策精准性目标下政策干预"度"的权衡

如前文所述，中小企业融资扶持政策供给精准性目标要求政策聚焦中小企业融资能力的提升、回应民营企业在融资中的政策诉求、营造公平竞争的融资环境，这些目标的实现需要在政策干预中权衡扶持与救助、公平与效率、"放"与"管"的关系。政策供给精准性与政策干预的"度"的关系如图2.1所示。

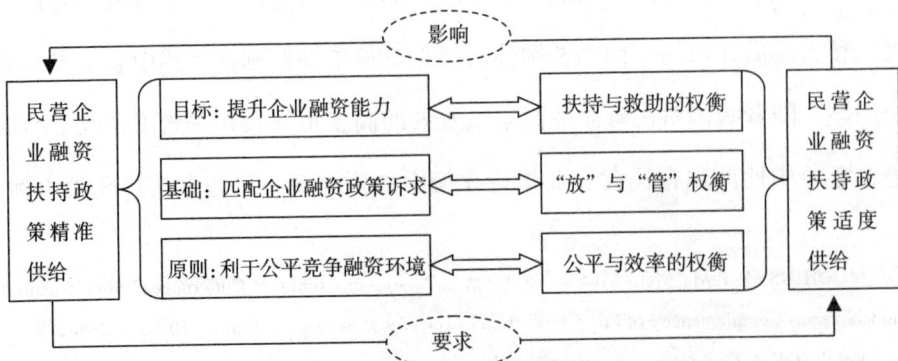

图2.1　政策供给精准性与政策干预的"度"的关系

一、扶持与救助的权衡

救助是输血，扶持的目的是造血，救助与扶持产生的政策效应截然不同。世界各国对中小企业融资扶持多以政府直接扶助为主，如政策性银行的中小企业贷款扶助、设立政府性基金、提供政策性融资担保、对金融机构中小企业贷款的财政贴息等，这些传统的支持中小企业融资的政策举措具有"无偿"色彩，带有明显的救助性质，政府在其中发挥主导作用。带有救助特征的政策举措发挥效应的时滞短，见效快，但可能导致企业对政府过度依赖，无法提升自主融资能力。另外，受制于政府财力、政策执行力等因素，救助式政策惠及的范围和对象往往具有选择性，这使得政策举措在执行中可能出现所有制歧视、规模歧视。为此在政策制定中厘清救助与扶持的界限是中小微企业融资扶持政策供给"适度"的要求，其中确定政策适用对象是关键。救助性质的政策要谨慎选择适用企业，而且企业数量宜少不宜多。可根据市场化原则将企业分为无发展潜力的企业、有发展前景的暂时遇到困难的企业、符合国家产业政策导向的企业，将其中符合国家产业政策导向，具有创新研发优势的民营企业、中小微企业列为政策性救助对象，为其融资发展雪中送炭，才能产生"1+1 > 2"的政策效应；对大多数企业则进行政策扶持而非救助，通过政策引导、激励等手段帮助企业增强融资能力。民营企业、中小微企业在政策扶持下最终能凭借自身实力摆脱融资困难是融资扶持政策供给适度应有的题中之义。

二、公平与效率的权衡

世界各国都将缓解中小企业融资困难视为政府的责任，政府制定融资扶持政策旨在为民营企业、中小微企业提供公平的融资机会，但融资是资金供需双方合作与博弈交织的过程，企业成功融资是市场选择的结果，即使政府介入也不可能改变融资市场优胜劣汰的市场规律。如果民营企业、中小微企业要获得绝对公平的融资机会，那只能以牺牲融资效率为代价。因此中小企业融资扶持政策供给"适度"性要求处理好融资服务中公平和效率的关系。为提高融资扶持效率，政府要转换角色定位，构建尊重金融市场规律的中小微企业融资扶持政策体系。一方面促进金融市场主体"敢贷"，即加大能够提升中小微企业融资能力的政策供给，在这一层面上，所有支持中小微企业发展的政策工具都可以加以利用，提高企业盈利水平、信用水平、偿还能力；另一方面，促进金融市场主体"愿贷"，即加强对资金供给方的政策激励，使市场上各方投资者愿意投资中小微企业，金融机构愿意提供中小微企业融资服务，形成多层次中小企业融资服务市场，实现融资政策扶持的可持续性。

三、"放"与"管"的权衡

中小企业融资难成因复杂，因此很难把握政策干预"适度"与"过度"的边界。企业融资归根结底是市场行为，供需双方行为选择是基础，而政府职能只是辅助作用，因此中小企业融资扶持政策适度供给需要政府在中小企业融资市场上权衡放开与监管之间的"度"——既要放得开，又要管得住。"放得开"指政策重点扶持中小微企业融资需要拓展渠道、创新融资方式、开放资本市场，推动银行信贷、债券、股票、基金、保险、风险投资、民间信贷等多维度融资服务主体的参与，鼓励融资租赁、知识产权质押融资、票据融资、信托等新兴融资方式的开发应用。"管得住"指加大对中小微企业融资市场的法制化监管，甄别企业在融资中出现的问题的性质，做到精准施策，从而避免无原则的送贷和不分条件的借贷行为，处理好融资扶持和风险防控之间的关系，健全融资市场主体准入和退出的机制；在"放得开"与"管得住"的权衡与调整过程中实现政策供给的适度。

第三节 适度视角下中小企业融资扶持政策精准供给应坚持的原则

公共政策制定过程包括了政策主体（政策制定）、政策客体（政策执行）、政策目标、政策工具等要素，这些要素的精准性决定着公共政策供给的精准性。[①] 中小企业融资扶持是政府对金融市场的一种干预，政策供给的适度性影响着政策实施的精准性。为此，基于前述民营企业融资扶持精准供给内涵和政策适度干预要求的探讨，本部分从政策主体、政策客体、政策目标、政策工具四个方面提出中小企业融资扶持政策精准供给应坚持的原则。

一、政策主体：恪守政府与市场作用边界，科学施策

政策主体作为政策制定者，其判断力和预测力、经验与理念等对公共政策的精准性有着深刻的影响。虽然复杂的中小企业融资市场需要政策扶持，但是恪守政府与市场作用边界是政府在制定中小企业融资扶持政策时要坚持的基本原则。在此原则下，科学施策要注意以下三点：一是政策需要具有弹性。实践表明，中小企业融资难融资贵的问题每隔几年就会出现一次，政策应根据市场环境的变化对作用范围进行调整。二是政策需要保持稳定性。虽然政策要达到的目标需要动态调整，但是制定政策所秉持的原则、理念在较长时期内应具备连续性和一致性，只有这样才能有助于市场主体——资金供

---

① 王春城. 政策精准性与精准性政策——"精准时代"的一个重要公共政策走向［J］. 中国行政管理，2018（1）：51-57.

需双方形成正确的政策预期，根据政策导向制定长远战略，而不是热衷于政策投机。即使在特殊时期，对临时性救急政策的作用也要清醒地认识，不能将其作为长期的改革举措，应建立政策退出机制。三是政策具有稳健性。融资市场是资金交易双方合作与博弈的场所，融资扶持政策的稳健性体现在对金融市场风险的重视上，对民营企业融资的帮扶不能忽略资金供给方的风险，否则资本市场和金融机构将缺乏纾困民营企业、中小微企业的动力。

二、政策客体：兼顾各方客体利益，发挥市场主观能动性

政策客体是指政策所指向的目标群体。每项政策都有其指向的目标群体，政策是否为目标群体所接受是影响政策供给精准性的关键因素。只有当政策被目标群体接受，政策才能得到精准执行，而且目标群体的反馈是政策优化的依据。在中小企业融资市场上，政策客体具有复杂性，资金供给方（金融机构、资本市场各类投资者等）、资金需求方（中小企业）、担保增信机构等主要政策客体以利益为纽带联结在一起。为此，适度、精准的政策供给需要兼顾各方客体的利益，站在公允的立场，尊重市场规律；处理好政策引导和市场主观能动性之间的关系，要防止政策举措成为融资市场健康可持续发展的障碍。① 相关政府职能部门和监管部门行政命令式的政策指令不是解决中小企业融资难、融资贵问题的有效政策，纾困民企、缓解中小企业融资困难的政策不应固化和机制化。因此对于金融机构而言，精准的政策供给既要督促金融机构响应号召降低贷款门槛，也要激励金融机构创新金融服务，还要尊重各金融机构订立的民营企业、中小企业贷款遴选原则。精准的融资扶持政

---

① 吴小飞.工行原行长杨凯生：垒加贷款不能从根本上解决企业融资难问题［EB/OL］.（2018-11-26）［2023-02-10］. https://finance.ifeng.com/c/7i9aDyWFleV.

策不在于政策扶持的全面性，而是政策着力点的精准性，对于中小企业而言，在企业发展过程中需要着眼于为企业修炼内功创造良好的营商环境。

三、政策目标：顺应市场规律，构建民营企业金融服务可持续模式

政策目标是政策制定的逻辑起点，是衡量政策实施效果的重要标准。合理的政策目标影响着政策执行过程的精准性。但是制定合理的政策目标不是一蹴而就的，是一个不断纠偏改进的过程，其中理顺政府与市场关系发挥着重要作用。在中小企业融资市场中，普遍认为政策扶持的目标是缓解中小企业融资困难、增强企业融资可得性和降低融资成本；但是在实践中，中小企业融资难、融资贵问题的缘由除了所有制歧视和规模歧视外，中小企业自身弱点也是投资方不愿提供融资服务的原因。因此，增强融资可得性和降低融资成本只能作为政策扶持的短期目标，而中小企业融资扶持长期政策目标是构建商业可持续的企业融资服务模式。在此目标下，政策激励的重点应转向融资市场上供给方融资服务方式的创新和需求方融资能力的提升，从根源上协调中小企业融资市场上商业性和公益性间的矛盾，坚持竞争中性原则、依法行政，促进融资市场的可持续健康发展。

四、政策工具：多策并举，善用市场化政策工具

政策工具是指实现政策目标的途径和手段。由于政策主客体的多元性，政策问题的复杂性和动态性，单一的政策工具在实践中是行不通的。根据政府干预程度的高低，政策工具可分为强制性工具、混合性工具和自愿性工具。政策客体和政策目标不同，选取的政策工具不一样。对于中小企业融资扶持

政策，混合型工具无疑是较为合适的，政府适度管制和政策激励相结合，着眼于营造良好的中小企业融资环境，促进政策利好直达民营中小微企业。例如，在信贷市场上，将国有商业银行服务中小企业融资的政策约束与对中小银行服务中小微企业融资的政策激励相结合；在债券融资市场上，政府牵头设立民营中小企业债券融资支持工具，通过出售信用风险缓释工具、担保增信等方式支持优质民营企业实现债券融资，将市场化方式扶持中小企业发债融资与维护债券市场健康发展的政府监管相结合；在股权市场，推进民营企业股权融资计划，推进全面注册制落地，加强股权市场上政府行政监管与市场自律监管相结合，发挥资本市场在服务中小企业发展高质量发展中的作用。

第三章　我国中小企业融资扶持政策供给精准性评价

在推进经济高质量发展进程中，中小企业融资难问题一直颇受关注。国家金融政策、财税政策等协同发力，努力破解中小企业融资困境，新修订的《中华人民共和国中小企业促进法》更是将"融资促进"单列为中小企业扶持政策中的一类。财政补贴、税收优惠、信贷扶持、融资担保、债券股权融资扶持、金融科技赋能、定向降准降息等政策日益完善，形成了一套相对完善的政策扶持体系。随着政策的叠加，政策体系的精准性评价日益凸显。当前研究主要将促进企业创新作为政策目标分析融资扶持政策的有效性，但如果只围绕中小企业创新等单一目标对融资扶持政策进行评价具有局限性，需要将高质量发展的多维目标纳入融资扶持政策评价框架，综合考察政策内容的可行性、政策执行的可操作性、政策效果的有效性、政策配套的适应性。因此，本章以助力中小企业高质量发展为目标，构建以政策内容、政策工具、政策执行、政策配套为一级指标并涵盖27个二级指标的中小企业融资扶持政策精准性评价指标体系，采用层次分析法（AHP）和熵值法考察我国中小企业对融资扶持政策的满意度和受益度，分析当前中小企业融资扶持政策供给中的精准性悖论，为优化融资扶持政策供给提供经验证据。

第一节　我国中小企业融资扶持政策精准性评价

本节围绕中小企业高质量发展目标，梳理近年我国出台的中小企业融资扶持政策举措，构建指标体系，运用 AHP 法、熵值法计算各指标权重，基于企业的调研数据，评价政策扶持精准性。

一、中小企业融资扶持政策精准性的 AHP 评价

AHP 是一种定性和定量相结合的政策评价方法，其实施步骤为先将评价元素分解为目标层、准则层、方案层，构建指标体系；再基于专家评分，对各指标的重要性进行评价。

（一）评价指标体系构建

构建合理的评价指标体系是进行 AHP 评价的基础。本书将"中小企业融资扶持政策精准性"作为目标层（A），借鉴韦顿（Vedung）提出的政策绩效评价模型[1]及宋健峰等从政策的制定、实施、绩效三个角度[2]，以及肖念涛等在研究中对政策评估内容的界定[3]，将政策内容（B_1）、政策工具（B_2）、政策执行（B_3）、政策配套（B_4）作为准则层（一级指标）；借鉴张文会对我国制造

①　VEDUNG E. *Public Policy and Program Evaluation* [M].New Bruswick:Transaction Publishers，1997.

②　宋健峰，袁汝华.政策评估指标体系的构建 [J].统计与决策，2006（22）：63-64.

③　肖念涛，谢赤.中小企业财政支持政策评价指标体系的理论框架分析 [J].湖南大学学报（社会科学版），2013（5）：51-56.

业高质量发展[①] 及应晓妮等对公共政策评估的研究[②]，把准则层指标细化，将衡量中小企业高质量发展的 7 大指标作为政策内容的方案层（C_1—C_7）、将当前支持中小企业高质量发展的主要融资扶持措施作为政策工具的方案层（C_8—C_{16}）、将与政策有效执行相关的指标作为政策执行的方案层（C_{17}—C_{23}）、将保证融资扶持政策实施的主要配套机制作为政策配套的方案层（C_{24}—C_{27}），层层递进构建中小企业融资扶持政策精准性评价指标体系（见表 3.1）。[③]

表 3.1　中小企业融资扶持政策精准性评价指标体系

目标层	准则层	方案层
中小企业融资扶持政策精准性 A	政策内容 B_1	创新驱动融资支持 C_1
		结构优化融资支持 C_2
		效益改善融资支持 C_3
		要素利用融资支持 C_4
		品牌质量融资支持 C_5
		产融结合支持政策 C_6
		绿色发展融资支持 C_7
	政策工具 B_2	信贷扶持 C_8
		融资担保 C_9
		股权融资扶持 C_{10}
		债券融资扶持 C_{11}
		财政补贴 C_{12}
		税收优惠 C_{13}
		信贷保险补贴 C_{14}
		政府扶持基金 C_{15}
		政府采购政策 C_{16}

---

① 张文会，乔宝华．构建我国制造业高质量发展指标体系的几点思考［J］．工业经济论坛，2018（4）：27-32.

② 应晓妮，吴有红，徐文舸，等．政策评估方法选择和指标体系构建［J］．宏观经济管理，2021（4）：40-47.

③ 2018—2023 年我国主要中小企业融资扶持政策文件及内容见附录 C.

续表

目标层	准则层	方案层
中小企业融资扶持政策精准性 A	政策执行 B₃	政策连贯性 C₁₇
		政策针对性 C₁₈
		政策可理解性 C₁₉
		政策灵活性 C₂₀
		政策时效性 C₂₁
		政策透明性 C₂₂
		政策利用频率 C₂₃
	政策配套 B₄	中小企业信用评价机制 C₂₄
		金融机构信贷投放评价标准 C₂₅
		公平竞争审查机制 C₂₆
		政策宣传机制 C₂₇

（二）建立判断矩阵

为建立判断矩阵，需要将同层各指标相对于评价上一层目标的重要性进行两两比较，根据比较结果运用国际上常用的 1—9 标度法进行量化打分，标度 1—9 表示指标间关系重要程度逐步递增，其倒数为指标间关系重要程度的逐步递减；此外，评判者根据重要程度在 9 和 7、7 和 5、5 和 3、3 和 1 之间取值，如 8、6、4、2。本部分建立的各层的判断矩阵见表 3.3—表 3.7。

为了保证赋值的科学性和合理性，避免在经验判断中产生误差，对判断矩阵实施一致性检验，并且用比例值 CR 表示判定一致性程度，若 CR 值小于 0.1，表明判断矩阵通过一致性检验；反之要修正判断矩阵，并再次检验，直至通过一致性检验。$CR=CI/RI$，其中 CI 为各判断矩阵的一致性指标，$CI=$（判断矩阵最大特征值 $-N$）/（$N-1$），N 为矩阵的阶数。RI 为事先计算的 1-12 阶重复计算 1000 次的随机一致性值（见表 3.2）。[1]

---

[1] 许树伯.实用决策方法——层次分析法原理［M］.天津：天津大学出版社，1988.

表 3.2　随机一致性指标 *RI* 值

N 阶矩阵	1	2	3	4	5	6	7	8	9	10	11	12
RI	0	0	0.52	0.89	1.12	1.26	1.36	1.41	1.46	1.49	1.52	1.54

（三）权重计算及分析

1. 资料来源

AHP 一般采用专家打分法获取权重计算所需的数据。为尽量全面收集不同人群的看法，本研究邀请了三类人员作为专家进行打分：第一类为企业管理人员。由于本研究关注企业对融资扶持政策的看法，因此，首先邀请了中小企业中从业 10 年以上的企业负责人、财务主管作为专家对政策的实施效应进行评价；第二类为高校教师。为弥补企业管理人员对政策理解的偏差而影响打分的公正性，邀请高校教师从专业视角对政策制定、政策内容与企业高质量发展的关系进行评价；第三类为政府部门工作人员。为评价政策执行中的可操作性，邀请了地方金融局、税务部门、财政部门的熟悉中小企业融资扶持业务的政府工作人员，从政策执行者的视角对政策实施的精准性进行评价。

选择在福建省福州市，浙江省宁波市两地发放问卷，考虑到三类人群看待政策的视角不同，在发放问卷时对企业管理者倾斜。在两地各发放问卷 25 份，其中企业管理者 15 份，政府公务员 5 份，高校教师 5 份。两地共收回有效问卷 45 份，其中企业管理者 25 份，政府公务员 10 份，高校教师 10 份。

2. 权重计算

指标体系由目标层、准则层、方案层构成，按照以下步骤逐层建立判断矩阵计算 *CR*，确定是否通过一致性检验，得出各层各指标的权重。

（1）准则层指标权重。由专家对矩阵对角线的左半部分进行打分，去掉专家打分的最大值和最小值，取专家打分的平均分，建立4阶判断矩阵进行层次分析。表3.3结果显示 CR 值为0.0034，小于0.1，通过了一致性检验。从表3.3中结果可以看出，专家认为在准则层4个指标中政策执行最为重要，即政策执行的高效才能保证达成政策目标；政策内容排第二位，即表明政策的精准性很大程度体现在内容上。4个指标的权重差异很小，极差不到5%，这意味着在政策内容—政策工具—政策执行—政策配套的整个链条上，任何一个环节都会影响政策的实施效应。

表3.3　中小企业融资扶持政策精准性 A 的判断矩阵

A	政策内容 B_1	政策工具 B_2	政策执行 B_3	政策配套 B_4	权重（%）
B_1	1.0000	1.0215	0.8992	1.0012	24.372
B_2	0.9790	1.0000	0.7506	1.1109	23.737
B_3	1.1121	1.3322	1.0000	1.0705	28.002
B_4	0.9988	0.9002	0.9341	1.0000	23.889
阶数 N=4；最大特征值 =4.009；CI=0.003；RI=0.89；CR=0.0034；一致性检验结果：通过					

（2）方案层指标权重。政策内容 B_1 判断矩阵的 CR 值为0.0330，通过了一致性检验（见表3.4）。从表3.4可知，专家认为支持创新驱动、绿色发展、产融结合的政策对中小企业高质量发展更为重要。这反映出创新、绿色在企业高质量发展中的重要性，也折射出企业发展深受资金约束的现实困扰。

表 3.4　政策内容 B_1 判断矩阵

B_1	创新驱动融资支持 C_1	结构优化融资支持 C_2	效益改善融资支持 C_3	要素利用融资支持 C_4	品牌质量融资支持 C_5	产融结合扶持政策 C_6	绿色发展融资支持 C_7	权重（%）	排序
C_1	1.0000	3.4849	4.1111	4.7778	2.0370	2.2121	1.1629	30.725	1
C_2	0.28695	1.0000	0.8756	1.1333	0.9111	0.8882	0.6741	9.750	7
C_3	0.24324	1.14207	1.0000	1.0296	0.9941	0.9783	1.2963	11.442	4
C_4	0.20930	0.88238	0.97125	1.0000	1.1333	1.0192	0.8667	10.232	6
C_5	0.49092	1.09757	1.00593	0.88238	1.0000	0.5108	1.0444	10.853	5
C_6	0.45206	1.1259	1.0222	0.9812	1.6667	1.0000	0.6178	12.345	3
C_7	0.85992	1.48346	0.77143	1.15380	1.9575	1.61865	1.0000	14.653	2
阶数 $N=7$；最大特征值 =7.265；CI=0.044；RI=1.360；CR=0.0330；一致性检验结果：通过									

表 3.5 的分析结果显示：第一，财政补贴政策（C_{12}）、政府扶持基金（C_{15}）等直接与融资扶持相关的政策工具对中小企业高质量发展的作用比税收优惠政策（C_{13}）等间接扶持工具重要；第二，从中小企业融资扶持"三支箭"视角来看，对中小企业来说，信贷扶持（C_8）比股权融资扶持（C_{10}）和债券融资扶持（C_{11}）更为重要；第三，融资担保政策（C_9）等近年在信贷中发挥积极作用的政策工具在中小企业融资扶持中依然发挥重要作用。表 3.5 中的排序在一定程度上与各政策工具在中小企业融资扶持实践中的使用频率、使用效果相符，表明财政支持、信贷支持仍是中小企业高质量发展中最可靠的、低成本的融资途径。

表 3.5　政策工具 B_2 的判断矩阵

B_2	信贷扶持政策 C_8	融资担保政策 C_9	股权融资扶持 C_{10}	债券融资扶持 C_{11}	财政补贴政策 C_{12}	税收优惠政策 C_{13}	信贷保险补贴 C_{14}	政府扶持基金 C_{15}	政府采购政策 C_{16}	权重（%）	排序
C_8	1.0000	0.9211	1.0612	1.1999	1.0667	1.2687	1.1656	1.1085	1.3215	12.304	3
C_9	1.0856	1.0000	1.5567	1.8073	1.0725	1.0842	1.4859	0.9782	1.0848	13.363	1
C_{10}	0.9423	0.6462	1.0000	1.1478	0.9791	1.0090	1.2967	0.8452	0.9878	10.642	6
C_{11}	0.8334	0.5533	0.8712	1.0000	0.6000	0.8466	1.2487	0.8116	0.8992	9.151	8
C_{12}	0.9375	0.9324	1.0213	1.6667	1.0000	1.0709	1.6077	0.8999	1.3602	12.503	2
C_{13}	0.7882	0.9223	0.9911	1.1812	0.9338	1.0000	1.4215	0.9689	1.0727	11.172	5
C_{14}	0.8579	0.6730	0.7712	0.9008	0.6220	0.7035	1.0000	0.7561	0.9211	8.610	9
C_{15}	0.9021	1.0223	1.1831	1.2321	1.1112	1.0321	1.3225	1.0000	1.0779	11.986	4
C_{16}	0.7567	0.9218	1.0123	1.1121	0.7352	0.9322	1.0856	0.9277	1.0000	10.269	7

阶数 $N=8$；最大特征值 $=9.048$；$CI=0.006$；$RI=1.46$；$CR=0.0040$；一致性检验结果：通过

表 3.6 显示了专家对影响政策执行因素的看法：首先，政策透明性（C_{22}）、政策针对性（C_{18}）、政策可理解性（C_{19}）、政策利用频率（C_{23}）权重靠前，说明中小企业对政策的感知程度影响着政策执行的效果；其次，虽然政策连贯性（C_{17}）、政策灵活性（C_{20}）和政策时效性（C_{21}）等指标权重靠后，但是与前面 4 个指标的权重差距不到 2%，对其应予以重视。

表 3.6　政策执行 B_3 的判断矩阵

B_3	政策连贯性 C_{17}	政策针对性 C_{18}	政策可理解性 C_{19}	政策灵活性 C_{20}	政策时效性 C_{21}	政策透明性 C_{22}	政策利用频率 C_{23}	权重（%）	排序
C_{17}	1.0000	0.8112	0.9706	1.1547	1.0417	0.9615	0.8809	13.831	5
C_{18}	1.2327	1.0000	1.0469	1.1123	1.1947	0.8869	0.9115	14.954	2
C_{19}	1.0303	0.9552	1.0000	1.0679	1.0815	1.0063	1.0943	14.697	3
C_{20}	0.8660	0.8990	0.9364	1.0000	1.0836	0.7500	1.1084	13.450	6
C_{21}	0.9600	0.8370	0.9246	0.9228	1.0000	0.8967	0.9967	13.276	7

B₃	政策连贯性 C₁₇	政策针对性 C₁₈	政策可理解性 C₁₉	政策灵活性 C₂₀	政策时效性 C₂₁	政策透明性 C₂₂	政策利用频率 C₂₃	权重（%）	排序
C₂₂	1.0400	1.1275	0.9937	1.3333	1.1152	1.0000	1.1280	15.692	1
C₂₃	1.1352	1.0971	0.9138	0.9022	1.0034	0.8865	1.0000	14.100	4
阶数 N=7；最大特征值 =7.021；CI=0.003；RI=1.36；CR=0.0030；一致性检验结果：通过									

政策的有效实施还需要相应的配套机制，表3.7按重要性对影响中小企业融资扶持政策有效实施的配套机制进行了排序。从表3.7可以看出，中小企业信用评价机制（C_{24}）在专家眼中权重占比最大，信用是中小企业顺利融资的基本条件；政策的宣讲机制（C_{27}）权重位居第二，随着中小企业融资扶持政策种类和政策工具的多元化，政策的宣传和解读可以帮助小微企业增强政策应用能力，增强政策实施效果的精准性。

表3.7　政策配套 B4 的判断矩阵

B₄	中小企业信用评价机制 C₂₄	金融机构信贷投放评价标准 C₂₅	公平竞争审查机制 C₂₆	政策宣传制度 C₂₇	权重（%）	排序
C₂₄	1.0000	1.0845	1.4999	1.2000	29.333	1
C₂₅	0.9221	1.0000	1.0187	0.7500	22.761	3
C₂₆	0.6667	0.9816	1.0000	0.8018	21.037	4
C₂₇	0.8333	1.3333	1.2471	1.0000	26.869	2
阶数 N=4；最大特征值 =4.016；CI=0.005；RI=0.89；CR=0.0060；一致性检验结果：通过						

（3）综合权重 H_i。对当前我国中小企业融资扶持政策的有效性进行综合评价时，一般以方案层的指标作为评价指标，为此，需要计算出方案层指标对于目标层的综合权重 H_i，H_i= 准则层各指标权重 × 方案层各指标权重，即 $B_i × C_i$。表3.8中综合权重结果显示：在专家看来，对中小企业创新的融资扶持是当前支持企业发展的政策重点，在实践中能够起到缓解企业融资约束的

较为有效的举措是融资担保政策和政府补贴政策；政策的透明度、针对性、可理解性是影响政策执行效果的主要因素；融资扶持政策配套中要重点关注中小企业信用评价机制和政策宣传机制的完善。

表 3.8 中小企业融资扶持政策精准性评价指标 AHP 综合权重

准则层指标	权重	方案层指标	权重	综合权重
政策内容 B_1	0.24372	创新驱动融资支持 C_1	0.30725	0.0749
		结构优化融资支持 C_2	0.09750	0.0238
		效益改善融资支持 C_3	0.11442	0.0279
		要素利用融资支持 C_4	0.10232	0.0249
		品牌质量融资支持 C_5	0.10853	0.0264
		产融结合支持政策 C_6	0.12345	0.0301
		绿色发展融资支持 C_7	0.14653	0.0357
政策工具 B_2	0.23737	信贷扶持 C_8	0.12304	0.0292
		融资担保 C_9	0.13363	0.0317
		股权融资扶持 C_{10}	0.10642	0.0253
		债券融资扶持 C_{11}	0.09151	0.0217
		财政补贴 C_{12}	0.12503	0.0297
		税收优惠 C_{13}	0.11172	0.0265
		信贷保险补贴 C_{14}	0.08610	0.0204
		政府扶持基金 C_{15}	0.11986	0.0284
		政府采购政策 C_{16}	0.10269	0.0245
政策执行 B_3	0.28002	政策连贯性 C_{17}	0.13831	0.0387
		政策针对性 C_{18}	0.14954	0.0419
		政策可理解性 C_{19}	0.14697	0.0412
		政策灵活性 C_{20}	0.13450	0.0377
		政策时效性 C_{21}	0.13276	0.0372
		政策透明性 C_{22}	0.15692	0.0439
		政策利用频率 C_{23}	0.14100	0.0394

续表

准则层指标	权重	方案层指标	权重	综合权重
政策配套 B_4	0.23889	中小企业信用评价机制 C_{24}	0.29333	0.0701
		金融机构信贷投放评价标准 C_{25}	0.22761	0.0544
		公平竞争审查机制 C_{26}	0.21037	0.0502
		政策宣传机制 C_{27}	0.26869	0.0642

二、中小企业融资扶持政策精准性的熵值法评价

（一）资料来源

为使评价结果更有说服力，需要将主客观赋权法结合进行赋权。因此，在以专家打分为基础进行 AHP 分析后，引入具有客观赋权特点的熵值法。熵值法是结合熵值提供的信息值来确定权重的一种研究方法。熵值越大说明数据越混乱，携带的信息越少，因此权重也越小。以方案层的 27 个指标设计调查问卷[①]，收集中小企业经营者对近年来融资扶持政策精准性的看法，打分采用李克特 5 级量表法，将"非常满意、满意、一般、不太满意、不满意"5 个选项分别赋值"5、4、3、2、1"。

问卷主要面向福建省福州市、泉州市和浙江省宁波市、温州市的企业发放，这些地区民营经济发达，中小企业聚集，而且地方政府较为重视对中小企业的扶持。共发放问卷 208 份，回收有效问卷 203 份，问卷有效率为97.6%。从企业规模看，根据《统计上大中小微型企业划分办法（2017）》，选取中型企业 82 家，小型企业 61 家，微型企业 60 家；从行业分布看，制造业企业 150 家，非制造业企业 53 家；从企业特征看，高新技术企业 35 家，非

---

① 调查问卷见附录 A.

高新技术企业 168 家。

最终得到由 27 个指标和 203 个企业样本构成的数据原始矩阵 X。

$$X = \begin{bmatrix} x_{11} & x_{12} & \cdots & x_{1j} \\ x_{21} & x_{22} & \cdots & x_{2j} \\ \vdots & \vdots & \cdots & \vdots \\ x_{i1} & x_{i2} & \cdots & x_{ij} \end{bmatrix}$$

其中，$i=1$，2，3，4……27；$j=1$，2，3，4……203。

（二）权重计算

在用熵值法计算各指标权重之前，对原始矩阵 X 中的每一个数据 x_{ij} 按公式（3.1）进行正向化处理，得到 y_{ij}，解决数据方向和量纲问题。

$$y_{xj} = \frac{x_{ij} - \min(x_j)}{\max(x_j) - \min(x_j)} \tag{3.1}$$

接着用公式（3.2）（3.3）（3.4）计算出 27 个指标的信息熵值（e_i）、差异系数（q_i）和权重（K_i）。

$$e_i = \frac{-1}{\ln n} \sum_{j=1}^{203} (a_{ij} \times \ln a_{ij}) \tag{3.2}$$

$$q_i = 1 - e_i \tag{3.3}$$

其中：$a_{ij} = \dfrac{y_{ij}}{\sum\limits_{j=1}^{203} y_{ij}}$

$$K_i = \frac{q_i}{\sum\limits_{i=1}^{27} q_i} \tag{3.4}$$

信息熵值（e_i）、差异系数（q_i）、熵值法权重（K_i）数据如表 3.9 所示。表 3.9 中各指标的熵值法权重结果表明：第一，除绿色发展融资支持外，政策内容的其他 6 个方案层指标的熵值法权重相差不大，表明近年融资扶持政策对企业发展的支持作用得到企业的认可；第二，在政策工具中，企业对股权融资、债券融资、信贷保险补贴、政府采购等新兴融资扶持工具更感兴趣；第三，在政策执行中，融资扶持政策的灵活性和针对性是企业眼中影响政策实施效应的重要因素；第四，从政策配套看，金融机构信贷投放评价标准、公平竞争审查机制等与政策环境公平性相关的举措是企业的关注点。

表 3.9　中小企业融资扶持政策精准性评价指标熵值法权重

准则层指标	方案层指标	信息熵值	差异系数	权重
政策内容 B_1	创新驱动融资支持 C_1	0.9967	0.0033	0.0316
	结构优化融资支持 C_2	0.9967	0.0033	0.0316
	效益改善融资支持 C_3	0.9964	0.0036	0.0341
	要素利用融资支持 C_4	0.9965	0.0035	0.0333
	品牌质量融资支持 C_5	0.9966	0.0034	0.0324
	产融结合支持政策 C_6	0.9961	0.0039	0.0366
	绿色发展融资支持 C_7	0.9978	0.0022	0.0206
政策工具 B_2	信贷扶持 C_8	0.9962	0.0038	0.0361
	融资担保 C_9	0.9976	0.0024	0.0226
	股权融资扶持 C_{10}	0.9899	0.0101	0.0956
	债券融资扶持 C_{11}	0.9901	0.0099	0.0944
	财政补贴 C_{12}	0.9974	0.0026	0.0245
	税收优惠 C_{13}	0.9987	0.0013	0.0128
	信贷保险补贴 C_{14}	0.9899	0.0101	0.0958
	政府扶持基金 C_{15}	0.9948	0.0052	0.0492
	政府采购政策 C_{16}	0.9911	0.0089	0.0840

续表

准则层指标	方案层指标	信息熵值	差异系数	权重
政策执行 B_3	政策连贯性 C_{17}	0.9979	0.0021	0.0196
	政策针对性 C_{18}	0.9972	0.0028	0.0268
	政策可理解性 C_{19}	0.9980	0.0020	0.0189
	政策灵活性 C_{20}	0.9962	0.0038	0.0362
	政策时效性 C_{21}	0.9988	0.0012	0.0109
	政策透明性 C_{22}	0.9987	0.0013	0.0124
	政策利用频率 C_{23}	0.9976	0.0024	0.0227
政策配套 B_4	中小企业信用评价机制 C_{24}	0.9976	0.0024	0.0231
	金融机构信贷投放评价标准 C_{25}	0.9960	0.0040	0.0382
	公平竞争审查机制 C_{26}	0.9960	0.0040	0.0378
	政策宣传机制 C_{27}	0.9981	0.0019	0.0182

三、企业视角下融资扶持政策有效助力企业高质量发展综合评价

在得到熵值法客观赋权与 AHP 主观赋权的基础上，将两者结合计算组合权重，应用于政策精准性综合评价。

（一）组合权重

组合权重 W_i 的计算公式为：

$$W_i = (H_i \times K_i) \div \left[\sum_{i=1}^{27} (H_i \times K_i) \right] \qquad (3.5)$$

式（3.5）中，H_i、K_i 分别表示各指标的 AHP 权重、熵值法权重。

组合权重表达了中小企业融资扶持政策有效性评价体系中各指标的重要性，具体如表 3.10 所示。首先，从政策内容来看，创新驱动、品牌质量、绿色发展等指标的组合权重较高，与国家当前政策支持重点相符，也表明国家

的政策意图在一定程度上能被政策的受益者、政策的执行者、政策的研究者所感知。其次，债券融资扶持、股权融资扶持、政府采购政策、信贷保险政策等政策工具的组合权重较高，说明在传统的信贷扶持、财政补贴、税收优惠手段之外，直接融资、政府采购、保险补贴等新兴融资扶持举措逐渐被企业所认可。再次，从政策执行来看，政策针对性、政策灵活性对中小企业来说更为重要。最后，在政策配套的 4 个评价指标中，金融机构信贷投放评价标准和公平竞争审查机制的权重较高，这与实践相符，表明中小企业最关心的是信贷投放和融资环境是否得到一视同仁的对待。

表 3.10　中小企业融资扶持政策精准性评价指标组合权重

准则层指标（B）	方案层指标（C）	AHP 法综合权重（H）	熵值法权重（K）	组合权重（W）
政策内容 B_1	创新驱动融资支持 C_1	0.0749	0.0316	0.0719
	结构优化融资支持 C_2	0.0238	0.0316	0.0228
	效益改善融资支持 C_3	0.0279	0.0341	0.0289
	要素利用融资支持 C_4	0.0249	0.0333	0.0252
	品牌质量融资支持 C_5	0.0264	0.0324	0.0260
	产融结合支持政策 C_6	0.0301	0.0366	0.0334
	绿色发展融资支持 C_7	0.0357	0.0206	0.0223
政策工具 B_2	信贷扶持 C_8	0.0292	0.0361	0.0320
	融资担保 C_9	0.0317	0.0226	0.0218
	股权融资扶持 C_{10}	0.0253	0.0956	0.0734
	债券融资扶持 C_{11}	0.0217	0.0944	0.0622
	财政补贴 C_{12}	0.0297	0.0245	0.0221
	税收优惠 C_{13}	0.0265	0.0128	0.0103
	信贷保险补贴 C_{14}	0.0204	0.0958	0.0593
	政府扶持基金 C_{15}	0.0284	0.0492	0.0424
	政府采购政策 C_{16}	0.0245	0.0840	0.0625

准则层指标（B）	方案层指标（C）	AHP法综合权重（H）	熵值法权重（K）	组合权重（W）
政策执行 B₃	政策连贯性 C_{17}	0.0387	0.0196	0.0230
	政策针对性 C_{18}	0.0419	0.0268	0.0341
	政策可理解性 C_{19}	0.0412	0.0189	0.0236
	政策灵活性 C_{20}	0.0377	0.0362	0.0414
	政策时效性 C_{21}	0.0372	0.0109	0.0123
	政策透明性 C_{22}	0.0439	0.0124	0.0165
	政策利用频率 C_{23}	0.0394	0.0227	0.0272
政策配套 B₄	中小企业信用评价机制 C_{24}	0.0701	0.0231	0.0492
	金融机构信贷投放评价标准 C_{25}	0.0544	0.0382	0.0631
	公平竞争审查机制 C_{26}	0.0502	0.0378	0.0576
	政策宣传机制 C_{27}	0.0642	0.0182	0.0355

（二）综合评价

根据评价指标的组合权重，利用203家企业对各指标评分的平均值，计算综合评价分值，反映中小企业对当前融资扶持政策的感受度。综合得分计算公式为：

$$综合得分 = \sum_{i=1}^{27} W_i \times \overline{X_i} \qquad (3.6)$$

式（3.6）中，$\overline{X_i}$ 为参与评分企业对每一指标打分的平均值，W_i 为各指标的组合权重。

从203家企业的角度来说，融资扶持政策推动企业高质量发展精准性评价的综合得分为2.6065，该分值表明当前企业对政策的精准性不太满意（见表3.11）。进一步将企业按规模、是否高新企业、是否制造业进行划分，比较企业异质性下融资扶持政策对企业高质量发展的差异[①]，研究发现：制造业企业对当前融资扶持政策有效性的评价略高于非制造业企业；高新技术企业的对融资扶持政策的评价也高于非高新技术企业；企业规模越大对政策的融资扶持效应感受越强；综合评价得分呈现出中型企业＞小型企业＞微型企业的状况。但总体来说，企业对当前融资扶持政策的效果都不太满意，中小企业的融资扶持政策有效性和精准性仍需加强。

表 3.11　中小企业融资扶持政策精准性的综合评价

评价者	综合得分	满意度
制造业企业	2.6414	不太满意
非制造业企业	2.5074	不太满意
高新技术企业	2.6380	不太满意
非高新技术企业	2.4551	不太满意
中型企业	2.7667	不太满意
小型企业	2.6254	不太满意
微型企业	2.3474	不太满意
全部企业	2.6065	不太满意

四、结论

以上从政策内容、政策工具、政策执行、政策配套四个维度以精准性为视角考察中小企业融资扶持政策对企业高质量发展的作用，研究发现，以专家评分为基础的 AHP 法和以企业调研数据为基础的熵值法的研究结果略有差别。从专家视角看，以创新驱动为目标的融资扶持政策对企业高质量发展影响最大；有利于提高企业信贷能力的融资担保政策和政府补贴政策更为重

---

① 具体的计算结果见书的附录 D.

要；政策的针对性、透明性、可理解性、可利用性与政策实施效应紧密相关；中小企业信用评价机制、政策宣传机制是较为重要的影响中小企业融资扶持政策效应的政策配套措施。从企业视角看，股权融资、债券融资、信贷保险、政府采购、金融机构信贷投放评价标准、公平竞争审查机制等这些政策工具对企业融资约束缓解效应更显著。此外，基于主客观赋权相结合的组合权重的评价结果显示，企业对当前政策实施精准性"不太满意"，且评价结果具有企业规模、产业特点、技术特征等方面的异质性。

第二节　我国中小企业融资扶持政策供给中精准性悖论

第一节的评价结果呈现了我国中小企业对当前融资扶持政策有效性的主观感受，本节进一步探究造成企业政策获得感不强的主客观原因，为改善政策供给提供切入点。

一、存在融资扶持政策供需错配现象，政策针对性待改善

截至 2022 年年末，我国中小微企业总数量超过 5200 万户[①]，占我国企业总数的 90% 以上，分散在各行各业，对政策的需求不仅数量庞大而且具有差异化，这对政策供给的精准性提出了更高的要求。近年我国对民营、中小微企业的政策扶持力度不断加大，《关于促进中小企业健康发展的指导意见》《中共中央 国务院关于营造更好发展环境支持民营企业改革发展的意见》《国务院办公厅关于进一步优化营商环境更好服务市场主体的实施意见》《中共中央 国务院关于促进民营经济发展壮大的意见》等支持民营企业、中小企业发

---

① 徐佩玉. 我国中小微企业已超 5200 万户［EB/OL］.（2023-06-20）［2024-03-25］.https://www.gov.cn/lianbo/bumen/202306/content_6887257.htm.

展的指导性文件发布后，各级地方政府的政策红利也纷纷向民营中小微企业倾斜，但是在融资实践中日益增加的政策供给仍不能满足众多民营中小微企业多样化的融资需求，反而出现政策供需错配的现象，影响中小企业融资扶持效率。

分析当前中小企业融资扶持政策，政策供需错配体现在以下方面。第一，近年来贯彻竞争中性原则，普惠性政策供给成为趋势，与此同时融资扶持政策缺乏针对性的问题随之凸显，无法适应企业异质性融资需求。第二，小规模企业经营风险高是不争的事实。据报道，我国小微企业平均生命周期不到3年，存活10年以上的不到2%。[①]高经营风险的小规模企业从来不是融资市场资金供给方青睐的贷款或投资对象，在经济市场中，有限的资金天然是趋利避险的，因此当前向小微企业倾斜的政策扶持导向与融资市场的运行规则不符，亟待创新政策以协调两者矛盾。第三，由于业界认同"中小银行是与中小微企业相匹配的金融服务机构"的观点，政府对金融机构的政策激励重心应落在中小商业银行，在金融机构监管中也强调"提高中小银行对小微企业不良贷款容忍度"以激励中小银行"敢贷""延期还贷、不断贷、不抽贷"。但是面对小微企业比大型企业高4.5%、比中型企业高3.3%的贷款不良率[②]，以小微企业为主要信贷服务客户群的中小银行承受着更大的业务发展压力和风险防控压力。但是对于中小银行遭受的违约损失以及资产质量不良对银行市场价值带来的负面影响等，除再贷款和财政补贴等政策能补偿部分损失，大部分损失只能靠中小银行自行消化，长此以往，中小银行将无法发展壮大，小微企业的融资困境也无法缓解。第四，不同的扶持政策对申请条件、准入

---

① 中国新闻.工商总局局长：我国小微企业平均生命周期仅三年［EB/OL］.（2018-03-01）［2023-03-25］. http://news.cctv.com/2018/03/01/ARTIHfIdKuk11HFxvHqfZFk2180301.shtml.

② 中国人民银行.中国小微企业金融服务报告（2018）［M］.北京：中国金融出版社，2019.

标准的制定并不一致，例如中小微企业认定标准是中小微企业扶持政策实施的基础，我国虽然先后有 2011 年《中华人民共和国中小企业促进法》和《统计上大中小微型企业划分方法（2017）》对企业的规模标准进行统一划分，但是在各级政府出台的企业税收优惠政策、融资扶持政策中适用企业的标准不时出现新的规定，由此使一些企业错过或误用了优惠政策；而对企业分类的不统一、不透明，影响了融资扶持政策效应。

二、存在融资扶持政策"财政化"现象，"金融稳"问题须重视

融资政策扶持是一个系统工程，扶持度的把握非常重要，否则会陷入融资扶持政策"财政化"的尴尬境地。近年我国各级政府将解决民营企业、中小微企业融资困难作为促进民营经济发展壮大任务的重中之重，2020—2022年为应对疫情冲击，普惠金融定向降准、普惠性再贷款和再贴现政策、普惠小微企业贷款延期支持工具和普惠小微企业信用贷款支持计划等直达性举措的实施充分体现了中小企业融资扶持政策的灵活性和创新性，很好地诠释了"金融活、经济活"的内涵。但与此同时，金融活与金融稳之间的关系在实践中仍未理顺，具体表现为政府过度担保；为普惠而降低政策申请门槛甚至零门槛；降低融资成本的举措导致部分资金流向僵尸企业，加剧中小企业债务攀升和产能过剩；不同部门口径的补贴的同质化带来财政资金浪费等。在实践中，由于不同企业所处地域、生命周期、行业不同，拥有的资源优势、发展后劲、核心竞争能力等也不同，所产生的融资困难成因也具有异质性，而当地方政府将普惠性融资扶持政策当作财政政策工具使用时，其中隐藏的财政风险和金融风险将会加大。此外，融资扶持政策的财政化会诱使部分企业过度依赖政策而失去进取心，创新型企业、重点产业的主导企业的政策资源

被占用，看似公平的普惠政策实际上可能带来新的政策供给不公，进而降低政策的实施效应。

三、政策着力不均衡，多元化融资服务主体作用待激发

当前我国已初步形成三支箭（信贷、债券、股权）共同起作用的多层次、多元化的中小微企业融资扶持体系，但是对于广大中小企业而言，信贷仍是主要的融资渠道。政策扶持也是以建立对中小微企业"敢贷、愿贷、能贷"的长效机制为目标，政策设计集中在对中小微企业增信、贴息、融资担保、对金融机构风险补偿、改革商业银行小微信贷考核机制、小微信贷税收优惠等方面。近年提出的数字金融、供应链金融、融资租赁、保理、知识产权抵押贷款等新兴融资方式也是围绕着扩展信贷服务而做出的创新。与中小企业信贷扶持政策多且细的特征相比，我国目前关于直接融资方式的政策举措大多是原则性的规定，针对实践中具体问题的细化政策不多，从一个侧面说明了当前政策扶持的重点仍是信贷市场而非直接融资市场。当前，债券融资、股权融资在我国民营中小企业发展中的作用开始显现，区域性股权交易市场、新三板、创业板、中小企业板、风险投资、私募股权融资、中小企业集合债、创新创业类债券等融资方式为创新创业型、成长型民营企业提供了直接融资的机会，但存在进入门槛设定条件高、审批制度严格、程序复杂、投资方投资意愿不足、融资成本高等问题，加上投资品种创新激励、投资风险处置机制、投资者保护、企业增信激励等配套举措的缺失或失效，使得民营企业、中小企业融资市场存在重信贷轻直接融资的问题，甚至传达出债券、股票等不适合成为中小微企业融资渠道的误导信息。另外，信贷扶持政策的实施效

果并不尽如人意，以疫情期间的中小微企业金融救助政策为例，银保监[①]会增加信贷供给量、降低利率、调整对银行的考核指标、对银行因疫情产生的不良贷款免责、提高对银行中小企业不良贷款容忍度、鼓励银行加大对不良贷款自主核销力度等多种举措与地方政府积极增信民营企业、中小微企业的政策相互呼应，但中央和地方政府的政策努力最终只能惠及少数符合银行信贷申请门槛的民营企业，大多数达不到申请条件的中小微企业无法运用信贷来缓解资金压力。[②]

第三节　高质量发展中中小企业融资扶持政策精准供给应关注的问题

基于当前中小企业融资扶持政策实施中的难点和堵点，在高质量发展背景下中小企业融资扶持政策精准供给应关注以下问题。

一、重点扶持"专精特新"等高成长性企业

从政策目标上看，创新驱动是中小企业高质量发展目标的重要组成部分，财政货币政策能够缓解企业创新中的资金约束，因此在高质量发展目标下，不仅对中小企业进行普惠性政策扶持，而且需要加大对"专精特新"企业的政策倾斜，重视对制造业科技创新和技术改造升级的中长期信贷支持，加强对先进制造业产业集群、战略性新兴产业、高技术服务业及有转型升级需求的传统产业的融资扶持，需要做到财税政策和货币政策协同，直接融资和间

---

① 2023 年 5 月 17 日更名为国家金融监督管理总局。

② 朱武祥，张平，李鹏飞，等．疫情冲击下中小微企业困境与政策效率提升——基于两次全国问卷调查的分析［J］．管理世界，2020（4）：13-26.

接融资扶持并重。例如，设立高、精、尖产业发展扶持基金，加大财政资金对制造业企业高、精、尖项目的直接投资力度，支持其中的优质高端制造业企业进行债券融资，充分利用资本市场全面注册制改革的利好，实现在科创板、创业板的股权融资。又如，出台鼓励企业绿色转型、数字化转型的银行贷款贴息、保费补贴、融资租赁补贴等政策，财政与金融政策配合破解制造业高质量发展中的资金瓶颈；再如，坚持企业达标即享融资支持的制度，在财税政策和货币政策举措中明确享受政策的标准，对达标企业加快奖励的兑现进度，以提升财政货币政策服务制造业企业的质效。

二、根据企业发展阶段需求选择政策工具组合

从政策工具看，虽然目前支持中小企业高质量发展的财政、税收、货币政策举措很多，但是每一种政策时滞和政策功能并不相同，要重视与企业特征，特别是企业发展阶段的匹配性。在本研究构建的评价体系中，各种政策工具的适用空间各异，例如，财政补贴、政府扶持基金等财政扶持政策工具对处于初创期的高新技术企业的扶持效果较好。但随着企业发展阶段从初创向成熟阶段的推进，财政出资的财政政策工具逐步向市场化扶持工具转变，如在推进企业市场化融资中作用明显的金融政策扶持举措比财税扶持更能保证发展期和成熟期的中小企业的融资需求，更有可持续性。

三、善用具有财税和货币政策联动特征的政策工具

一是优化融资担保政策。支持中小企业间构建以产业链为载体的融资担保联盟，突破地域、行业界限，扩大互联互保范围，降低中小企业融资的门槛和风险。二是善用融资租赁政策的中小企业融资扶持功能。在制造业集聚

的地区鼓励金融机构和制造业企业建立金融租赁公司，开发新的金融租赁服务。三是发挥信贷保险、政府采购等政策工具中融资扶持作用，如搭建政府采购融资服务平台，允许中小企业以政府采购合约增信，增加企业信贷可得性。四是继续落实近年在实践中得到企业认可的财政金融联动的扶持政策，例如银税互动等，加大对中小企业信贷扶持力度。

四、重视政策的针对性与灵活性

从政策执行看，精准施策既是政府在政策供给中努力达到的目标，也是提高企业政策满意度的基本标准。在本章的评价指标体系中政策针对性、可理解性、连贯性、灵活性等指标反映着精准施策的具体要求，也是提高财政货币政策组合实施效应的可行路径。为提高政策的针对性和灵活性，一要针对当前中小企业融资中遇到不满意之处，如融资费用负担重、融资手续繁琐、融资期限较短等问题，制定应对方案，提高企业对政策获得感。二要为财政、货币政策协同配合提供环境支撑，如在中小企业融资扶持平台中保持两大政策信息的畅通、透明，帮助符合条件的中小企业找到适合的融资机会，找到有针对性的融资渠道。三要利用日新月异的新兴技术，优化融资服务，通过线上线下相结合，简化审批环节，提高信贷、债券、股权融资效率。四要建立政策执行动态调整机制，赋予政策执行部门一定程度地根据国家政策、经济形势、地区发展战略变化调整政策执行的权限。

五、营造公平高效的融资扶持政策实施环境

从政策配套看，营造公平高效的融资环境是重要一环。本章建立的评价体系中提到的政策宣传机制、中小企业信用评价体系、金融机构信贷投放评

价标准、公平竞争审查制度等都是融资政策环境中不可缺少的配套举措，这些制度的不完善也是实践中与融资扶持相关的财政货币政策举措的实施效果不理想的一个原因。因此，应重视配套措施的优化，例如鼓励金融机构提高中小企业的信贷投放标准的政策举措，鼓励金融机构创新中小企业金融服务产品的政策举措，鼓励金融机构服务中小企业数字化转型和绿色转型的政策举措，加大对金融机构小微贷款奖励等，从而引导金融机构主动服务中小企业。此外，加快与债券融资、股权融资相关的信用评级、信用担保等增信机制建设，规范公平竞争审查，科学评估中小企业融资服务中财政货币政策对公平竞争的影响，创新融资政策宣传和落实机制等。

第四章　适度干预视角下中小企业信贷扶持政策精准供给研究

　　信贷市场上资金配置遵循利益最大化和风险最小化原则，弱势企业无法顺利融资是市场选择的结果。如果改变市场主体的选择偏好，那么需要政府加以干预，由此带来政策干预适度性问题。从 2014 年 6 月到 2020 年年底，我国共实施 14 次定向降准，旨在激励和引导金融机构的信贷投向，缓解三农、中小企业融资困境。从形式上看定向降准是一种结构性货币政策，而实质上也是政府干预信贷市场的一种政策工具，政策干预"度"在一定程度上影响着政策实施效应。在我国定向降准政策的多轮推进中，所出现的银行趋利倾向、金融风险集聚、受惠企业资金投向偏差等问题，是否与政策供给"度"有关，并以其为案例探讨政府干预中小企业信贷融资市场的适度性，具有研究上的可行性和为实践带来启示意义。基于上述思考，本章以 2014—2020 年实施的以支农支小为目标的多轮定向降准政策为背景，分析多轮定向降准政策对中小企业信贷可得性、创新投入的影响规律；探究在 2014—2020 年多轮定向降准政策推出的语境下，中小企业融资扶持效应的动态变动特征、"定向降准政策—企业信贷扶持—企业高质量发展"的传导路径是否通畅及传导效应的变化趋势，进而考察宏观环境这一外生变量与政策干预度的关系。

通过揭示政策供给力度与政策影响效应之间的关系，为政府适度干预信贷市场、精准供给融资扶持政策提供新证据。

第一节　理论阐释与研究假设

本节重点阐释定向降准政策对中小企业信贷可得性及对企业高质量发展的影响机理，解释多轮定向降准政策实施可能引起企业信贷可得性变动的原因，进而提出研究假设，为第二节的实证分析提供理论依据。

一、定向降准政策对中小企业发展的影响机理

定向降准政策对中小企业的影响效应具有间接性。中国人民银行出台定向降准政策，释放出流动性给符合条件的商业银行，影响金融市场上的货币供应量；商业银行得到流动性支持后，手中可贷资金增加，在权衡利益和风险之后，可能加大对融资风险较高的三农、中小企业的信贷投放。小微企业获得信贷资金后，投资于创新驱动、结构转型、品牌提升、节能降耗等项目，推动企业高质量发展。在这个过程中，央行（政府）没有直接参与市场资金配置，希望通过政策引导商业银行（市场）信贷投向，助力小微企业的高质量发展。基于上述影响路径分析，提出如下研究假设。

假设1：定向降准政策对中小企业信贷可得性具有正向促进作用。

假设2：定向降准政策能够通过缓解中小企业融资约束促进小微企业高质量发展。

二、定向降准政策适度供给理论逻辑

随着政策推进力度、频度的变化，商业银行、企业自身的行为选择将发生变化，从而对政策实施效应产生影响，政策供给度需要随之调整。同时，政策供给度也受到外部环境制约，如社会信用状况、金融市场发展水平等。

（一）商业银行的行为选择与定向降准政策供给度

定向降准政策力度影响政策执行者（商业银行）和政策受益者（中小企业）的行为选择。在实践中，商业银行是政策直接作用对象，基层支行的客户经理是支农支小信贷的执行者。随着定向降准力度加大，越来越多三农、中小企业成为银行的贷款客户，客户经理有时担心资质欠佳的中小企业的贷款坏账风险会影响其个人业绩，对三农、中小企业贷款业务不够积极，在业务推广中重视资信优质的中小客户，资信一般的中小企业融资约束没有因政策扶持而有实质性改善[①]。

（二）中小企业的行为选择与定向降准政策供给度

中小企业作为政策的受益者，获得信贷资金后资金的去向也影响政策效果。定向降准政策能够缓解企业发展中的资金约束，然而，随着定向降准政策多轮实施，中小企业获得信贷资金机会不断增加，特别是优质企业，有较多机会获得多家商业银行授信。当融资约束得到缓解后，企业在经济利益驱使下可能将信贷资金的一部分用于非生产领域，偏离定向降准政策目标。

---

① 封北麟.精准施策缓解企业融资难融资贵问题研究——基于山西、广东、贵州金融机构的调研[J].经济纵横，2020（4）：110-120.

（三）地区金融发展水平与定向降准政策供给度

利率市场化改革、互联网金融发展使商业银行面临的业态竞争更加激烈，即使拥有定向降准政策支持，商业银行也会慎重权衡收益和风险，并不一定会愿意对市场上相对弱势的中小企业群体发放贷款。特别是在金融发展水平较高的地区，金融机构多，商业银行的竞争意识和风险意识更强。随着定向降准政策力度的加大，中小型商业银行虽然会重视小微企业客户，充分利用政策红利，拓展盈利渠道。但是中小企业贷款额越大，授信银行面临的风险越大，不利于其在激烈的市场竞争中保持优势地位。这时银行依然会严格审核授信对象的资信，对于资信条件不占优势的中小企业，银行仍会"惜贷"，这种现象在金融发展水平高的地区可能更明显，因为那里金融机构集聚，竞争激烈。

（四）社会信用管理水平与定向降准供给度

银行与中小企业之间存在信息不对称，使得在中小企业信贷中逆向选择和道德风险并存，银行的中小企业信贷业务风险高是不争的事实。完善社会信用体系是改善银行与中小企业间信息不对称的有效手段。在社会信用管理水平高的地区，信用体系较为健全，信息平台和数据库建设情况良好，中小企业的信用评价信息和财务信息透明度高，商业银行较易获得贷款风险评估所需的可靠数据。由此推断，在社会信用管理水平高的地区，定向降准政策力度越大，对中小企业的融资支持效应越好；反之，定向降准政策的融资扶持效应会因信贷风险而降低，政策力度越大，融资扶持效应越低。

综上，可以推断以下信息：第一，随着多轮定向降准政策叠加，释放的流动性越多，越可能诱导商业银行信贷资源流向非定向目标，诱导中小企业将信贷融资用作非生产用途，政策预期可能出现偏差；第二，定向降准政策实施效果受地区金融、信用环境影响，不同地区的政策实施效应并不相同，随着政策力度的增加，中小企业信贷资金可得性的区域间不平衡可能会加大，政策预期出现偏差。据此，提出如下假设。

假设3：定向降准政策多轮实施会削弱其对中小企业的信贷扶持效应。

假设4：定向降准政策多轮实施与中小企业信贷可得性的关系存在地区差异，与地区金融发展水平呈负相关，与地区社会信用建设质量呈正相关。

第二节 实证研究设计

依循第一节理论分析和研究假设，本节基于企业调研资料，设立基准回归模型、中介效应模型、调节效应模型分析定向降准政策的推进频度与企业信贷可得性、发展质量、扶持效应之间的关系。

一、资料来源

在我国，旨在提高三农、小微企业银行贷款可得性的定向降准政策始于2014年，从2021年起中国人民银行没有再发布定向降准政策，因此本书将数据区间确定为2014—2020年。

已有的基于融资端企业的影响效应研究主要使用上市公司、新三板的企业数据，但严格来说，上市公司不能代表广大非上市的中小企业；而新三板企业数据连续性不佳、数据严重缺失，一定程度上会影响研究结论。为此，本书采用调查问卷和实地调研相结合的方法获取数据资料。2021年10月—2022年9月间课题组在北京市、上海市、武汉市、成都市、重庆市、合肥市、大连市、杭州市、宁波市、温州市、福州市、泉州市各选取1—2个产业

园区，以线上线下结合的方式对园区里的未上市的制造业企业发放调查问卷
550份；并对福州市、泉州市的10家企业进行实地访谈，了解企业这些年融
资约束改善情况及对政府融资扶持政策感受，作为研究的资料基础。

　　共收回问卷482份，剔除数据缺失和回复相互矛盾的问卷，共收回有效
问卷为413份，问卷地区分布情况为：北京市48份，上海市35份，福州市
40份，泉州市36份，成都市33份，重庆市28份，武汉市24份、合肥市28
份，大连市30份，温州市42份，宁波市40份，杭州市29份。按照《统计
上大中小微型企业划分标准（2017）》，其中小微企业有168家，占40.68%。

　　调查问卷[①]的内容分为三个部分：第一，企业的基本信息，主要有企业成
立年限、所处行业、是否有高新企业类认证等；二是企业各年度相关财务数
据；三是企业受政策扶持情况，主要是企业对政府补贴、税费优惠、定向降
准及其他货币政策扶持的知晓情况、享受情况、受益情况。

二、模型设计

（一）基准回归模型

　　首先，将企业信贷情况作为被解释变量，借鉴双重差分分析法，以"定
向降准政策实施时间（F）"与"企业是否为小微企业（S）"的交乘项$F \times S$作
为关键解释变量，建立模型（4.1）。

$$LOAN_{it} = \beta_0 + \beta_1 F_{it} + \beta_2 S_{it} + \beta_3 (F_{it} \times S_{it}) + \gamma_i \sum Z_{it} + \varepsilon_i + \lambda_t + \mu_{it} \quad (4.1)$$

　　在模型（4.1）中，$LOAN$表示企业信贷情况，具体分析中分别用企业的
年信贷额（$LOAN_1$）和信贷成本（$LOAN_2$）表示。模型中控制了个体固定效应

---

① 调查问卷见附录 B.

ε_i、年份固定效应 λ_t，Z_{it} 为控制变量（详见"变量定义"），μ_{it} 为随机扰动项。

$F \times S$ 为关键解释变量，系数 β_3 若为正，表示定向降准政策实施后对小微企业融资扶持产生正向影响，其中 S 表示样本企业在各年份是否为小微企业，"是"为"1"，"否"为"0"；F 为定向降准政策实施时间变量。2014—2020 年每年均有定向降准政策出台，直至 2021 年不再实施，考虑到政策实施效应一般有滞后性，文中先将 2014 年的 F 变量赋值为"0"，然后分别以 2015 年、2016 年、2017 年、2018 年、2019 年、2020 年为界限，对模型（4.1）中的变量 F 赋值（见表4.1），带入模型（4.1），形成模型（4.1.1）—模型（4.1.6），进行回归分析，观察每个模型回归结果中 $F \times S$ 的系数 β_3，考察 2014 年以后出台的定向降准政策对中小企业信贷可得性的影响及时滞性特征，验证假设 1 是否成立。

其次，运用模型（4.1）进一步探究政策扶持力度与政策效应之间的关系。按照定向降准政策对中小企业扶持力度的推进，将 2014—2020 年定向降准政策供给分为三个阶段：第一阶段是 2014 年 6 月—2015 年 6 月，旨在扶持中小微、三农企业信贷的定向降准政策对商业银行考核严、降幅低；第二阶段是 2015 年 7 月到 2017 年年底，考核标准放宽、降幅加大；第三阶段是 2018—2020 年，考核标准继续放宽。按照上述阶段划分，对模型（4.1）中变量 F 进行如下赋值：2014 年定义为"0"，2015 年定义为"1"，2016 年、2017 年定义为"2"；2018 年、2019 年、2020 年定义为"3"，形成模型（4.1.7）（见表4.1），进行回归分析，观察系数 β_3 的变化，验证小微企业的融资扶持效应是否与政策供给度有关，即对假设 3 进行验证。

表 4.1　模型中 F 变量的赋值情况

F 取值	年份						
	2014	2015	2016	2017	2018	2019	2020
模型（4.1.1）	0	1	1	1	1	1	1
模型（4.1.2）	0	0	1	1	1	1	1
模型（4.1.3）	0	0	0	1	1	1	1
模型（4.1.4）	0	0	0	0	1	1	1
模型（4.1.5）	0	0	0	0	0	1	1
模型（4.1.6）	0	0	0	0	0	0	1
模型（4.1.7）	0	1	2	2	3	3	3

（二）中介效应模型

为进一步考察定向降准政策释放的流动性是否促进了中小企业高质量发展，构建模型（4.2）和模型（4.3），与模型（4.1）共同进行中介效应分析，对假设 2 进行验证。

$$INO_{it} = \alpha_0 + \alpha_1 F_{it} + \alpha_2 S_{it} + \alpha_3 (F_{it} \times S_{it}) + \gamma_i \sum Z_{it} + \varepsilon_i + \lambda_t + \mu_{it} \quad （4.2）$$

$$INO_{it} = \theta_0 + \theta_1 F_{it} + \theta_2 S_{it} + \theta_3 (F_{it} \times S_{it}) + \theta_4 LOAN_{it} + \nu_i \sum Z_{it} + \varepsilon_i + \lambda_t + \mu_{it}$$
$$（4.3）$$

以 $LOAN$ 作为中介变量，通过模型（4.1）、模型（4.2）、模型（4.3）探究定向降准政策对企业创新投入的影响，以考察定向降准政策释放的流动性是否被企业用于提升发展质量。模型（4.2）和模型（4.3）中的变量 F 的取值仍沿用表 4.1 的设定，分别形成模型（4.2.1）—模型（4.2.7）、模型（4.3.1）—模型（4.3.7）。

在模型（4.2）中，α_3 表示定向降准政策对小微企业创新投入的总影响效应，模型（4.3）中 θ_3 表示定向降准政策对企业创新投入的直接效应；来自模型（4.1）和模型（4.3）的 $\beta_3 \times \theta_4$ 为中介（间接）效应，表示定向降准政策通过对企业融资支持进而对企业创新产生的影响，即 $\alpha_3 = \theta_3 + \beta_3 \times \theta_4$。

（三）调节效应模型

政策适度供给是政策精准有效的前提，但是在不同宏观背景下同一政策影响效果常常不同，定向降准政策也是如此。根据第一节的理论阐释，将控制变量中的地区金融市场发达程度（MAR）和地区社会信用建设水平（CRE）分别与变量 $F \times S$ 构成交乘项，加入基准模型（4.1），形成模型（4.4）和模型（4.5），观察两个模型中交乘项的系数，比较在不同外部环境语境下政策实施效应的差异，验证假设 4 是否成立。

$$LOAN_{it} = \beta_0 + \beta_1 F_{it} + \beta_2 S_{it} + \beta_3 (F_{it} \times S_{it}) + \beta_4 MAR_{it} \times F_{it} \times S_{it} + \beta_5 MAR_{it}$$
$$+ \gamma_i \sum Z_{it} + \varepsilon_i + \lambda_t + \mu_{it}$$

$$(4.4)$$

$$LOAN_{it} = \beta_0 + \beta_1 F_{it} + \beta_2 S_{it} + \beta_3 (F_{it} \times S_{it}) + \beta_4 CRE_{it} \times F_{it} \times S_{it} + \beta_5 CRE_{it}$$
$$+ \gamma_i \sum Z_{it} + \varepsilon_i + \lambda_t + \mu_{it}$$

$$(4.5)$$

由于模型（4.4）[①] 和模型（4.5）[②] 中变量 F 依然沿用表 4.1 的取值，在具体分析中，分解为模型（4.4.1）—模型（4.4.7）、模型（4.5.1）—模型（4.5.7）。

---

① 与模型（4.1）（4.2）（4.3）不同，模型（4.4）的控制变量 Z_{it} 中不含 MAR_{it}。

② 与模型（4.1）（4.2）（4.3）不同，模型（4.5）的控制变量 Z_{it} 中不含 CRE_{it}。

三、变量定义

（一）被解释变量

一是中小企业信贷可得性（$LOAN$），基准模型中的被解释变量。融资难融资贵是中小企业信贷约束的典型表现，此处分别用企业年长期借款情况（$LOAN_1$）和年借贷利息支出情况（$LOAN_2$）表示企业的信贷可得性和信贷成本。此外，通过计算获得表示企业融资约束的 SA 指数用于稳定性检验。

二是企业创新投入（INO），中介效应模型中的被解释变量。创新驱动是中小企业高质量发展的核心内容，引导企业将获得的信贷资金投入到研发领域是中小企业融资扶持政策的主要目标。此处用企业创新投入（INO）表示定向降准政策对企业高质量发展的影响。此外，将企业年研发人工支出（INO'）用于稳定性检验。

（二）解释变量

借鉴双重差分分析，将 $F \times S$ 作为关键解释变量，变量 F、S 的取值在模型设计中已做说明。

（三）控制变量

将其他可能影响中小企业信贷可得性和高质量发展的指标作为控制变量分为三类。

一是企业特征变量，主要有企业经营年数（AGE）、所处行业（TEC）、享受政策扶持情况（TAX）、发债情况（DEB）。

二是企业财务变量，主要有企业规模（SIZ）、盈利能力（PRO）、资产能力（ASS）、偿债能力（PAY）。

三是宏观经济环境变量，主要有其他货币政策影响（M）、地区经济发展水平（GDP）、地区银行风险管理水平（RIS）、地区金融市场发展水平（MAR）、地区社会信用建设水平（CRE）。

GDP 取值来自各地各年度统计年鉴；M 用广义货币供应量 M2 增长率表示，数据来自中国人民银行官网；RIS 用地区不良贷款率表示，将各地城商行和农商行的不良贷款率的均值与本书中样本企业经营机构所在地城市进行匹配，作为 RIS 变量取值。相关数据来自 Wind 数据库。

控制变量中 MAR、CRE 取值依据如下。第一，MAR 的取值来自证券时报 2020 年年末发布的《中国内地省市金融竞争力排行榜》中的《中国内地城市金融竞争力 50 强》，样本企业所在地榜上有名的赋值 1，未上榜赋值为 0。第二，CRE 的取值源于"信用中国" 2022 年 12 月发布的《261 个地市级综合信用指数》（TOP50），如果企业所在城市榜上有名，赋值 1，否则赋值为 0。上述两个变量取值所依据的榜单虽然是 2020—2022 年发布的，但是能够在评比中榜上有名，是较长一段时间内建设的结果，因此用来代表 2014 年以来地区信用状况具有合理性。

对上述变量中的连续变量进行中心化处理，同时为减少因异方差造成的回归分析中的误差，将连续变量取对数。除变量 F 外，其他变量定义和描述详见表 4.2。

表 4.2　主要变量定义和统计量描述

变量名称	变量定义	最小值	最大值	均值	标准差
创新投入（INO）	企业年研发支出占当年营业收入比重	0.01	0.8	0.1399	0.0924
创新投入（INO'）	企业年研发人员工资支出／企业年工资支出总额，用于稳定性检验	0.14	0.32	0.2298	0.4303
银行贷款可得性（$LOAN_1$）	年长期借款／［（年初固定资产＋年末固定资产)/2］	0.001	0.29	0.0245	0.0327

续表

变量名称	变量定义	最小值	最大值	均值	标准差
信贷成本（$LOAN_2$）	年借贷利息支出率＝年信贷利息支出/年营业收入	0.00016	0.6507	0.0163	0.0318
企业融资约束（SA）	企业融资约束指数，用于稳健性检验	−36.4486	14.6304	−24.5774	4.8387
经营年限（AGE）	经营年份＝统计年－成立年（年，取对数）	0.6931	3.7136	2.5854	0.3719
行业性质（TEC）	是否被认定为高新技术企业，是取"1"，否取"0"	0	1	—	—
是否小微企业（S）	按照 2007 年企业划型标准，当年是否为小微企业，是为"1"，否为"0"	0	1	—	—
享受政策扶持情况（TAX）	当年是否享受财税优惠，是为"1"，否为"0"	0	1	—	—
发债情况（DEB）	当年是否发债，是为"1"，否为"0"	0	1	—	—
企业规模（SIZ）	（年初资产总额＋年末资产总额）/2（万元，取对数）	14.7635	21.1485	17.5479	0.8472
盈利能力（PRO）	年净利润/[（年初资产总额＋年末资产总额）/2]	0.0125	0.4913	0.1590	0.1367
资产能力（ASS）	固定资产比率	0.0023	0.6660	0.1468	0.1217
负债能力（PAY）	资产负债率	0.0502	0.7880	0.3422	0.1720
其他货币政策影响（M）	年广义货币供应量 M2 增长率	0.0810	0.1330	0.1027	0.0191
地区经济发展水平（GDP）	企业所在城市各年度 GDP（万元，取对数）	13.92	19.7739	18.6209	1.0258
银行风险管理水平（RIS）	各年份全国各城市的城商行、农商行不良贷款率均值与本研究中样本企业所在城市进行匹配	0.0018	0.2090	0.0158	0.0131
地区金融市场发展水平（MAR）	2020 年《中国内地城市金融竞争力 50 强》，样本企业所在地榜上有名的赋值"1"，否则为"0"	0	1	—	—
地区社会信用建设水平（CRE）	2022 年 12 月发布的《36 个省会和副省级以上城市综合信用指数》（TOP20）、《261 个地级市综合信用指数》（TOP50），样本企业所在地在任一榜上有名的赋值"1"，否则为"0"	0	1	—	—

第三节　实证结果分析

基于第二节的研究设计和数据设定，本节对基准回归模型、中介效应模型、调节效应模型的分析结果进行解释和比较，刻画 2014—2020 年多轮定向降准政策对中小企业信贷可得性及发展质量的影响特征。

一、定向降准政策对中小企业信贷可得性影响分析

利用基准模型进行回归分析，得到如下关于定向降准政策及其供给频度对中小企业信贷可得性及信贷成本的影响结果。

（一）定向降准政策对中小企业信贷扶持效应检验

随着 F 取值的变化（见表 4.1），模型（4.1.1）—模型（4.1.6）呈现了 2014—2020 年定向降准政策对中小企业信贷可得性的影响。表 4.3 中，每个模型的关键解释变量 $F \times S$ 的系数的方向及对应的 P 值的显著性显示：定向降准政策能够帮助中小企业从商业银行获得更多的贷款，缓解企业融资难问题；但是模型（4.1.1）中 $F \times S$ 的系数不显著，到模型（4.1.2）后才显著，说明政策效应具有一定的时滞性，2014 年开始实施的定向降准政策直到 2016 年才对中小企业信贷获得额有较明显的促进作用，于是假设 1 得证。表 4.4 的结果中，每个模型中 $F \times S$ 的系数对应的常数项值均不显著，定向降准政策对降低中小企业的信贷成本作用不大。

表 4.3　定向降准政策对中小企业信贷可得性影响

被解释变量	变量	模型					
		模型（4.1.1）	模型（4.1.2）	模型（4.1.3）	模型（4.1.4）	模型（4.1.5）	模型（4.1.6）
$LOAN_1$	政策实施情况（F）	0.0061***	0.0039***	0.0041***	0.0029***	0.0033***	0.0034***
	是否小微企业（S）	0.0015	0.0012	0.0008	0.0001	−0.00012	−0.00014
	关键解释变量（$F \times S$）	0.0025	0.0021*	0.0019**	0.0010*	0.0011*	0.0010*
	控制变量（Z）	控制	控制	控制	控制	控制	控制
	常数项（β_0）	0.2894***	0.2506***	0.1634***	0.1193***	0.0829	0.1370***
	企业固定效应	是	是	是	是	是	是
	年份固定效应	是	是	是	是	是	是
	样本数（N）	2891	2891	2891	2891	2891	2891
	Adj, R^2	0.4243	0.4123	0.3029	0.2408	0.2071	0.2928

注：***、**、*分别表示各变量在1%、5%、10%水平下显著。

表 4.4　定向降准政策对中小企业信贷成本影响

被解释变量	变量	模型					
		模型（4.1.1）	模型（4.1.2）	模型（4.1.3）	模型（4.1.4）	模型（4.1.5）	模型（4.1.6）
$LOAN_2$	政策实施情况（F）	−0.0002	0.0003	−0.0018	−0.0022	−0.0009	−0.0003
	是否小微企业（S）	−0.0067	−0.0075	−0.0078	−0.0081	−0.0082	−0.0077
	关键解释变量（$F \times S$）	−0.0150	−0.0008	−0.0001	0.0006	0.0014	−0.0013
	控制变量（Z）	控制	控制	控制	控制	控制	控制
	常数项（β_0）	−0.0047	0.0061	−0.0179	−0.0568	−0.0073	−0.0139
	企业固定效应	是	是	是	是	是	是
	年份固定效应	是	是	是	是	是	是
	样本数（N）	2891	2891	2891	2891	2891	2891
	Adj, R^2	0.2350	0.2490	0.2257	0.2042	0.2440	0.2350

（二）定向降准政策供给力度对中小企业信贷扶持影响效应

模型（4.1.7）中的变量 F 按照定向降准政策随时间推进的力度进行赋值（见表 4.1），回归结果如表 4.5 所示，在以 $LOAN_1$ 为被解释变量的模型中，$F×S$ 的系数为负且对应的常数项值在 1% 水平上显著，表明随着政策供给力度的加大，定向降准政策对小微企业的信贷扶持作用反而在减弱，政策力度和政策实施效果不再是线性正相关关系。假设 3 得证。

表 4.5 定向降准政策供给力度对中小企业信贷扶持的影响效应（模型 4.1.7）

被解释变量	解释变量					Adj,R^2
	政策实施情况（F）	是否小微企业（S）	关键解释变量（$F×S$）	常数项（β_0）	控制变量（Z）	
$LOAN_1$	0.0022***	0.0015	−0.0009**	0.3208***	控制	0.4880
$LOAN_2$	−0.0012	−0.0075	−0.0003	−0.0644	控制	0.1989
企业固定效应：是；年份固定效应：是；样本数 N：2891						

注：***、**、* 分别表示各变量在 1%、5%、10% 水平下显著。

（三）稳健性分析

一是更换被解释变量。此处使用哈德洛克（Hadlock）等提出的 SA 指数[①]（2010），作为企业信贷情况（$LOAN$）的替代变量。SA 指数以企业规模和经营年限为自变量进行计算（SA=−0.737$SIZE$+0.043$SIZE^2$−0.04AGE，其中 $SIZE$、AGE 取自然对数），SA 的值越大，企业面临融资约束越严重。为避免共线性，在以 SA 指数为被解释变量的稳定性检验中，将企业规模、企业经营年限两个变量从控制变量中删去。结果如表 4.6 所示：模型（4.1.1）—模型（4.1.6）中

---

① HADLOCK C T, PIERCE T R. New Evidence on Measuring Financial Constraints：Moving beyond the Index [J]. *The Review of Financial Studies*，2010，23（5）：1909–1940.

变量 $F \times S$ 的系数方向及对应的常数项值的显著性与基准模型的回归结果一致；模型（4.1.7）中变量 $F \times S$ 的系数方向及显著性与表 4.5 中的结果相比没有发生实质性改变。

表 4.6　稳定性检验：变换被解释变量的回归结果

被解释变量	变量	模型						
		模型（4.1.1）	模型（4.1.2）	模型（4.1.3）	模型（4.1.4）	模型（4.1.5）	模型（4.1.6）	模型（4.1.7）
SA 指数	政策实施情况（F）	1.3566***	1.5055***	1.7288***	0.8909***	1.1306***	1.2905***	1.2086***
	是否小微企业（S）	−0.4865	−0.4841	−0.3927	−0.3598	−0.3876	−0.3731	−0.5489
	关键解释变量（F×S）	0.3408	0.2783*	0.3747*	0.2657**	0.2042*	0.1588**	−0.0842*
	控制变量（Z）	控制	控制	控制	控制	控制	控制	控制
	常数项（β_0）	115.2990***	119.6897***	109.6083***	106.6103***	86.4046***	95.6061***	49.1090***
	是否控制企业固定效应	是	是	是	是	是	是	是
	是否控制年份固定效应	是	是	是	是	是	是	是
	样本数（N）	2891	2891	2891	2891	2891	2891	2891
	Adj,R²	0.6130	0.6099	0.6062	0.5998	0.6061	0.6086	0.6395

注：***、**、* 分别表示各变量在 1%、5%、10% 水平下显著。

二是对基准模型做随机效应回归。表 4.7 的结果显示：将固定效应基准模型改为随机效应回归后，无论被解释变量是信贷额还是信贷成本，定向降准政策对中小企业信贷扶持效应的影响程度和影响方向没有发生变化；而且从模型（4.1.7）的随机效应回归结果看，关键解释变量 $F \times S$ 的系数方向及显著性和表 4.5 的结果一致。

表 4.7 稳健性检验：随机效应模型分析结果

被解释变量	模型	解释变量					
		政策实施情况（F）	是否小微企业（S）	关键解释变量（$F \times S$）	常数项（P）	控制变量（Z）	Adj,R^2
$LOAN_1$	模型 4.1.1	0.0056***	0.0038	0.0022	0.1478***	控制	0.3355
	模型 4.1.2	0.0035***	0.0032	0.0017*	0.1169***	控制	0.3233
	模型 4.1.3	0.0052***	0.0027	0.0018*	0.0676**	控制	0.3252
	模型 4.1.4	0.0035***	0.0021	0.00088*	0.0422	控制	0.3268
	模型 4.1.5	0.0037***	0.0018	0.0010*	0.0206	控制	0.3288
	模型 4.1.6	0.0038***	0.0019	0.0009**	0.0427	控制	0.3263
	模型 4.1.7	0.0012**	0.0036	−0.0008*	0.1262***	控制	0.3222
$LOAN_2$	模型 4.1.1	0.0018	−0.0020	−0.0023	−0.0983***	控制	0.2152
	模型 4.1.2	0.0006	−0.0028	−0.0017	−0.0927***	控制	0.2149
	模型 4.1.3	−0.0009	−0.0034	−0.0007	−0.0950***	控制	0.2150
	模型 4.1.4	−0.0014	−0.0038	0.0001	−0.1031***	控制	0.2155
	模型 4.1.5	−0.0005	−0.0039	0.0010	−0.0934***	控制	0.2150
	模型 4.1.6	0.0003	−0.0036	−0.0016	−0.0959***	控制	0.2384
	模型 4.1.7	−0.0005	−0.0029	−0.0006	−0.1080	控制	0.2370

注：***、**、*分别表示各变量在 1%、5%、10% 水平下显著。

三是对变量进行缩尾处理，改变数据集。为剔除异常值对结果的影响，利用 winsorize 函数对样本中连续变量进行缩尾处理，然后按基准模型进行回归，表 4.8 的稳健性检验结果显示：首先，对于被解释变量 $LOAN_1$ 和 $LOAN_2$，模型（4.1.1）—模型（4.1.6）中的关键解释变量 $F \times S$ 系数的方向及对应 P 值的显著性与基准回归结果基本一致。其次，表 4.8 中模型（4.1.7）的结果显示，随着时间的推进，中小企业信贷扶持效应与政策实施力度成效显著的反比关系，这与表 4.5 的结果一致。

综上，基准回归模型所得结论具有稳定性。

表 4.8　稳健性检验：变量缩尾处理后的回归结果

被解释变量	模型	解释变量					
		政策实施情况（F）	是否小微企业（S）	关键解释变量（$F \times S$）	常数项（β_0）	控制变量（Z）	Adj,R^2
$LOAN_1$	模型 4.1.1	0.0054***	0.0101	0.0015	0.2704***	控制	0.3738
	模型 4.1.2	0.0034***	0.0100	0.0009*	0.2312***	控制	0.3674
	模型 4.1.3	0.0043***	0.0095	0.0007*	0.1512**	控制	0.3155
	模型 4.1.4	0.0031***	0.0089	0.0003*	0.1148**	控制	0.2941
	模型 4.1.5	0.0032***	0.0088	0.0001*	0.0919*	控制	0.2904
	模型 4.1.6	0.0033***	0.0089	0.0003**	0.1288***	控制	0.3166
	模型 4.1.7	0.0018***	0.0098	−0.0003*	0.2961***	控制	0.4181
$LOAN_2$	模型 4.1.1	0.0008	−0.0115	−0.0005	−0.1190***	控制	0.2799
	模型 4.1.2	0.0011	−0.0117	−0.0001	−0.1182***	控制	0.2798
	模型 4.1.3	0.0023*	−0.0116	−0.0004	−0.1011**	控制	0.2645
	模型 4.1.4	0.0005	−0.0117	0.1176	−0.1176***	控制	0.2717
	模型 4.1.5	0.0015*	−0.0116	−0.0001	−0.0744	控制	0.2595
	模型 4.1.6	0.0022**	−0.0115	−0.0012	−0.0875*	控制	0.2646
	模型 4.1.7	0.0008	−0.0116	−0.0002	−0.0893*	控制	0.2710

注：***、**、* 分别表示各变量在 1%、5%、10% 水平下显著。

二、定向降准政策对中小企业发展质量影响机制检验

由于在基准回归模型及其稳健性检验中，定向降准政策对中小企业信贷成本 $LOAN_2$ 的影响不显著，因此只选择被解释变量为 $LOAN_1$ 的模型进行传导

机制检验。

在 7 种不同的 F 取值下，按模型（4.1）、模型（4.2）、模型（4.3）分别组合，进行中介效应分析，探究"定向降准政策—中小企业信贷扶持—企业发展质量提升"的传导路径是否通畅。中介效应检验过程如下：首先检验模型（4.2）中变量 $F \times S$ 的系数 α_3 是否显著。如果显著，接着检验模型（4.1）中关键解释变量 $F \times S$ 的系数 β_3 和模型（4.3）中变量 $LOAN_1$ 的系数 θ_4 是否显著。如果两者都显著，则继续检查模型（4.3）中关键解释变量 $F \times S$ 的系数的 θ_3 是否显著。如果 θ_3 显著，中介变量对企业创新促进（INO）具有部分中介作用；如果 θ_3 不显著，中介变量对企业创新促进（INO）具有完全的中介作用。机制检验结果如表 4.9 所示，具体分析如下。

首先，模型（4.1.1）（4.2.1）（4.3.1）的机制检验结果显示，受政策效应时滞性影响，在 2015 年，定向降准政策给中小企业带来的信贷利好对企业创新投入的推动作用不显著。

其次，模型（4.1.2）（4.2.2）（4.3.2）、模型（4.1.3）（4.2.3）（4.3.3）、模型（4.1.4）（4.2.4）（4.3.4）、模型（4.1.5）（4.2.5）（4.3.5）、模型（4.1.6）（4.2.6）（4.3.6）的机制检验结果中中介效应占比显示：2016 — 2019 年多次实施的定向降准政策提高了中小企业的信贷可得性，进而促进了企业创新投入的增加，推动中小企业发展质量的提升，假设 2 得证。但是，随着时间的推移，政策力度的加大，定向降准政策通过缓解企业的资金约束进而减弱企业创新投入的传导作用，$LOAN_1$ 的中介作用从 2016 年 5.2% 降到 2019 年的 1.64%，直到 2020 年不显著。

最后，模型（4.1.7）（4.2.7）（4.3.7）构成的中介效应检验结果显示：从 2014—2020 年整个政策实施区间看，通过对中小企业的信贷扶持，定向降准政策间接推动了企业创新投入的增加，但是信贷扶持的中介效应占比为

2.87%也说明多轮定向降准政策给中小企业带来的信贷支持对企业高质量发展并没有产生相同比例的正向叠加效应。

表4.9　定向降准政策对创新投入影响效应检验：以企业信贷可得性为中介变量[a]

被解释变量	模型	解释变量							中介效应（占比）
		政策实施情况（F）	是否小微企业（S）	关键解释变量（$F×S$）	企业信贷可得性（$LOAN_1$）	常数项[b]	控制变量（Z）	Adj,R^2	
INO	模型4.2.1	0.0163***	−0.0130	−0.0080	—	0.2704***	控制	0.3685	不显著
	模型4.3.1	0.0156***	−0.0132	−0.0077	0.1099	0.0416	控制	0.3697	
	模型4.2.2	0.0126***	−0.0146	0.0056*	—	−0.0079	控制	0.3632	部分中介效应（5.20%）
	模型4.3.2	0.0121***	−0.0148	0.0054*	0.1386*	−0.0427	控制	0.3664	
	模型4.2.3	0.0009*	−0.0129	0.0125***	—	−0.1431**	控制	0.3264	部分中介效应（2.16%）
	模型4.3.3	0.0015	−0.0131	0.0122***	0.1423*	−0.1663	控制	0.3670	
	模型4.2.4	0.0021	−0.0149	0.0090**	—	−0.1410	控制	0.3683	部分中介效应（1.67%）
	模型4.3.4	0.0026	−0.0148	0.0088**	0.1504*	−0.1590	控制	0.3723	
	模型4.2.5	0.0005	−0.0160	0.0096**	—	−0.2604	控制	0.3874	部分中介效应（1.64%）
	模型4.3.5	0.0018	−0.0159	0.0095**	0.1434*	−0.2723	控制	0.3914	
	模型4.2.6	0.0001	−0.0172	−0.0057	—	−0.1385	控制	0.3750	不显著
	模型4.3.6	0.0006	−0.0171	−0.0055	0.1522*	−0.1594	控制	0.3792	
	模型4.2.7	0.0103***	−0.0113	−0.0040**	—	0.3639*	控制	0.4042	部分中介效应（2.87%）
	模型4.3.7	0.0101***	−0.0115	−0.0039**	0.1276*	0.3230	控制	0.3971	

注：a 表中模型均控制了个体效应、时间效应，样本量为2891。***、**、*分别表示各变量在1%、5%、10%水平下显著。

b 一般情况下常数项和固定效应一样不用标注代码，和前面的表不同的是，这个表记录的是两个模型的结果，而两个模型中常数项的表达代码不同，因此此处不标注代码是为了避免产生歧义。

将被解释变量创新投入（INO）替换为企业对研发人工的投入占比（INO'），进行稳健性检验。结果如表4.10所示：在不同F取值下，尽管中介效应占比有所变化，但各模型中中介效应的显著性没有变化，定向降准政策对中小企业高质量发展的间接影响规律具有一定的稳定性。

表4.10　中介效应模型的稳定性检验：替换被解释变量[a]

| 被解释变量 | 模型 | 解释变量 | | | | | | | 中介效应（占比） |
		政策实施情况（F）	是否小微企业（S）	关键解释变量（$F \times S$）	企业信贷可得性（$LOAN_1$）	常数项[b]	控制变量（Z）	Adj,R^2	
INO'	模型4.2.1	0.0238***	−0.0044	0.0007	—	0.3850***	控制	0.3423	不显著
	模型4.3.1	0.0236***	−0.0045	0.0008	0.0288	0.3766***	控制	0.3428	
	模型4.2.2	0.0182***	−0.0018	0.0003*	—	0.2168***	控制	0.2952	部分中介效应（3.07%）
	模型4.3.2	0.0179***	−0.0019	0.0001*	0.0828***	0.1960***	控制	0.2995	
	模型4.2.3	0.0151***	−0.0024	0.0011**	—	−0.1201*	控制	0.2965	部分中介效应（15.8%）
	模型4.3.3	0.0148***	−0.0025	0.0009**	0.0915***	−0.1351**	控制	0.3031	
	模型4.2.4	0.0135***	−0.0033	0.0011**	—	−0.3692***	控制	0.5070	部分中介效应（7.05%）
	模型4.3.4	0.0132***	−0.0034	0.0010*	0.0776***	−0.3785***	控制	0.5117	
	模型4.2.5	0.0126***	−0.0040	0.0011*	—	−0.4133***	控制	0.5219	部分中介效应（7.73%）
	模型4.3.5	0.0123***	−0.0039	0.0010*	0.0773***	−0.4197***	控制	0.5245	
	模型4.2.6	0.0094***	−0.0034	−0.0013	—	−0.1566**	控制	0.2899	不显著
	模型4.3.6	0.0091***	−0.0033	−0.0012	0.0884***	−0.1687***	控制	0.2936	
	模型4.2.7	0.0107***	−0.0018	−0.0004**	—	0.6149***	控制	0.5273	部分中介效应（18.31%）
	模型4.3.7	0.0105***	−0.0019	−0.0003*	0.0814***	0.6410***	控制	0.5482	

注：a 表中模型均控制了个体效应、时间效应，样本量为2891。***、**、*分别表示各变量在1%、5%、10%水平下显著。

b 同表4.9，此处不标注代码是为了避免产生歧义。

三、宏观环境对定向降准政策的中小企业融资扶持效应影响

在表 4.11 中，模型（4.4.1）—模型（4.4.6）显示了在不同的 F 取值下地区金融发展水平异质性对定向降准政策的中小企业融资扶持效应的影响。模型（4.4.1）（4.4.2）中调节变量 $F \times S \times MAR$ 的系数方向为正，表明在政策实施初期，在金融市场发达地区定向降准政策对中小企业信贷扶持效果更好；但是模型（4.4.3）—模型（4.4.6）中 $F \times S \times MAR$ 的系数为负，信贷扶持效应与小微企业所在地区的金融市场发达程度负相关的特点，印证了假设 4 的推断，即金融市场发达的地区，金融机构间的激烈竞争可能使商业银行对加大小微企业信贷投放有所顾虑，随着政策力度的加大，商业银行的中小信贷风险不断加剧，影响支持中小企业融资的积极性。

在表 4.11 中，模型（4.5.1）—模型（4.5.6）显示了在不同的 F 取值下不同地区社会信用建设水平对定向降准政策的中小企业信贷扶持效果的影响，调节变量 $F \times S \times CRE$ 的系数方向及对应的 P 值显著性显示：社会信用建设情况越好的地区，定向降准政策对中小企业的信贷支持作用越强，假设 4 得证。

按实施力度的推进，将 2014—2020 年间定向降准政策分为三个阶段，再对模型中变量 F 赋值（见表 4.1），进行调节效应检验，模型（4.4.7）和模型（4.5.7）的结论显示：定向降准政策的中小企业信贷扶持效应与地区金融发展水平负相关，与地区的社会信用建设情况正相关，进一步为假设 4 提供实证证据。

表 4.11 宏观环境对定向降准政策的中小企业信贷扶持影响

被解释变量	模型	解释变量								控制变量（Z）	Adj,R²
		政策实施情况（F）	是否小微企业（S）	$F \times S$	地区金融发展水平（MAR）	$F \times S \times MAR$	地区社会信用建设（CRE）	$F \times S \times CRE$	常数项（P）		
LOAN₁	模型 4.4.1	0.0056***	0.0038	0.0029	0.0146**	0.0008	—	—	0.1481***	控制	0.3355
	模型 4.4.2	0.0035***	0.0032	0.0018**	0.0138**	0.0001*	—	—	0.1169***	控制	0.3233
	模型 4.4.3	0.0052***	0.0027	0.0014*	0.0078**	−0.0003*	—	—	0.0675**	控制	0.3252
	模型 4.4.4	0.0035***	0.0021	0.0007*	0.0055*	−0.0002**	—	—	0.0421	控制	0.3268
	模型 4.4.5	0.0037***	0.0018	0.0004***	0.0040**	−0.0006*	—	—	0.0204	控制	0.3288
	模型 4.4.6	0.0038**	0.0018	0.0002	0.0073	−0.0013	—	—	0.0427	控制	0.3263
	模型 4.5.1	0.0056***	0.0037	0.0028**	—	—	0.0027**	0.0010*	0.1476***	控制	0.3357
	模型 4.5.2	0.0035***	0.0032	0.0022**	—	—	0.0028*	0.0009**	0.1167***	控制	0.3234
	模型 4.5.3	0.0052***	0.0026	0.0022*	—	—	0.0025*	0.0008**	0.0671**	控制	0.3253
	模型 4.5.4	0.0035***	0.0021	0.0010**	—	—	0.0024*	0.0002	0.0421	控制	0.3268
	模型 4.5.5	0.0037***	0.0018	0.0005*	—	—	0.0025*	0.0008	0.0213	控制	0.3289
	模型 4.5.6	0.0038***	0.0017	0.0006	—	—	0.0028**	0.0023	0.0436	控制	0.3269
	模型 4.4.7	0.0012**	0.0036	−0.0009**	0.0149**	−0.00003*	—	—	0.1262***	控制	0.3222
	模型 4.5.7	0.0011**	0.0035	−0.0010*	—	—	0.0030**	0.00002**	0.1260***	控制	0.3223

注：***、**、* 分别表示各变量在 1%、5%、10% 水平下显著。

第四节 结论与启示

尽管定向降准政策在 2021 年后不再实施，但 2014—2020 年的政策实践反映出的定向降准政策供给"度"与中小企业信贷扶持效应之间的关系，在金融高质量服务实体经济的时代语境下，对于提升中小企业融资扶持政策效应具有启示意义。

一、研究结论

基于 413 家企业的调研资料探究政策效应精准性与政策干预适度性之间的关系，研究发现：定向降准政策虽然能够帮助中小企业提高银行贷款可得性，但是对降低信贷成本的作用不显著；从 2014—2020 年整个政策实施区间看，政策效应具有时滞性，政策供给力度与政策实施效应呈负相关。定向降准政策通过对中小企业的信贷扶持影响企业创新投入，进而提高企业发展质量，但随着政策力度的加大，政策对企业创新投入的间接影响逐渐减弱。定向降准政策对中小企业的信贷扶持效应与地区金融市场发达程度呈负相关关系、与地区社会信用建设水平呈正相关关系。

二、启示意义

为把握政策干预的"度"，提高金融政策服务实体经济的精准性，提出如下建议。

第一，关注政策实施后微观主体行为选择的变化。相较于财政政策，货币政策对政策目标的传导路径更复杂，而且传导链条中每一步的推进需要依靠市场主体的自觉行动才能继续。因此，在定向降准政策实施过程中，商业银行、中小企业的行为变化实际上是政策供给是否适度的一种信号，关注、捕捉这些信号，有利于精准施策。为此，在政策发布后，需要密切跟踪政策传导进程，观察市场主体行为选择的变化，科学评价政策效果，及时调整政策供给的时机和力度。

第二，考虑外部环境对政策实施效应的影响。货币政策对中小企业的扶持效应常常受到金融市场、信用市场、国内外宏观环境等外部变量的影响。为提高货币政策供给的精准性，在政策出台前需要考虑未来 2~3 年内外部环境可能发生的变动，评估市场主体可能出现的反应，合理预期政策时滞，精准选择政策出台的时机和政策实施的力度。

第三，重视政策实施中的监督与规范。本章实证分析发现定向降准的政策效应有时滞性，实施前期效果不佳；而且通过中介效应检验发现，中小企业得益于定向降准政策获得的信贷支持对创新投入的贡献不大，也就是说企业获得信贷资金没有完全流向政策目标领域，这不符合政策预期。因此货币政策的适度供给不仅要重视政策实施前对扶持对象的考察和选择，还要重视中小企业信贷扶持政策实施中的监控，监督和规范商业银行的信贷流向、中小企业获得信贷资金后的流向，保证政策效应的正向性和有效性。

第四，加强中小企业融资扶持政策间的搭配。对中小企业高质量发展的融资扶持是一个复杂的系统工程，涉及多样的微观主体、经济变量、主体与变量之间的相互作用，只依靠单一的政策难以实现政策预期。因此，政策适度、精准供给要求重视政策间的协同配合。一是常规货币政策与直达性货币政策间的搭配，如处理好支农支小再贷款管理、普惠小微企业贷款延期支持工具、小微企业信用贷款支持计划等直达实体经济的信贷扶持政策与降低利率等常规货币政策工具间的搭配。二是在中小企业信贷扶持中，加强货币政策与财政政策的配合。财政政策效应具有直接性，中小企业融资扶持中不能缺少财政政策的身影，减税、补贴等都是中小企业融资扶持的重要工具。

第五章 适度干预视角下中小企业债券融资扶持政策精准供给研究

在我国，企业债券和公司债券是两种不同的债券类型。虽然均为在一定期限内还本付息的有价证券，但是发行主体、管理部门、发行流程、发行条件等并不相同。不过在市场化改革中，两种债券协同趋势渐显。因此，本章中的"企业债券"指企业债券和非金融企业发行的公司债券、短期融资券、中期票据等。

发行债券是企业筹集长短期资金的主要渠道。我国企业债券发行实践从80年代中期开始，至今已近40年，在此过程中，政府扮演着重要角色。在注册制改革、信用缓释工具增信民营企业等市场化改革中，政府对发行主体、发行范围、发行规模、发行价格的监管逐步放松，债券市场对民营中小企业的融资支持作用不断增强。但是，市场化改革并不意味着政府完全退出对企业债券市场的管理，"有所为、有所不为"是新时代背景下政府干预债券融资市场应遵循的基本原则。那么，在企业债券管理市场化改革背景下，中小企业债券融资短板是否有所改善？政府在企业债券融资市场中的职能是否有所变化？对这些问题的探究有助于提高中小企业融资扶持政策供给的精准性。本章将从理论和实践两个方面展开研究。

第一节　政府干预中小企业债券融资的必要性分析

在资本市场上，中小企业发行债券与投资者认购企业债券是市场主体在其利益诉求驱使下的自主选择，但是债券融资市场上的固有缺陷又赋予政府干预债券融资市场以充分的理论支持。

一、发展中小企业债券融资是符合各方利益诉求的可行选择

发展债券融资市场，让广大中小企业通过发行债券缓解融资约束，是融资者、投资者的双赢选择，也是化解金融市场风险的有效途径。

（一）发展中小企业债券融资有利于化解银行信贷风险

在中小企业外源融资结构中，银行长期贷款、股票融资和债券融资三足鼎立。长期以来，我国企业偏好银行信贷，过于依赖银行贷款。与大企业、国有企业相比，中小企业、民营企业在经营中面临的不确定性更多，经营风险更大。在过分依赖银行贷款的融资结构下，企业的经营风险极易传导给贷款银行，从而导致金融风险集聚，需要通过直接融资化解银行不良贷款带来的风险。在日本，中小企业融资长期以银行贷款为主，当20世纪90年代房地产业泡沫破裂，经济陷入萧条后，中小企业的不良贷款骤增，但是不发达的股票和债券市场无法及时分担不良贷款传导的金融风险，最终不仅抑制经济增长，而且无法释放银行的信贷风险。日本经济发展过程中的教训给我国中小企业偏重信贷的融资结构以深刻的启示，即要重视发展中小企业直接融资。但如果只有股票市场，不重视发展企业债券市场，那么股票交易价格也

难以准确确定。如果股票价格信号失灵又会影响资本配置效率，因此不应忽略作为直接融资之一的债券融资的作用。

（二）发展债券融资有利于满足中小企业高质量发展的资金需求

中小企业经营不确定、信息不对称等特征使其在信贷市场中处于弱势。即使国家不断出台政策缓解中小企业融资困境，但政策的执行者——银行等金融机构考虑的因素与政府目标往往不一致，使得中小企业融资困境无法得到有效缓解，这时股票和债券自然而然成为支持中小企业融资的另两支"箭"，在支持中小企业发展中发挥更大的作用。纵观近年来我国直接融资市场的发展，股权分置、注册制改革、新三板市场、北交所设立等一系列改革较大地改善了中小企业股权融资环境，但由于中小企业在股市上获得融资的机会有限，中小企业债券融资的作用因此日益受到重视。这些年中小企业集合债、小微企业增信集合债券、债券注册制、信用风险缓释工具创设、高收益债券市场试点等印证着政府对中小企业债券融资的大力支持。

根据 MM 理论[①]，适当的中长期债务比例有利于发挥债务资金的杠杆效应，优化企业资本结构，防止企业因"短债长用"产生流动性风险，促进企业可持续经营。在我国，即使是上市公司，仍以银行长期贷款为主，长期负债与总负债占比不高。非上市的中小企业融资来源更是以银行的中短期贷款为主，企业很难借到 5 年以上的长期贷款。因此，发展中小企业债券融资，能够增加企业获得长期资本的机会，更好地满足技术创新、数字化转型、节能环保等现代企业高质量发展的资金需求。

---

① MM 理论，由美国经济学家莫迪格利安尼（Modigliani）和米勒（Miller）提出，主要关注资本结构、公司价值和融资决策等方面。

（三）发展中小企业债券融资能够分散投资者的投资风险

投资组合能够分散投资风险，但在我国金融市场上可供选择的投资工具不多，银行存款、股票、国债是目前我国居民和机构投资者的主要投资方式，其中股票是市场主体喜欢的投资形式，收益高但风险大。近年，另一种较为活跃的投资方式是基金，但是基金的投资标的也是以股票为主，基金加入投资组合无法降低股票投资风险；其他投资衍生工具，特别是具有防范风险功能的工具，如套期保值等较为缺乏。从本质上说，基金＋股票的投资组合并没有起到分散风险的作用，亟待引入多样化的投资工具，来化解股市的系统性风险。因此，在证券投资组合中加入风险较低的企业债券，让投资者有更多的选择，由原来的"股票＋存款"投资组合转变为"企业债券＋股票＋存款"组合，有利于降低中小企业融资市场上投资者风险，提高资产组合质量。

二、中小企业债券融资中的市场失灵

与企业相关的资本市场通常指长期信贷市场、股权市场、债券市场。如前文所述，与信贷和股票融资相比，企业债券融资虽然具有风险小、融资额大的优势。但是它是以企业信用为标的的融资活动，与大企业相比，中小企业信用评级低，无法达到法定的企业债券和公司债券发行要求；中小企业资产实力低，无法提供可靠的担保和抵押物。而且，中小企业信息不对称等的问题未得到解决，即使有了中小企业集合债、小微企业增信集合债等融资创新模式，也需要对中小企业的资金投向和经营的合法性等进行严密监控，否则会给投融资市场、信用体系带来极大的危害。可以说，各国对于发展中小企业的债券融资都极其慎重。在这种背景下，政府适当干预中小企业债券融资市场具有必要性。

第二节　中小企业债券融资中政府干预适度性理论分析

市场失效是政府干预债券市场的主要动因，也是衡量政府干预是否恰当的依据。本节用债券市场发展水平作为市场有效的替代变量，构建政府干预适度性理论模型，考察政府适度干预在中小企业债券融资市场上的主要影响因素，为探究我国中小企业债券融资扶持中政府干预有效性提供分析工具。

一、中小企业债券融资市场发展水平模型

戈德史密斯（Goldsmith）对几十个国家近百年的金融市场结构和发展情况进行横纵向比较研究，使用指标"金融市场的金融资产总值占 GDP 的比重（FIR, Financial Interrelation Ratio）"来表示一个金融市场的发展程度 [1]。借用 FIR 这一指标的定义，本节用"债券市场金融资产总额（DFA）与国内生产总值（GDP）之比"来表示中小企业债券融资市场的发展程度 MY。当然，DFA 只能近似表示中小企业债券融资市场发展程度，因为市场规模大是市场发展有效的一个条件，并不意味着一定是高质量发展，以其表示中小企业债券融资市场的发展程度只能是简化的近似指标。市场发展程度 MY 其实是指中小企业债券融资市场功能的完善程度，从这一角度看，MY 的取值应处于 0—1 之间，而其表达式 DFA/GDP 几乎不可能等于 1，因此两者之间不能完全替代。

中小企业债券市场发展程度 MY 随着 DFA/GDP 的增大而增大（单调

---

① GOLDSMITH R W. *Financial Structure and Development* ［M］. New Haven and London：Yale University Press，1969.

递增），经过一段时间的发展，市场的发展速度放缓，最后趋向稳定（极限值）。这一发展规律可以借用生物学家皮埃尔－弗朗索瓦·维赫斯特（Pierre-Francois Verhulst）首提的 Logistic 曲线近似描述，即在初始阶段因变量 y 增长速度随着自变量时间 t 的提高而增加，达到一定值后 y 值的增加放慢，逐渐趋近于上限值 M。

Logistic 曲线的数学表达过程为：

$$\frac{\mathrm{d}y}{\mathrm{d}t} = r(1 - \frac{y}{M})y \tag{5.1}$$

其中：$y=DFA/GDP$；M 为趋近的极限值，$M=max（DFA/GDP）$；r 为增长率，$r > 0$；t 为时间变量，将上述设定代入式（5.1），Logistic 曲线又可写为：

$$\frac{\mathrm{d}DFA}{\mathrm{d}GDP} = r\left[1 - \frac{\dfrac{DFA}{GDP}}{\max(\dfrac{DFA}{GDP})}\right] \times \frac{DFA}{GDP}, \quad t=t_0 \tag{5.2}$$

上式为可分离变量的一阶常微分方程，解为：

$$\frac{DFA}{GDP}(t) = \frac{\max(\dfrac{DFA}{GDP})}{1 + \left[\dfrac{\max(\dfrac{DFA}{GDP})}{\dfrac{DFA}{GDP}\bigg| t=t_0} - 1\right] e^{-r(t-t_0)}} \tag{5.3}$$

经整理得到下式：

$$\frac{\dfrac{DFA}{GDP}}{\max(\dfrac{DFA}{GDP})}(t) = \frac{1}{1 + \left[\dfrac{\max(\dfrac{DFA}{GDP})}{\dfrac{DFA}{GDP}\bigg| t=t_0} - 1\right] e^{-r(t-t_0)}} \tag{5.4}$$

令 $MY = \dfrac{\dfrac{DFA}{GDP}}{\max(\dfrac{DFA}{GDP})}$，$t_0 = 0$，$a = \left[\dfrac{\max(\dfrac{DFA}{GDP})}{\dfrac{DFA}{GDP}\bigg| t=t_0} - 1\right]$

得到中小企业债券融资市场发展水平模型的表达式：

$$MY = \frac{1}{1+ae^{-rt}} \qquad (5.5)$$

这一模型假设中小企业债券融资市场的发展程度受市场自身的初始条件 a 和发展速度 r 的制约。

金融市场的发展水平与市场的发展阶段相关，在每个发展阶段市场的初始水平不同，市场的功能发挥情况和效率水平也不同，政府对市场的干预也应随之发生变化，政府干预适度性由此产生。中小企业债券融资市场可以分为初期、中期、成熟期三个阶段。在初期，中小企业经营面临的不确定性多，盈利能力不强；信用评级等中介服务机构数量有限，投资者积极性不高，市场发展程度低，市场融资服务效率低。在中期，中小企业经营能力逐渐增强，中介机构数量增多，在市场中的协调服务功能逐步显现，投资者逐步增多，市场融资服务效率不断改善。进入成熟期后，市场中参与主体增多，投资方、发行方、中介机构各司其职。但是随着成熟期的到来，市场功能越来越难以进一步提高，市场发展进入瓶颈期。不同市场发展阶段中小企业债券融资市场功能的变化如图 5.1 所示。

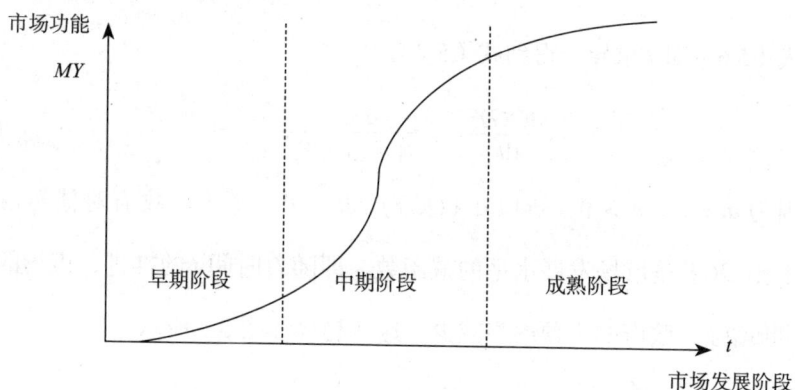

图 5.1　市场发展阶段 t 与市场功能间的关系

二、中小企业债券融资市场最优政府干预模型

前述中小企业债券融资市场发展模型是政府未介入的自然状态下的市场模型。政府介入某一市场会影响该市场的发展进程，是"加速"还是"减缓"取决于政府干预的适度性及民间中介组织的培育程度。在实践中，市场与政府都存在失灵领域，两者如何合理定位，政府、市场和社会如何相互配合，是债券融资市场功能有效发挥的关键。在现代金融市场发展过程中，产权界定和规范、社会信用培育等都需要政府发挥作用。

在现代经济中，政府与市场互相联系、互为补充。在债券市场发展的初期、中期、成熟阶段，市场的功能作用不同，政府在债券融资市场中承担的职能也有所差异。政府在债券融资市场中的补充作用是经济发展阶段（时间t）函数，且和市场功能作用互补。假设政府对债券市场的干预用GY表示，与市场发展程度MY的关系是：$GY+MY=1$。政府对中小企业债券市场的最优干预度用OGY表示，$OGY+MY$的值趋近1，因此$OGY=1-MY$。将式（5.5）代入$OGY=1-MY$，得到式（5.6）：

$$OGY = 1 - \frac{1}{1+ae^{-rt}} = \frac{ae^{-rt}}{1+ae^{-rt}} \tag{5.6}$$

式（5.6）对t求导，得到式（5.7）：

$$\frac{\mathrm{d}OGY}{\mathrm{d}t} = -\frac{are^{-rt}}{(1+are^{-rt})^2} \tag{5.7}$$

因为$a>0$，$r>0$，所以$\mathrm{d}(OGY)/\mathrm{d}t<0$，意味着政府对债券市场的最优干预$OGY$是市场发展水平的减函数，即随着时间$t$的推进，市场的作用$MY$不断增强，政府的干预逐步减少。这一趋势如图5.2所示。

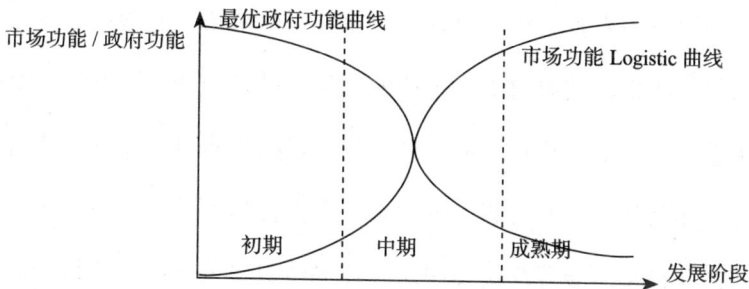

图 5.2　不同发展阶段最优政府功能与市场功能关系

如图 5.2 所示：在初期阶段，中小企业债券融资中市场作用较弱，政府承担着鼓励市场主体参与债券投融资、制定维持市场稳定和防范市场风险的规则制度、激励第三方中介机构参与等职责，在这一阶段政府发挥的作用大于市场自身的作用。进入中期阶段，随着市场债券投融资机制的完善，市场主体日益增多，债券投融资效率提升，这时政府应该"有所为、有所不为"，除维护市场稳定和加强制度建设外，其他功能要让位于市场主体和中介机构。在中期阶段，政府和市场功能互相补充，互相促进。到了成熟阶段，市场主体日益成熟，债券融资市场微观结构不断优化，政府的职能除了政策环境维护、中小企业融资市场固有风险防范外，应进一步减少干预，依照市场规则执行企业债券市场上的投融资活动。从上述三个阶段推进过程可以看出，中小企业债券市场上最优政府干预度 OGY 取决于市场发展程度，且随着市场功能发挥而逐步退出。

第三节　我国企业债券融资中政府干预实践历程

在现实中，政府干预适度性很难把握，常常出现干预过度（$GY > OGY$）和干预过少（$GY < OGY$）的情况。我国服务于企业融资三个主要金融市场是信贷、股权和债权市场。政府对这三大市场的干预程度不一致，使其在中

小企业融资服务中发挥的作用出现显著差异。信贷市场是服务中小企业融资的主战场，近年来，政府对中小企业的信贷扶持渐成体系，激发了金融机构服务中小企业融资的积极性，中小企业信贷可得性得到一定程度改善。股票市场在政府的扶持下，新三板、创业板、全面注册制、北交所、区域股权市场制度、创业投资基金等为优质中小企业创造更多的股权融资机会。相比之下，中小企业债券市场发展相对滞后，潜在风险大，因此政府对企业债券市场的干预更为重要，但是政府介入的适度性较难把握。可以说，我国企业债券市场的发展与政府干预情况有直接关系。

一、企业债券融资市场中政府管理职责演变

（一）企业债券管理情况

我国于 1984 年开始发行企业债券，这一时期企业发行债券不需要审批，也没有相关法律法规进行规范，由交易双方自行协商。这个时期的企业债券融资在场外进行，政府介入程度较低。1987 年 3 月发布《企业债券管理暂行条例》，企业债券发行正式纳入国家管理。1990 年，上海证券所和深圳证券所成立，中国人民银行出台的规范证券交易的系列文件中，均有"可以在柜台市场办理证券交易过户"的规定，由此出现场内的企业债券交易。1985—1992 年是企业债券的迅猛发展期，1987 年 3 月 27 日，《企业债券管理暂行条例》颁布实施，债券发行量大增，企业债券的发行量由 1987 年的 75 亿元增加到 1992 年的 350 亿元[①]，但是由于相应的市场管理和风险防范机制不完善，出现了一些企业债券到期无法兑付事件。在此背景下，1993 年出台《企

① 王俭保. 我国债券流通市场的历史演变过程［EB/OL］.（2005-06-17）［2023-10-30］.https://finance.sina.com.cn/bond/bondresearch/20050617/14291697047.shtml.

业债券管理条例》，企业债券由国家计划委员会①管理，对发债企业的审批条件非常严格，以扭转企业债券市场的混乱局面。在严格的管理下，1993 年市场上企业债券发行额降到 490 亿元，2000 年企业债券发行额只剩下约 83 亿元。②1997 年 6 月 5 日，所有商业银行停止在证券交易所及各地证券交易中心的证券回购及现券交易，银行间债券市场正式登上历史舞台。银行间债券市场是由商业银行等金融机构组成的场外交易市场，是企业债券的主要交易场所。1998 年 4 月 8 日中国人民银行颁布《企业债券发行与转让管理办法》，对企业债发行、承销、担保等问题进行规范。1999 年没有安排企业债券发行计划；2000 年企业债券发行 89 亿元；2004 年铁路债券获批进入该市场交易，意味着企业债券进入银行间市场，向商业银行开放。1998—2004 年，企业债券管理中政府主导作用明显，发债审批流程长，发行规模受限，发行主体要以大型央企和银行担保为信用背书，本质上近似准政府债券。

2007 年银保监会禁止银行为项目债券提供担保，自此无担保信用债开始发行，信用债券市场得到发展。2007 年 8 月，中国证监会颁布《公司债券发行试点办法》，公司债券市场启动。2008 年 4 月，中国人民银行制定了《银行间债券市场非金融企业债务融资工具管理办法》，正式发行中期票据③；同时，提出创立债务融资工具和实行注册制，公司债券市场上市场主导特征渐渐明显。

---

① 2003 年 3 月，将原国务院体改办和国家经贸委部分职能并入，改组为国家发展和改革委员会。

② 王俭保.我国债券流通市场的历史演变过程［EB/OL］.（2005-06-17）［2023-10-30］.https://finance.sina.com.cn/bond/bondresearch/20050617/14291697047.shtml.

③ 中期票据指具有法人资格的非金融机构在银行间债券市场发行的约定在一定期限还本付息的债务融资工具。

（二）民营企业债券管理情况

民营企业债券发行始于 2010 年，2015 年发布的《公司债券发行与交易管理办法》，对公司债券发行的审核条件逐步放宽。2015—2016 年企业发债达到高峰。2015 年 12 月，中央提出"三去一降一补"五大任务，"去杠杆"是其中的"一去"，目的在于降低企业杠杆率。2018 年"结构性去杠杆"举措提出后，银行机构纷纷调整融资规模，精选融资对象，在融资市场上处于弱势的民营中小企业融资难问题更严重，不少企业因此陷入经营困境，减产裁员。为了支持民营企业健康可持续发展，中国人民银行在 2018 年重启民营企业债券融资支持工具，用政策传达政府助力民营企业解决融资问题的信号。由中国人民银行提供初始资本，委托拥有最大信用风险缓释工具市场份额、具有丰富的债券信用增信和风险管理经验的中债信用增进投资股份有限公司（简称中债信用）联合商业银行共同发行信用风险缓释凭证（CRMW），为流动性暂时遭遇困境但经营正常的民营企业发行债券提供信用支持。通过担保、增信，降低民营企业发债的信用风险，提高资信评级，增强民营企业债券对市场的吸引力，用市场化方式修复民营企业的债券融资能力。

2020 年后，为应对新冠疫情给民营企业发展带来的冲击，支持民营企业高质量发展，民营企业债券融资愈发被重视。2022 年 5 月，中国证监会发布民营企业债券融资专项支持计划，由中国证券金融股份有限公司运用自有资金负责实施，与债券承销机构合作创设信用保护工具，向有市场、有能力、有技术竞争力并符合国家产业政策和战略方向的民营企业债券融资提供担保。

2020 年 3 月，企业债券和公司债券发行实行注册制改革。2023 年 6 月中国证监会发布《债券注册制改革指导意见》和《中介机构指导意见》，在总结前期经验的基础上，从债券的注册制入手，为公司债券和企业债券协同发展、债券融资市场主导和政府监管的有机配合提供指导性意见，促进债券市场更好地服务民营企业的高质量发展和国家发展战略大局。

二、我国企业债券融资市场政府干预的特点

从 20 世纪 80 年代改革开放伊始到跨入 21 世纪再到进入新时代，从计划经济到市场经济再到进入社会主义改革开放和现代化建设新阶段，在 40 多年的发展历程中，我国政府一直是企业债券市场中不可缺少的角色，对债券市场的管理坚持与我国国情相适应，颇具中国特色。

第一，加强风险管控是政府介入企业债券市场管理的主要原因。从我国债券市场管理历程中可以发现，规范与发展并行，风险防范与创新交织，二者相辅相成。债券发行规模的扩大、债券发行限制的放宽、债券融资工具的创新、高收益债的试点、债券市场的开放、银行间债券市场与交易所债券市场互联互通是企业债券融资市场发展的未来趋势。每一次政府加强对企业债券市场的管理都与市场上债券到期无法兑付等风险事件的增多相关，为此，需要政府加大风险防控的力度，使风险重回可控范围。但是政府干预"度"的把握很关键，若企业债券市场因政府干预过多或过少呈现出"松—紧—松—紧"的反复状态，其支持企业融资的功能必定受到影响。

第二，支持实体经济发展是政府管理企业债券市场的主要目标。从企业债券市场的发展历程看，随着国家对实体经济支持力度的加大，债券融资成为新时期缓解民营企业融资困境的三支"箭"之一。债券市场的发行主体不再局限于国有大中型企业，上市的民营企业同样成为了公司债券的重要发行者；同时，债券创新工具、增信工具为民营中小企业进入债券市场融资提供了更多机会。每一次民营企业经营出现的困境，都是债券市场进一步向民营

企业放开的契机，这将推动债券市场在实体经济发展中发挥更大的作用。

第三，发挥市场能动性是企业债券市场上处理政府与市场关系的新趋势。从我国企业债券市场发展历程看，其已从政府推动逐步向市场主导转变。2010年后，中国人民银行不再直接使用企业债券市场支持计划，而是将财政资金投给专业化公司，如中债增信公司，由其与商业银行联手创设信用风险缓释凭证等债券融资支持工具，用增信等间接方式支持企业发行债券；债券发行也由核准制向注册制转化；债券支持工具定价等按照市场化原则开展。这意味着企业债券融资市场中政府和市场作用的重新定位。

第四，营造利于企业债券融资的良性环境成为市场化改革中政府的主要职能。企业债券融资市场的市场化转型并不意味着对政府作用的完全否定，良性的债券融资环境的营造仍是政府不可推卸的责任。特别是当中小企业开始进入债券融资市场后，法律法规的规范、市场风险的防范、投资者权益的保护、中小企业信用评价体系的构建等都需要政府推动，以形成支持中小企业债券融资的良好市场环境。

第四节　新时期中小企业债券融资中政府干预适度性考察

从我国中小企业债券融资支持计划看，近10年来主要从两个方面破局：一是推进债券发行市场化改革，帮助优质的民营企业成功发行债券；二是创设信用风险保护工具，帮助资质较弱但有潜力的中小企业发行主体，通过增信转移企业债券可能发生的违约风险，增强中小企业债券对投资人的吸引力，助力中小企业在债券市场上顺利融资。本节从这两个方面对我国中小企业债券融资市场上政府干预演变及实施效果进行考察。

一、基于发行制度的考察

我国企业债券市场发端于 20 世纪 80 年代，随着 1994 年市场经济体制的推进，对政府和市场作用的认识的转变影响着企业债券市场中政府干预方式，企业债券发行从审批制—核准制—注册制的发展变化就是其中典型例证。下文以企业债券发行的注册制改革为例，通过对比这一制度实施前后企业债券融资可得性、融资规模的变化，探讨我国企业债券市场政府干预效果，并探究市场化改革中民营企业债券融资市场依然存在的问题，为确定新时期政府干预着力点提供依据。

在资本市场上，投资人从融资者的财务报告、信用评级、偿还机制等处获取信息，判断是否可以投资。但是如果缺少必要的约束，市场自身无法解决融资者和投资者之间存在的信息不对称问题，在中小企业债券融资市场上这个问题更加严重，导致自然状态下的债券筹资常常无法成功。因此企业债券市场需要对发行环节进行监管。市场机制下设置发行条件控制融资门槛和政府管理模式下设置审核机制筛选融资者都是各具特色的发行监管方式。两种发行管理制度间的替代关系反映了企业进入债券市场融资的准入门槛的变化，从侧面反映了在债券市场上资本配置和融资风险防范中政府与市场关系的变化。以信用债[①]的发行为例，40 多年间，我国发行制度经历了在总量控制下审批制—核准制—注册制的演变过程，取消了信贷配给制，逐渐建立以法治建设为前提，企业信用评级为基础、信息披露制度为保障、买卖双方各司其职的市场化发行机制，在此过程中，市场的自主权和政府干预"度"也在发生变化。

---

① 在本书中主要指企业债、公司债、中期票据、短期融资券等。

（一）我国信用债券发行制度从政府管制到市场主导的演进历程

从 20 世纪 80 年代至今，我国信用债券发行经历了从政府严格管制到放松管制再到注册制三个阶段，从政府管制向市场主导阶段的演变特征明显。

1. 严格管制阶段

20 世纪 80 年代是我国企业债券市场的初步发展时期，政府缺位，企业自行发债、乱集资问题严重，影响到经济市场的稳定。为此，1987 年《企业债券管理暂行条例》颁布，国家统一管理企业债券。在发行制度上规定：由国家计划委员会联合中国人民银行、财政部等确定当年度企业债券发行额度，将额度下达给地方政府，由地方政府分配给企业；要求企业在发行债券时总面额以企业资产净值为限，债券的票面利率不得超过同期居民定期储蓄存款利率的40%。1993 年《企业债券管理条例》发布，虽然仍有年度发债总额的限制，但企业债券发行主体从全民所有制企业拓展到所有具有法人资格的企业；仍限制年度发债总额，同时对发债企业的规模、偿债能力、发债前连续三个年度的盈利情况、资金投向是否符合国家产业政策方向等方面有具体要求。在 1993 年颁布的《公司法》中，不仅限制公司债券的发行额度、利率、用途，而且严格限制发行主体，如规定股份有限公司、国有独资公司，以及两个以上的国有企业或其他两个以上国有投资主体投资设立的有限责任公司，以筹集生产经营资金的目的，可以发行公司债券；股份有限公司的净资产额不低于 3000 万元，有限责任公司的净资产额不低于 6000 万元，累计债券总额不超过公司净资产额的 40%；最近 3 年平均可分配利润足以支付公司债券 1 年的利息等。总之，额度限制、利率限制、发行主体限制是 20 世纪 80—90 年代我国企业债券发行管理的主要特点。在配额制和审核制下，符合信用债的发行条件的只有中央和地方大型国有企业，债券品种有基础建设债券、重点企业债券等。

2. 管制放松阶段

2005 年，企业债券发行取消每年额度控制，发行由审批制改为审核制，政府对企业债券的发行管制放松；2008 年《国家发展改革委办公厅关于推进企业债券市场发展、简化发行核准程序有关事项的通知》、2013 年《国家发展改革委办公厅关于进一步改进企业债券发行审核工作》、2015 年《国家发展改革委办公厅关于简化企业债券审报程序加强风险防范和改革监管方式的意见》等文件的颁布，标志着企业债券市场化改革的逐步推进。

2007 年公布的《公司债券发行试点办法》具体内容包括：上市公司债券在证券交易所发行；核准制取代审批制，企业发行债券申请获得核准后，可以多次发行；发行人和保荐人协商确定发行价格；实行债券信用评级；加强债券持有人保护等举措，标志着公司债券发行市场化改革启动。2008 年，允许非金融企业债务融资工具在银行间债券市场融通，民营企业公司债券发行渠道进一步扩大。2015 年《公司债券发行与交易管理办法》取代《公司债券发行试点办法》，所有公司制法人均可以面向合格投资者公开发行债券；加快核准流程；取消保荐制及发审委（中国证券监督管理委员会发行审核委员会）审核制度等规定，推动信用类公司债券市场化改革进一步深化。

3. 债券发行注册制改革阶段

2020 年 3 月，新证券法实施，确立注册制为我国债券市场发行机制，企业债券和公司债券发行同时实施注册制改革，取消债券发行中 40% 的比例和净资产规模限制，降低企业发债标准；公司债券信息披露、债券信用评级、保护债券持有人权益的诉讼制度等约束市场交易的法律制度日益完善，企业债券融资更加规范。2023 年 6 月中国证监会发布《关于深化债券注册制改革的指导意见》《关于注册制下提高中介机构债券业务执业质量的指导意见》，要求进一步完善债券注册制机制，提高审核注册工作的制度化、规范化和透明化水平，促进债券注册制全面落地，进一步提升债券市场服务实体经济质效。2023年的国务院机构改革中，中国证监会调整为国务院直属机构，2023年10月20日起，企业债券发行审核职责由国家发改委变更为中国证监会，公司债券和企业债券的发行审核工作得到统一，进一步理顺企业债券管理体制。

从审批制到核准制再到注册制，政府决策和政府担保的管制色彩逐渐淡化，市场化、法治化的信用债券发行制度逐步确立，何时融资、怎么融资、风险如何防范等决定权交给市场，由企业、投资方、社会中介机构按照市场规则实施。

（二）债券注册制改革对中小企业高质量发展的影响效应

从理论上看，企业的高质量发展需要资金支持，债券的注册制改革降低了企业直接融资门槛，提高企业融资能力，缓解了企业在技术创新、绿色转型、节能减排中的资金压力，从而在一定程度上促进企业的高质量发展。在实践中，2020年企业债券和公司债券注册制改革之后，上述效应是否实现？下文基于 Wind 数据库中的相关资料[①]从三个方面进行展开分析。

1. 对民营企业直接融资能力的影响

提高企业在资本市场的直接融资能力可以改善企业资本结构中直接和间接融资比例失衡问题。债券市场是直接融资市场的组成部分，与股权融资的周期较长、操作复杂相比，债券融资具有周期较短、资金直达、发行程序相对简单的特征。注册制实施后，减少对企业进入债券市场融资的行政干预，企业能否成功在债券市场将融资的决定权交给市场，企业的负债结构由企业

---

① 相关详细数据资料见附录 E。

自身决定，倒逼企业为改善企业资本结构而努力。

如图 5.3 所示，在 2018 年政府放宽债券发行管制后，企业债券和公司债券的发行只数和发行额开始上升；2020 年新证券法出台，企业债券和公司债券实施注册制，2021 年两项指标达到了近 9 年的峰值。从发行规模和发行只数进一步分析（见表 5.1），2013—2022 年共发行 20477 只公司债券和 4181 只企业债券，2015 年起公司债券发行规模超过企业债券，公司债券的发行只数及发行规模与企业债券这两项指标比值均从 2015 年的 3 倍多增加到 2022 年的 8 倍左右。在我国，企业债券的发行者多为国有企业，而公司债券的发行者多是民营企业中的优质公司。这种变化在一定程度上说明债券发行政府管制的放宽，为优质民营企业创造了更多进入债券市场融资的机会，提高企业直接融资能力。但是，从企业债和公司债发行额之和在当年债券发行总额中的占比看，除 2016 年外，2012—2018 年稳定在 20% 多，2019—2022 年这一占比提高，也只有 30% 左右，由此可见，即使市场化改革放松了民营企业发债门槛，债券融资仍无法成为中小企业主要的融资方式。

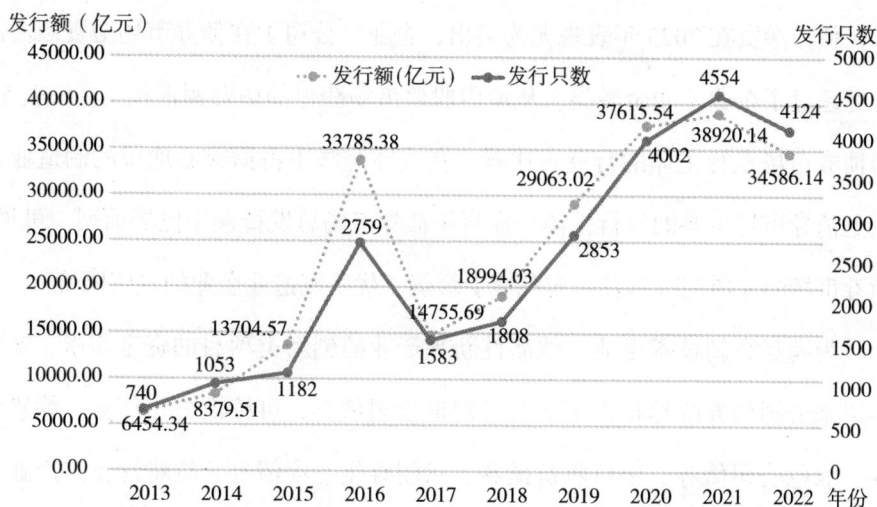

图 5.3　2013—2022 年企业债券和公司债券合计数趋势

表 5.1 2013—2022 年企业债券和公司债券发行情况

单位：亿元

债券类型	年份									
	2013	2014	2015	2016	2017	2018	2019	2020	2021	2022
企业债券只数	374	584	302	498	382	286	392	388	491	484
企业债券发行额	4752.30	6971.98	3421.02	5925.7	3730.95	2418.38	3624.39	3930.39	4399.4	3681.3
公司债券只数	366	469	880	2261	1201	1522	2461	3614	4063	3640
公司债券发行额	1702.04	1407.53	10283.55	27859.68	11024.74	16575.65	25438.63	33685.15	34520.74	30904.84
只数比值	1.02:1	1.25:1	1:2.91	1:4.54	1:3.14	1:5.32	1:6.28	1:9.31	1:8.27	1:7.52
发行额比值	2.79:1	4.95:1	1:301	1:4.70	1:2.95	1:6.85	1:7.02	1:8.57	1:7.85	1:8.39
企业债和公司债发行额占比	21.43%	20.75%	22.99%	42.36%	28.94%	27.73%	32.6%	32.19%	32.44%	29.44%

资料来源：Wind 数据库。

2. 对债券市场服务实体经济能力的影响

中国目前被认为是全球第二大债券市场。作为企业两大直接融资方式之一，债券融资在 2023 年表现尤为突出，企业（公司）在债券市场融资额占比已经超过了企业（非金融类）从境内股票市场获得的融资额占比[①]。从表 5.2 的债券市场发行主体的行业占比看，在实体经济中占据核心地位的制造业企业是债券市场主要的发行主体，在每年债券市场总发行额中位居前列。可见，债券市场的注册制改革在一定程度上缓解了优质制造业企业的融资困境。

为满足高新技术企业、战略性新兴产业的创新类项目的资金需求，2015 年以来公司债券陆续推出了非公开短期公司债券、可续期公司债券、熊猫债券、绿色公司债券、项目收益债券、双创孵化专项债券、战略性新兴产业专

---

① 金观平.释放债市服务实体经济活力［N］,经济日报,2023-05-06（1）.

项债券等多种不同期限、不同投资领域的债券品种。在注册制改革落地后，注册制的基础性制度安排逐步完善，审核标准和流程更加公开透明，审核时间缩短，提高了这些品种债券融资的可预期性，增强了对发行企业技术革新、绿色转型、节能减排等项目的融资支持作用。但是在表 5.2 中，根据与服务业相关性将行业分为传统服务业和新兴技术服务业两类，从 2013 年、2018 年、2020 年、2022 年这几个时间节点看，与新技术服务相关的企业债券的发行只数和发行额依然停滞不前，投资者的风险厌恶偏好和新技术服务企业的高风险特征使得债券市场融资在"专精特新"企业发展中还未发挥应有的作用，这类企业债券融资规模有限，远不能满足党的二十大报告提出的"推动制造业高端化、智能化、绿色化发展"的要求。

表 5.2　2013—2022 年间部分年份的信用债行业分布

行业	2013 年		2018 年		2020 年		2022 年	
	发行只数占比（%）	发行金额占比（%）	发行只数占比（%）	发行金额占比（%）	发行只数占比（%）	发行金额占比（%）	发行只数占比（%）	发行金额占比（%）
传统服务业 a	11.25	11.63	13.14	13.53	15.21	16.47	15.25	15.75
新兴技术服务业 b	1.31	2.08	1.07	1.60	0.65	0.86	0.53	0.32
制造业	31.41	22.92	17.18	15.29	11.96	13.02	8.98	10.75
批发和零售	7.00	5.10	6.82	5.00	5.23	4.01	4.23	3.44
金融业	0.64	2.06	3.74	5.39	3.51	4.16	4.05	4.42
其他行业 c	48.39	56.21	58.06	59.19	63.44	61.48	66.96	65.32
合计	100	100	100	100	100	100	100	100

注：a 传统服务业包括租赁商业服务业＋住宿和餐饮业＋居民服务、修理和其他服务业＋交通运输、仓储和邮政业；b 新兴服务业包括信息传输、软件、信息技术服务业＋科学研究和技术服务业；c 其他行业包括综合＋文化、体育和娱乐业＋卫生与社会工作＋水利、环境和公共设施管理业＋建筑业＋房地产业＋电力、热力、燃气、水生产和供应业＋采矿业＋农、林、牧、渔业＋教育。

资料来源：根据 Wind 数据库整理。

　　进一步对制造业行业 2013—2022 年间的债券发行额占比进行分析（见图 5.4），发现 2013 年以来制造业企业发债只数和发债金额占比呈小幅下降趋势，这与 2014 年前后出现"11 超日债""12 湘鄂债""11 天威MTN2"等公司债券违约事件后，国家加强对企业债券发行管理有关。2018 年后虽然政府通过鼓励设立信用风险保护工具加大对企业债券融资的支持，但这一比例没有得到明显改善。直到 2020 年债券注册制全面施行后，这一比例才略有上扬，但是和 2013 年对比，市场投资者对制造业企业债券仍持谨慎态度。这一局面与金融市场高质量服务实体经济发展的大背景不相适应，改变这种状况有赖于债券信息披露制度、企业信用评价制度的完善、中介机构的监管作用的加强和投资者权利保护制度的有效实施。

图 5.4　2013—2022 年制造业信用债发行情况

3. 对中小企业融资约束的影响

在民营企业融资困境中，中小企业融资是难中之难，而中小企业进入债券市场融资更是难上加难。为解决这一问题，在政府支持下，推出中小企业集合债、小微企业增信集合债等债券品种，很快得到市场青睐。其中，小微企业增信集合债是指将小微企业债权打包，由信托公司、证券公司、基金公司等发行，投资者通过商业银行、证券公司等购买中小微企业增信集合债券。这一债券品种具有融资快、成本低、流动性强等特点，不涉及募投项目，因此在市场上颇受欢迎，一定程度上能够缓解中小微企业融资约束。

根据中国债券信息网关于小微企业增信集合债券发行情况[①]的统计，可以得到以下信息。第一，从申报数看，2020 年申报的小微企业增信集合债券有 27 只；2021 年为 46 只；2022 年为 73 只；2023 年截至 10 月底已有 40 家，说明市场对小微企业增信集合债融资抱有较高的期望。第二，从发行结果看，从 2020 年 1 月—2023 年 10 月，共发行 69 只，占申报数的 37%，发行成功率较高。其中 2020 年发行 8 只；2021 年发行 15 只；2022 年为 28 只；截至 2023 年 10 月为 18 只，总体发行数量呈上升态势。第三，从发行省份看，涉及 22 个省、直辖市，其中江苏省、浙江省、福建省、安徽省、四川省、重庆市等是发行申报企业较为集中的地区。近年来以国有企业为发行主体的企业债发行呈明显的收缩趋势，而小微企业增信集合债券发行则较为活跃，这一转变恰好满足了低级别主体债券融资需求，符合"支持中小微企业高质量发展"的政策目标。

根据对 Wind 数据库相关数据的统计：2020 年债券注册制改革后，低级别企业债券发行主体融资情况也在不断改善，中小微企业进入债券市场融资

---

① 中国债券信息网，详见：https://www.chinabond.com.cn/.

的门槛不断降低。如图 5.5 所示，2020 年以后 AAA 级和 AA+ 级的债券发行数占比明显下降，而 AA+ 以下的低级别债券占比则明显上升。与此同时，图 5.6、图 5.7、图 5.8 呈现了债券评级与债券发行期限的关系。在 5 年以下这一时期，AA+ 以下低级别债券的发行额超过 AA+ 以上级别债券的发行额。但是 2018 年以来低级别的企业债券中，5—10 年、10 年以上的中长期债券发行量趋势正好相反，市场出于风险等考虑依然不愿投资低信用级别的中长期债券。

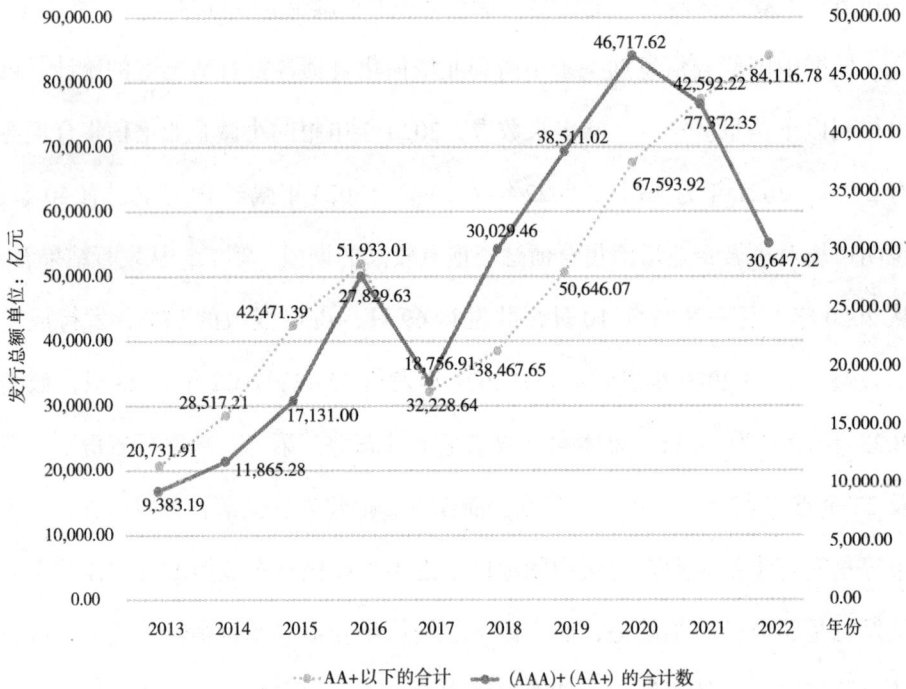

图 5.5　2013—2022 年 AA+ 以下和 AA+ 及以上级别债券发行额对比

发行额（单位：亿元）

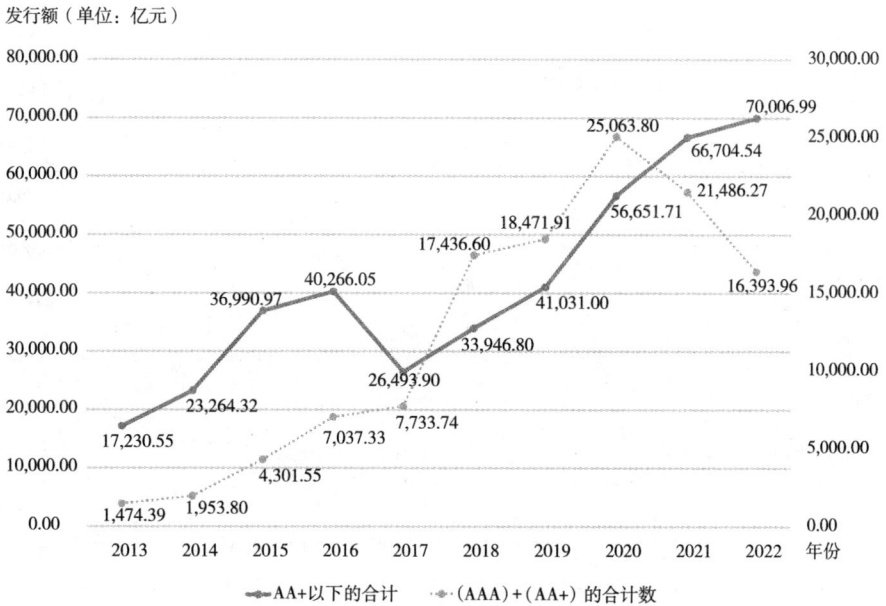

图 5.6　2013—2022 年 5 年及以下债券发行额趋势

发行额（单位：亿元）

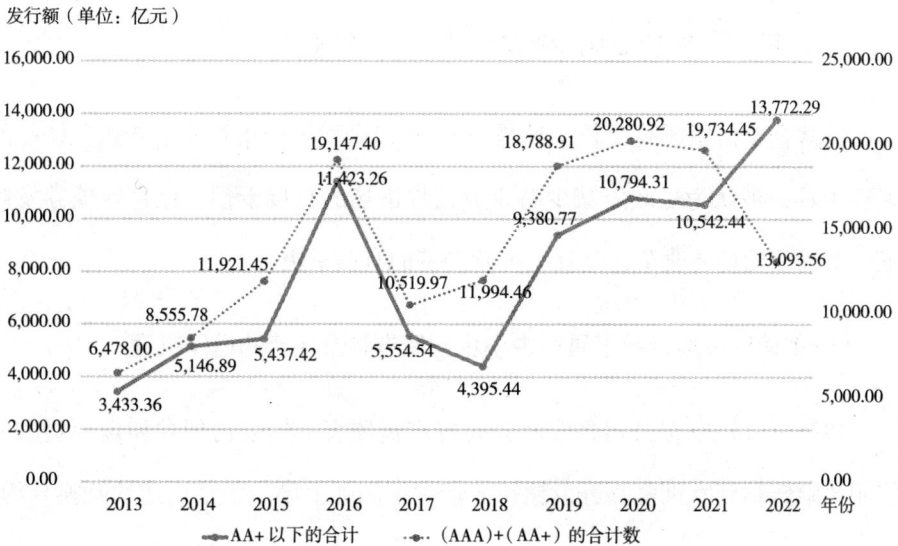

图 5.7　2013—2022 年 5—10 年债券发行额趋势

发行额（单位：亿元）

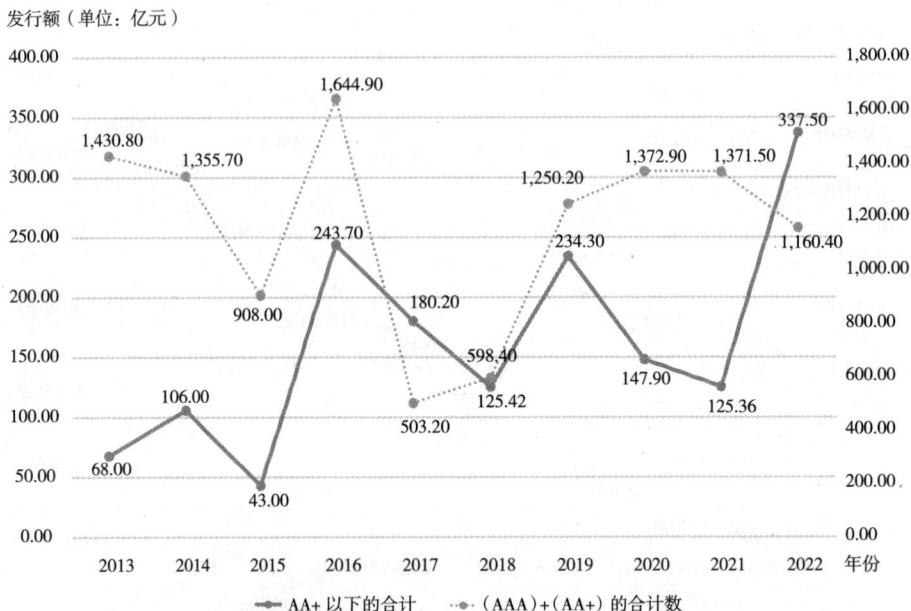

图 5.8　2013—2022 年 10 年以上债券发行额趋势

二、基于民营企业信用风险缓释工具的考察

民营企业信用风险缓释工具是 2010 年以来我国中小企业债券融资扶持的主要工具，被认为是政府减少对企业债券市场的直接干预，让企业债券发行走向市场化的重要改革，是壮大民营经济的有效举措。

（一）信用风险缓释工具对中小企业债券融资扶持的运作机理

1995 年 J.P. 摩根公司将安然公司资产负债表上的公司债券和商业贷款的信用风险转移到欧洲复兴开发银行，产生了国际上第一份信用违约互换合约，信用风险保护工具正式出现。作为一种信用衍生品，将债务工具中可能存在的违约风险转移给愿意承担的市场主体，达到增信债务工具的目的。以我国信用风险缓释工具为例，信用保护合约（如信用风险缓释工具、信用保护凭证等）创设方与信用保护购买方签订协议，按照合约规定，买方向信用风险保护合约创设方（卖方）支付保护费用，信用风险保护合约创设方就债务工具（如中小企业债券）可能产生的风险向买方提供保障；当债务工具发生违约等信用风险事件时，信用风险保护创设方赔付买方合约中规定的金额，买方将风险部分转移给创设方（卖方）。创设信用风险保护工具达到降低债务工具风险的目的，吸引更多的投资者购买债务工具，上述运作机制如图5.9所示。在我国，信用风险保护合约创设机构主要是商业性金融机构、担保公司、证券公司等；债券的投资者是信用风险保护合约的买方，在认购债券的同时购买信用风险缓释凭证等信用风险保护合约。

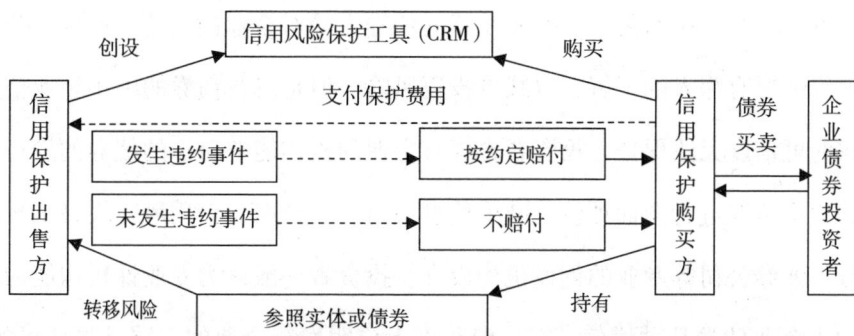

图 5.9　企业债券市场上信用风险保护工具作用机制

中小企业债券融资难与其信用评级较低、信用风险大有直接的关系，信用风险缓释工具对中小企业债券融资的作用体现在以下两个方面。

1. 信用风险保护效应

市场主体对中小企业的生存状况缺乏信心，担心其发行的债券出现违约风险，不愿购买中小企业发行的债券，导致企业融资失败。因此增信中小企业债券是帮助中小企业债券发行成功的重要举措，而担保、信用风险缓释工具是增信中小企业的常见做法。当前我国中小企业融资担保的任务主要落在政策性担保公司，而政策性担保公司担保能力有限，无法满足中小企业多样化融资中的担保需求，企业在债券融资中获得担保的难度加大，使得信用风险缓释工具在中小企业债券增信中扮演重要角色。而且，目前信用风险缓释工具的创设机构是商业银行、证券公司等，都是与中小企业融资有密切关系的机构，更易进行沟通协作。此外，在中小企业债券融资市场上，购买信用风险保护工具的是投资者，而支付担保费用的是发行债券的中小企业，两者相比，可以为投资者节约增信成本。因此，与担保相比，投资者在购买债券时更愿意同时购买信用风险缓释工具。

2. 积极的信号传递效应

投资者希望在购买中小企业发行的债券之前对企业的经营、财务、公司治理等情况有深入的了解，以减少投资风险。但是发行债券的中小企业信息披露的可信度无法保证，投资者希望有专业的机构能够对标的债券的发行企业的信用情况进行全面评价，减少信息不对称的情况。信用风险缓释工具由银行、证券公司等专业的创设机构设立，投资者一般认为专业性机构能为某个中小企业债券品种增信，在一定程度上说明发行企业的资质是被认可的。因此，创设了信用风险缓释工具的标的债券的发行企业会被认为是声誉较好的优质企业。[①] 投资者以此判断债券品种的违约风险小，即使没有购买信用风险缓释工具，也可能会做出购买决定。因此信用风险缓释工具具有传递"发债企业信用良好"积极信号的作用。

---

① 肖夏.信用风险缓释凭证对民营企业债券融资难题缓解效果研究［J］.金融理论与实践,2021（9）：89-97.

（二）我国民营企业信用风险缓释工具发展情况

2010 年 10 月，《银行间市场信用风险缓释工具试点业务指引》由中国交易商协会发布，推出中国版的信用风险保护合约——信用风险缓释工具。银行间市场增加了新的信用风险管理工具。2010 年的信用风险缓释工具主要有信用风险缓释合约（CRMA）、信用风险缓释凭证（CRMW）两种。但是由于当时是刚性兑付市场，不存在公募债券违约情况，因为投资企业债券没有风险，市场并未关注这一风险保护工具。加上定价困难等问题，这一风险保护工具发展慢，发行量集中在 2010 年下半年的几个月内，此后归于沉寂。

2014 年 "11 超日债" 违约事件发生后，刚性兑付的债市不复存在。此后，违约的发债主体由 2014 年的 2 家增加到 2015 年的 25 家，2016 年更是达到了 28 家。[1] 银行业的不良贷款率也随之上升。信用风险的增大使得市场投资者开始重视债券的风险，信用风险保护合约的需求增加。在这种背景下，2016 年 9 月，中国交易商协会组织修订的《银行间市场信用风险缓释工具试点业务规则》发布，新增了信用违约互换（CDS）、信用联结票据（CLN）两类产品，完善了已有的产品指引和监管规则；减低准入门槛，协会会员只要备案就能成为交易商；简化信用风险缓释工具创设流程。

2018 年，民营企业信用债违约事件比 2017 年明显增加，与央行将债券融资作为民营企业融资支持工具 "三支箭" 之一的定位不符。在此背景下，2018 年年底，中国人民银行提出设立民营企业债券融资支持工具，进一步发挥信用风险缓释工具在支持民营企业债券融资中的作用。除交易商协会和银行间市场外，证监会和沪深交易所也开始试点信用风险保护工具，债券融资信用风险管理工具同时覆盖两个市场。根据 Wind 数据库的统计，2010 —

---

① 资料来源：Wind 数据库.

2016 年 7 年间凭证类产品的发行规模（名义本金）总计仅仅 15.40 亿元，而从 2018 年起发行规模快速上升，其中 2018 年为 63.05 亿元，2019 年为 101.09 亿元，2020 年为 112.40 亿元。[①]

2021 年银行间市场交易商协会继续修订了《银行间市场信用风险缓释工具试点业务规则》及 CRM 自律规则、配套指引等，进一步优化信用风险管理体系，简化进入流程，降低凭证创设前的限制条件，规范信息披露要求，放宽 CDS、CLN 只能增信非金融企业债务融资的限制，通过逐步放松管制来提高凭证创设效率，以更加市场化的方式支持中小企业债券融资市场的发展。

2022 年，随着信用衍生市场的发展，我国债券市场上债券违约情况大幅改善，与 2021 年相比，新增违约发行人由 23 家减少到 8 家，到期违约债券由 90 期减少到 45 期，到期违约金额由 1037.95 亿元下降到 232.62 亿元。[②] 但由于违约企业主要来自房地产行业，房企债券展期在一定程度上冲击着债券市场信用环境，债券市场对信用衍生工具仍有强烈的需求。2022 年 5 月，交易所市场推出民营企业债券融资专项支持计划，中国证券金融股份有限公司负责该计划的实施，运用自有资金与债券承销机构合作创设信用风险保护工具，增信"有市场、有前景、有技术竞争力并符合国家产业政策和战略方向的民营企业发行债券融资"，为以市场化方式支持民营企业发行债券定了基调。此后，上海证券交易所于 2022 年 7 月推出组合型信用保护合约（CDX）试点，为包括民营中小企业在内的一揽子债券参照实体提供信用保护，以市场化方式支持中小企业债券融资。首批两个 CDX 试点产品均由中证指数有限公司担任组合管理人，试点产品之一的"CSI-SSE 交易所民企 CDX 组合"，

---

① 数据整理自 Wind 数据库的债券统计报表。
② 数据整理自 Wind 数据库的债券统计报表。

参照主体是一篮子规模大、流动性好的优质民营企业。该组合涉及近600亿元的民企债务，且这些民营发债企业分布的行业较为分散。因此可以认为这款产品为在交易所发债的民营企业的整体信用风险提供了较为精准的对冲工具，增强了市场投资信心。

（三）市场化改革背景下信用风险缓释工具实施效果

目前，银行间市场信用风险缓释工具（CRM）共有4种，分别是2010年银行间市场交易商协会推出的信用风险缓释合约（CRMA）和信用风险缓释凭证（CRMW）、2016年推出的信用违约互换（CDS）和信用联结票据（CLN）。此外2019年沪深交易所市场设立的信用保护合约和信用保护凭证，也属于信用风险缓释工具。经过多年的改革，信用风险缓释工具在债券市场上的作用不断加大，以银行间市场信用风险缓释工具（CRM）为例，2022年4个品种共完成交易338笔，总规模（名义本金）合计530.64亿元，同比增长42.8%，其中，凭证类产品（CRMW和CLN）共创设202笔，总规模（名义本金）共计293.45亿元，同比下降1.42%（其中CRMW共创设178笔，名义本金268.05亿元，同比降9.2%）。而合约类产品（CRMA和CDS）共完成交易136笔，名义本金合计237.19亿元，同比增长243.5%。其中，CRMA名义本金213.24亿元，占了绝大部分交易量。出现较早而且标准化程度较高的信用风险缓释凭证（CRMW）仍是信用风险缓释工具的主体品种，尽管2022年的市场份额占比下降较大（从2021年80%到2021年的51%）。[①]2023年CRM市场4个品种累计交易数为317笔，总规模（名义本金）达658.13

---

① 中国银行间市场交易商协会.2022年信用风险缓释工具市场发展与运行情况［EB/OL］.（2023–01–19）［2024–02–04］.https://www.nafmii.org.cn/cpxl/xyfxhsgjcrm/ywyyqk/202301/t20230119_312120.html.

亿元,同比增长24%,2023年交易量是2018年交易量的7.4倍。① 下面以2022年信用风险缓释凭证(CRMW)情况为例,考察企业债券管理市场化改革背景下民营企业债券融资现状。

表5.3显示,到2022年底,共有57家CRMW创设机构在银行间市场完成备案,商业银行和证券公司仍是我国信用风险缓释工具市场的主要参与主体,6大国有商业银行业位列其中。

表5.3 2022年银行间市场CRMW创设机构分布

机构类型	股份商业制银行	城市商业银行	国有商业银行	外资金融机构	政策性银行	信用增进机构	农村商业银行	合计
机构数(家)	12	14	6	4	1	1	3	57

资料来源:中国银行间市场交易商协会官网。

表5.4呈现了2018年CRMW市场重启后的发展情况,2022年银行间市场共156单CRMW产品,由21家机构创设,比2021年增加24.8%;总规模为222.06亿元,和2021年相比略有下降;单数和规模是2018年的3倍左右;参照实体102家,对应的参照债券137期,较2021年的75家和116期分别增加36%和18%;参照债券发行规模比2021年增加近30.5%;创设凭证期限大多数在1年以上。

表5.4 2018—2022年银行间市场CRMW发行情况

年份	2018	2019	2020	2021	2022
CRMW产品数(单)	53	91	87	125	156
创设规模(亿元)	63.55	104.67	111.63	228.60	222.06

① 中国银行间市场交易商协会.2023年信用风险缓释工具市场发展与运行情况[EB/OL].(2024-02-02)[2024-02-04].https://www.nafmii.org.cn/cpxl/xyfxhsgjcrm/ywyyqk/202402/P020240202386461803452.pdf.

续表

年份	2018	2019	2020	2021	2022
参照实体（家）	36	63	50	75	102
参照债券（期）	49	91	79	116	137
参照债券规模（亿元）	263.20	402.95	428.66	567.63	740.72
参照债券类型*	ABC	ABCD	ABCDE	ABCDE	ABCDEF
凭证期限（年）	0.75~2	0.25~3	0.40~3	0.25~3	0.25~3

注：参照债券类型*表示如下：A为超短期融资，B为短期融资，C为中期票据，D为资产支持证券，E为定向工具，F为资产支持票据。

资料来源：Wind数据库。

CRMW的参照实体分布，反映了不同类型企业在债券市场上融资难度。根据Wind数据库的统计，2022年新增的156单CRMW的参照实体的分布呈现出以下特征。第一，从企业性质看，国有企业占79单，占比超过50%；民营企业19单，占比12.18%。第二，从地区分布看，东部沿海省份占比较大，排在前三的省份是江苏省（25单）、浙江省（10单）和山东省（9单）。第三，从行业分布看，属于工业行业的有93单，材料行业的有18单，两者共占71%（见表5.5）。第四，从信用等级看，参照实体的信用评级分布在AA—AAA级，其中AA级的有53单，占全部参照主体的34%，民营企业最多（见表5.6）。由此可见，目前信用风险缓释凭证的目标服务群体为东部沿海地区的制造业民营企业，在债券增信的市场化改革一定程度上起到了助力民营企业债券融资的作用。

表 5.5　2022 年银行间市场 CRMW 参照实体的行业分布

行业	CRMW 产品数（单）	创设规模（亿元）	参照实体（家）	参照债券（期）	参照债券规模（亿元）
材料	18	28.10	9	15	104.50
房地产	10	22.51	6	7	72.20
工业	93	128.47	67	84	454.50
公用事业	1	0.30	1	1	1.50
金融	14	12.89	9	12	44.02
可选消费	10	18.35	5	10	34.00
能源	4	8.44	1	1	14.30
日常消费	2	0.20	1	1	2.00
医疗保健	4	2.80	3	3	13.70

资料来源：Wind 数据库。

表 5.6　2022 年银行间市场 CRMW 参照实体的信用评级分布

参照实体评级情况	CRMW 产品数（单）	创设规模（亿元）	参照实体（家）	参照债券（期）	参照债券规模（亿元）
AAA	16	34.30	10	12	115.00
AA+	53	90.85	35	48	275.10
AA	81	96.64	53	72	329.60
无评级	6	0.27	4	5	21.02

注：无评级为结构化融资。

资料来源：Wind 数据库。

（四）信用风险缓释工具服务中小企业债券融资需进一步解决的问题

尽管近年政府频频出台政策，推动信用风险缓释工具在中小企业债券融资中的应用，但实施效果并不理想。究其原因，以下几个问题亟待改进。

1. 民营企业债券融资信用风险分担的市场化程度待加强

一是信用风险缓释工具创设机构创设工具单一。以债券市场上占比最大的 CRMW 为例，其信用保护创设机构一般是中债信用增进股份有限公司（简称中债公司）和金融机构，中债公司承担最后的兜底偿付责任。中债公司是一家国有企业，也是我国目前市场上目前最大的 CRMW 创设机构。总体来说，我国的信用风险缓释工具创设机构不仅单一，业务模式和风险识别方式也相似，导致相似的风险容易集聚，而且带有一定的政府色彩，政府可能成为市场信用风险的兜底者。二是参与创设主体有限。参与的市场主体越多，信用风险分担机制才会越科学，信用衍生工具的流动性越强，信用风险分散效果越理想。国际上除了商业性银行，参与创设信用风险保护工具的还有保险公司等。保险公司是主要参与者，为信用衍生工具市场提供了流动性保证。但是截至 2022 年，我国保险公司还未从事该业务，既未出现保险机构创设的信用风险缓释工具，也未见保险机构参与购买，其中主要原因是法律法规的限制，例如，银保监会于 2019 年发布了《关于保险资金参与信用风险缓释工具和信用保护工具业务的通知》，规定保险资金可购买各类信用风险保护工具来对冲债券的信用风险，但不得作为信用风险创设和承担方。为此，需要深入分析我国市场主体无法或不愿参与债券市场信用风险保护工具创设的原因，并且对症下药，发掘更多的机构参与创设信用风险管理工具。

2. 信用风险保护工具的参照实体中民营企业占比低

创设信用风险保护工具的初衷是为了分散民企信用风险，增信民营企业债券，支持民营企业中的优质企业发债融资。但是，我国当前民营企业债券融资中能够适用 CRMW 的不多，能够获得 CRMW 增信的发债实体（参照主体）一般是国有企业、地区民营企业的龙头。民营中小企业即便是有市场、有前景、有潜力，也不一定能享受到这项增信红利，无法在发行信用债的同时配售 CRMW 等衍生信用工具。这几年民营企业经营困境影响着近两年的信用风险缓释工具的创设偏好。据 Wind 数据库统计，2022 年新增的 156 单

CRMW 所涉及的参照主体中，中央国有企业 5 家，地方国有企业 74 家，两者合计占比 79%，与 2021 年的 58.7% 相比，增加近 21%。与此同时，2022年民营企业参照主体只有 19 家，与 2021 年相比民营企业占比下降约 16%。[①]在经济下行背景下，民营企业信用风险集聚可能性加大，亟待使用信用风险保护工具来分散信用风险。呼唤监管部门出台激励政策，鼓励创设机构愿意为民营中小企业创设信用风险缓释工具，扩大 CRMW 的适用范围。

3. 不良债券处置的市场化机制待建立

民营企业信用债风险高是客观事实，即使有了增信工具，企业信用债的违约风险依然不能掉以轻心。建立不良债券处置机制是债券市场健康发展的必要条件。如果没有违约处置，会助长投资者非理性投资，不利于培育投资者对风险的识别能力。2018 年因为债券违约事件频发的现实，暴露了我国不良债券处置机制不完善的缺陷，亟待引导有专业水平的债券市场投资者以市场化方式处置违约债券。

4. 信用评级与风险定价等基础工作待优化

一方面，信用风险保护工具是一种信用衍生品，信用衍生品的定价需要违约概率、违约损失率等基础数据，但是在我国不容易获得这些指标的数据，影响了风险定价的精准性，也影响信用风险保护工具的推广。另一方面，信用评级在一定程度上反映了债券发行人的信用风险，是投资者做出决策的重要依据。企业债券发行者在定价时也要考虑自身的信用评级，确定适当的融资成本。社会信用评级机构执业质量是企业债券市场信用风险管理的保证。然而，当前我国信用评级机构少，执业质量提升空间较大。

---

① 中国银行间市场交易商协会.2022 年信用风险缓释工具市场发展与运行情况［EB/OL］.（2023–01–19）［2024–02–04］.https://www.nafmii.org.cn/cpxl/xyfxhsgjcrm/ywyyqk/202301/t20230119_312120.html.

第五节　中小企业债券融资扶持中政府作为的国际经验借鉴

在中小企业债券融资扶持和中小企业债券发行市场建设上，一些国家走在前列，提供了一些有益的经验可供参考和借鉴。

一、日本做法

融资扶持是日本政府支持中小企业发展的重要内容，经过半个世纪的实践，一些特色做法具有启示意义。

第一，制度保障。日本是较早为中小企业发展扶持进行立法的国家之一。1963 年颁布的《中小企业基本法》（简称《基本法》）是指导日本中小企业发展的纲领性文件，以《基本法》为根本，30 多份支持中小企业发展的法律法规陆续出台，形成一套完善的扶持中小企业发展的法律体系，为中小企业发展提供法制保障，其中也包含了对中小企业的直接融资扶持的法律制度。

第二，直接融资支持。为缓解中小企业发展中的资金瓶颈，日本政府重视对中小企业直接融资的扶持。一是拓展直接融资渠道。例如在资本市场上建立二板市场，降低中小企业股票上市和发行债券的门槛，支持市场前景、产品竞争力、发展潜力俱佳的中小企业进入债券市场公开发债融资。为支持优质中小企业顺利发行债券，日本政府不仅认购中小企业债券，而且出资成立债券违约风险基金，通过担保和代偿增信存在违约风险的发债企业。

第三，信用担保和再担保制度。提升中小企业的信用等级是中小企业成功融资的基础。日本政府根据行政区划在全国各地设立信用保证协会（以下称信保协会）。各地的信保协会的基本财产由政府财政出资、金融机构捐赠和协会自身收支差额三部分构成。法定的承保金额最多可以达到基本财产的60倍。中小企业每年只需支付等于或低于担保金额1%的担保费。同时，财政还出资设立再担保机构——中小企业信用保险公库（以下称信保公库），对信保协会提供信用保证保险。按照规定，如果信保协会对中小企业的担保金额在法定限额内，只要向信保公库缴纳担保费收入的40%，就可以取得"信保公库"的保证保险。当中小企业出现违约风险时，信保协会首先代偿；然后信保协会获得信保公库的保险赔偿，相当于代偿金额的70%，信保协会只承担全部损失的30%。当然，如果信保协会追回代偿金额，信保公库支付的70%的保险赔偿将回到信保公库。

二、美国做法

在美国，中小企业发行的债券品种主要是高收益债券，也称垃圾债券，最早发行于20世纪70年代。该类债券发行主体信用评级为：标准普尔评级低于BBB一级，或者穆迪评级低于Baa3级。这类债券信用级别低，债券收益较高。在美国高收益债券市场发展过程中，一些做法值得借鉴。

第一，信息披露制度非常严格。通过严格的信息披露制度可以降低中小企业债券的高信用风险。美国证监会（SEC）要求发行高收益债券的中小企业在发行注册后的规定时间内，披露债券发行主体企业的财务状况等信息，未能做到及时、有效披露的企业、中介机构、个人将受到严惩。强制的严格的信息披露维护了高收益债券购买者的权益，推动中小企业债券融资市场的良性发展。

第二，投资者保护机制比较完善。投资者总是对高风险和高收益的债券心存谨慎，对此美国证监会出台了一系列投资者权益保护措施，例如，设立债券契约制度，规定投资者可以对发行企业的抵押物用途进行限制，不能用作他途；要求发行企业设立相关偿债基金，用于到期偿付。诸如此类的措施有效保护了投资者权益，吸引风险偏好各异的投资者购买中小企业发行的债券。

第三，债券在二级市场流动性强。中小企业债券发行管理日益规范，提高发债企业信用等级和完善投资者保护制度，促进了高收益债券流通的主战场——二级市场的流动性改善和良性循环。

根据美国证监会 1990 年出台的 144A 规则，符合条件的合格机构投资者可以在证监会登记后，转售已认购的非公开发行债券。这一规则的出台大大提高了债券的流动性，鼓励机构投资者投资非公开发行的债券，推动了美国高收益债券二级市场的发展，有效支持中小企业融资。

三、韩国做法

1999 年由韩国政策性银行 SBC 创立中小企业集合债券（P-CBO），《中小企业振兴法》《中小企业创业支援法》《资产证券法》中为发行 P-CBO 债券提供法律依据。首先由符合条件的中小企业向政策性银行 SBC 发行债券；其次，由 SBC 将债券卖给 SPV（购入发起人的资产组合，并发行以此为支持的债券的特殊实体）获得资金；最后，SPV 将这些债券进行重新组合、打包、分层，形成资产证券化产品，其中优先级部分向市场公开发售，次级部分则留在 SBC，为优先级投资者提供了还本付息保障。在政府的增信下，中小企业集合债券对韩国投资者有一定的吸引力，同时也有效分散了单个发行企业发债的违约风险。

第六节　适度干预视角下中小企业债券融资精准
扶持应注意的问题

尽管近些年债券市场化改革对当前中小企业发债具有一定促进作用，但从总体看，中小企业这一低信用级别主体想要通过发行债券顺利融资依然有难度，发债成本依然较高，债券利差较大；担保资源较难获得，发行成功率不高；债券违约风险依然存在，风险防范任务重。[①] 在此背景下，精准界定政府、市场职能，推动两者协同作用，是促进中小企业债券融资市场健康发展的重要举措。

一、企业债券注册制改革背景下市场主体职能界定

在企业债券市场化改革背景下，发债融资能否改善中小企业的融资困境取决于市场自身的努力。企业、中介机构、投资者是企业债券发行中三大市场主体，需要各司其职，维护企业债券市场的公开透明、健康规范。

市场投资者考察企业债券品种的质量和资金安全。企业债券发行人需要加强内功修炼，给市场投资者树立债券安全优质的第一印象。一方面，规范企业信息披露机制，如实披露财务信息和影响偿债能力的事件，获取投资者对企业经营状况的认同，并对企业发行的债券产生信任感和购买欲；另一方面，规范公司治理，提高公司科学治理能力，制定符合企业实际的融资规划，确定合理的债券发行规模和发行频度，按时还本付息，严密防范债务杠杆融资风险。

---

① 邵鹏璐.低级别企业债券发行主体净融资改善［N］.中国经济导报，2022-09-06（10）.

在注册制改革背景下，投资者作为市场主体的一分子，在政府退出后，要树立正确的投资担责理念，做自身利益的维护者。为此，投资主体要加强学习债券投资知识，熟练应用财务分析技术，提高风险甄别和风险承担能力，识别优质、获利潜力大的企业债券，提高企业债券投资收益。

在注册制改革背景下，中介机构的守门人责任的重要性更加凸显。随着政府逐步退出，债券市场的把关责任移交给中介机构，从而对中介机构的业务能力有了更高要求。2023年中国证监会颁布《关于注册制下提高中介机构债券业务执业质量的指导意见》，对中介机构如何在企业和公司债券注册制改革中发挥应有的作用提供了指导性框架和制度性安排；而同年颁布的《公开发行证券的公司信息披露内容与格式准则第24号——公开发行公司债券申请文件（24号准则）》中，要求部分企业债券发行者提供由会计师事务所出具的其最近一年资产清单及相关说明文件，中介机构在债券发行中的看门人责任被压实。为适应新变化，中介机构首先要做的是提高执业水平，善于发现发债申请企业在公司治理、负债比例、融资结构、信息披露等方面的问题，严格把控发行入口，保证进入债券市场的是优质、诚信企业，维护投资者的利益。其次，中介机构要加强制度建设，廉洁自律，防止在企业债券发行服务中发生利益输送、发行欺诈等不良行为。

二、企业债券管理市场化改革背景下政府监管职能重点

债券管理市场化改革背景下，政府的监管要有退有进[1]，"退"要求还权于市场，尊重市场优胜劣汰、培优限劣法则；"进"指加强政府在完善制度环境、维护债券市场秩序、化解违约风险、依法追究违规行为中的责任，保障

---

[1] 金观平.注册制改革重塑债券市场［N］.经济日报，2023-07-08（1）.

债券融资市场高质量服务于实体经济。政府具体职能体现在以下方面。

（一）重视债券审核注册工作的制度化、规范化建设

市场化改革需要法治化和规范化建设的配套。近年来我国以《证券法》为核心，健全相关债券管理条例，围绕企业债券注册、审核、发行、承销、监管、廉政监督等企业债券发行管理的整个流程建立事前、事中、事后基础管理制度，形成系统性的注册制规则体系。2023 年 10 月 20 日起公司债券和企业债券发行审核进入"证监会"时代，证监会加快制定债券注册制改革相关指导意见，引导市场、社会主体各司其职，保障注册制改革顺利实施。在证监会发布的《关于深化债券注册制改革的指导意见》《关于注册制下提高中介机构债券业务执业质量的指导意见》等规则体系的指引下，证券交易所、中国证券业协会等积极参与全链条的规则体系的建设，目前沪深北交易所公司债券（含企业债券）五项业务规则落地，系统修订（制定）公司债券（含企业债券）发行上市审核、发行承销和存续期自律规则，如《上海证券交易所公司债券发行承销规则》《深圳证券交易所公司债券发行上市审核规则》《上海证券交易所公司债券上市规则》《上海证券交易所非公开发行公司债券挂牌规则》《深圳证券交易所债券市场投资者适当性管理办法》等。中国证券业协会修订了《公司证券债券承销业务规范》《公司债券主承销商尽职调查指引》《公司债券主承销商和受托管理人工作底稿目录细则》《公司债券受托管理人执业行为准则》《公开发行公司债券受托管理协议必备条款》《公司债券受托管理人处置公司债券违约风险指引》等自律规则，明确中介机构的责任边界。政府发布的规章和意见的总体引导和市场、社会的具体实施细则相辅相成，发债企业的信息披露、注册审核过程更加公开透明，促进企业债券融资生态更加健康。

（二）持续推进企业债券市场全链条监管协同和信息共享

企业债券市场全链条管理需要政府、市场、社会共同参与企业债券监管和服务工作，强化跨市场监管协同，以协同监管促进市场规范。为进一步深化债券市场功能，更好地服务中小企业高质量发展和支持国家重大战略、重大项目建设，首先，中国证监会、中国人民银行、金融监管总局等政府职能部门对企业债券市场管理职责分工要明晰；其次，各政府职能部门在各自职责范围内指导三个证券交易所、中国结算公司、中国证券业协会、中央结算公司、交易商协会、中国外汇交易中心（全国银行间同业拆借中心）等市场主体，做好企业债券发行、交易的组织、自律管理、风险监测等工作，协同监管与共享信息，形成日常监管合力，保证市场化改革中的企业债券市场的健康平稳运行。

（三）完善引导企业信息有效披露的机制

信息披露制度是企业债券发行市场化改革的核心。在注册制改革的同时，我国致力于推进完善信息披露制度，中国人民银行、国家发改委和证监会在2020年12月28日联合颁布《公司信用类债券信息披露管理办法》，对公司信用债信息披露的要件、内容、时点、频率等进行了统一规定，对重大事项类型和界定提出了明确标准，为债券市场信息披露统一化提供了制度基础。但是，在引导和督促企业提高信息披露质量上仍有完善的空间。首先，在已有的关于信息披露的相关指引基础上，进一步推进债券信息披露内容的统一化和信息披露格式的规范化，降低中小企业债券融资中的信息披露成本，使得相近的发行主体的信息披露内容具有可比性，更易为投资者所理解，为其投资决策提供实质性帮助。其次，运用云计算、大数据、区块链等新兴技术打造数字化、智能化的大数据信息披露自助系统，提高信息收集和分析能力，简化信息披露流程，进一步延伸信息披露服务链条，提升信息披露质量。第三，推进财务信息披露新方法在企业债券融资管理中的应用，例如将 XBRL 格式（可扩展商业报告语言）引入债券发行主体信息披露中，提高信息文本的结构化程度，实现信息低成本、高效率传导和共享，增加企业债券信息的透明度，提升监管效果，激发投资者对企业债券的购买意愿。又如，推进企业债券的 ESG 信息披露实践，规范信息披露内容和格式，提高企业债券发行市场绿色信息的透明度，保障企业债券市场绿色、可持续发展。

（四）保障中介机构执业的独立性

信用评级公司、会计师事务所、律师事务所等债券市场的"看门人"在企业债券管理市场化改革中发挥关键作用，其执业独立性是企业信息披露真实性、保护投资者利益、防范债券市场风险的重要依仗。针对目前我国中介机构执业独立性不够、企业债券管理过分依赖评级等问题，规范中介机构执业仍需政府出手。第一，完善信用评级的发行人付费制度。当前，各国普遍关注发行人付费带来的利益冲突对中介机构执业独立性的负面影响问题，积极寻找应对策略。有些国家选择回归投资者付费模式，但是该模式下的"搭便车"、投资者成本增高等问题使其无法替代发行人付费制度。因此完善发行人付费制度是可行的选择。欧盟、英格兰银行等提出政府租用（政府选择评级机构）、投资者拥有（由证券投资者自行组建评级机构）、平台集中结算（发行人付费给指定平台，由平台选择评级机构）、按评级结果付费（按照评级机构的执业表现付费）等改进建议，这些为我国完善发行人付费制度提供了有益参考。第二，用制度引导市场摆脱对信用评级的过度依赖，弱化公司债券和非金融企业债券中的强制性信用评级规定。2021 年以来我国陆续出台取消债项评级的文件，如《公司债券发行与交易管理办法》中已将公司债券发行强制评级取消，并删除了公开发行的公司债项的评级必须是 AAA 的规定；《关于实施债务融资工具取消强制评级有关安排的通知》中取消了强制披露债项评级报告的要求。央行等五部委发布的《关于促进债券市场信用评级行业高质量健康发展的通知》中明确要求"降低监管对外部评级的需求……将评级需求的主导权交还市场。"

（五）完善企业债券违约风险预警和处置机制

债券评级是预测债券违约风险的基础。评级机构的专业水平及行业操守是企业债券违约风险有效预警的保证。为提高企业债券违约风险预警的灵敏性，政府职责在于完善债券评级法律制度和监管机制。为此，需要优化评级标准，保证评级结果的科学性；推动评级信息披露的全面性和持续性；细化和规范评级机构的入选条件、人员资质、评级流程、评级监管内容等，保证评级机构的独立、权威和公正。

自 2014 年后，债券违约处置机制成为债券市场建设的重要内容，以高效率的违约处置防范企业债券违约风险，也是助力中小企业在债券市场成功融资和保护投资者利益的必要举措。2020 年注册制改革启动后，政府积极完善债券违约处置机制建设。2020 年 6 月由中国人民银行、发改委、证监会发布《关于公司信用类债券违约处置有关事宜的通知》，构建了统一的债券违约处置制度框架；2020 年 7 月最高人民法院发布《全国法院审理债券纠纷案件座谈会纪要》，为处理债券发行、交易中的虚假陈述、欺诈发行及违约纠纷案件的审理提供了裁判指引。政府的指引带动市场的重视，2020 年以来，交易商协会发布的《银行间债券市场非金融企业债务融资工具违约及风险处置指南》、中国证券业协会发布的《公司债券受托管理人处置公司债券违约风险指引》、中央结算公司发布的《全国银行间债券市场债券托管结算机构到期违约债券转让结算业务规则》等，在各自业务范围内制定了债券违约处置指引。从实践看，二级市场上违约债券无法用非交易过户方式处置、缺失债券违约后存续期管理制度、未能有效使用信用风险保护工具等问题影响着债券违约处置的市场化；债券违约后缺乏协商管理机制、受托管理人管理权受限等影响债券违约处理的法治化。为此，建议政府、市场、社会共同协作，建立多元参与的债券违约风险处置机制；完善协商机制，允许更灵活处置债券风险，避免从政府监管层面做出强制性安排，如慎用加速到期、交叉违约等条款；支持市场化的违约债券处置方式，灵活运用债券回购、置换、回售、转售、展期及债务重组、摘牌、破产重整等处置方式（见表5.7），应对不同特征的处置对象和成因各异的违约风险，提高债券违约风险处置效率。[①]

表 5.7　债券违约处置方式

分类	具体形式
违约处置法律手段	诉讼
	仲裁
	破产（破产和解、重整、清算）
违约处置非法律手段	第三方代偿（担保求偿和非担保求偿）
	抵押品处置
	债务重组
	自筹资金

[①] 庞溟. 深化债券注册制改革利好实体经济［N］. 经济日报，2023-07-17（5）.

（六）重视中小企业信用债增信

中小企业债券融资市场上严重的信息不对称使得债券投资者极其看重发行企业的信用状况，以保障自身权益。信用好的中小企业才有可能成功发行债券，为此，增信中小企业成为各国政府在中小企业债券融资市场上的重要任务。从各国的实践看，政府担保和信用缓释工具是常见的小微企业债券融资增信的举措。为支持民营经济发展，我国支持中小微企业增信的措施主要有保证担保和信用风险缓释工具等。在保证担保方面，要提升信用担保公司的数量和质量，发挥政策性担保公司的作用，扩大担保服务的范围，帮助在中小微企业债券市场上顺利融资。从信用风险缓释工具看，进一步完善体制机制，降低创设成本，提高金融机构参与创设的积极性，扩大信用风险缓释工具的市场规模，将标的主体从大中型企业扩展至小微企业。

债券融资是企业自主筹资选择，本质上是一种市场行为。而纵观企业债券融资的发展历程，我国企业债券融资是在政府自下而上的推动下发展起来的，对政府依赖性强，市场主体参与感差，使得在中小企业融资市场上投资主体和中介机构没有积极性，中小企业债券发行没有持续性。但在当前阶段，缺少政府的扶持，中小企业债券融资也无法顺利进行。因此，需要在政府、市场、社会中寻找"双赢点"，政府在中小企业债券融资市场上作用，不仅是直接扶持，而且应成为推动中小企业债券发行和管理市场化改革的主要力量，这是政府适度干预视角下中小企业债券融资扶持政策精准供给需要遵循的基本原则。

第六章　适度干预视角下中小企业股权融资扶持政策精准供给研究

中小企业高质量发展绕不开融资难题，缓解融资困境离不开资本市场的支持。近些年，国家不仅设立创业投资引导基金，通过参股和提供融资担保等方式直接扶持中小企业发展，而且近十多年来通过大力推进资本市场市场化改革，让中小企业有更多的机会进入直接融资市场。在股权融资方面，2019年和2020年分别实施科创板和创业板的注册制改革试点，2023年全面注册制落地，股票发行的注册制改革推动了我国政府在股权融资市场上职能的转变，提升了资本市场自主服务中小企业发展的能力。基于此，本章梳理了30多年来我国政府在股权市场管理中的职能变迁，通过考察科创板注册制改革对中小企业高质量发展的影响探究在股权融资管理市场化改革背景下政府职能的变化，进而提出中小企业股权融资扶持政策精准供给需要注意的问题，为中小企业融资扶持政策有效供给提供借鉴。

第一节　中小企业高质量发展目标下股权融资扶持的必要性

企业提升发展质量的过程与企业发展阶段的推进具有同一性。多样化的股权融资扶持政策工具和市场化工具既为不同发展阶段的企业创造融资机会，也为企业提升发展质量提供资金保障。支持中小企业进入股权市场融资是推进企业高质量发展的必然要求。

一、中小企业发展阶段性与融资方式选择

中小企业整个发展周期一般分为初创阶段、成长阶段、扩张阶段、成熟阶段。在不同发展阶段企业的资金需求、融资能力差异很大。市场经济体制下，企业融资由市场自行解决。但是，中小企业具有的规模小、经营不确定性大、经营信息不透明、管理水平不高等问题使其在融资市场上不占优势，不是投资者的偏好对象，使得中小企业融资市场上存在天然的失灵现象，而且市场失灵程度随着企业发展阶段的变化而变化。早期阶段市场失灵程度最大，信贷、债券、股票等市场化融资方式对这个时期的中小企业都不适用。这时政府的直接支持不可缺位，政府性发展基金、政策性担保等对发展初期的中小企业很重要。随着企业发展进入成长期后，信贷融资逐步成为中小企业青睐的融资方式，政策扶持的重点激励政策性银行和商业银行的贷款向中小企业倾斜。但是金融机构也是市场主体，营利性和安全性是其服务市场的基本准则。随着企业发展进入成熟期，对资金需求大大增加，债券融资和股权融资成为企业高速成长阶段的主要资金来源。在此阶段，适当的股权融资对于增强企业信用、挖掘市场机会、规范公司管理等具有积极意义。

在我国，中小企业要实现高质量发展目标，意味着需要更多的资金支持。而我国中小企业融资结构的主要特点是依赖内源融资，银行信贷比例不高，债务融资和股权融资的比例很低，资金不足等一直是企业高质量发展中的制约瓶颈。为破解这一难题，在财政贴息、融资信用担保、信贷保险等中小企业信贷促进举措之外，需要关注直接融资市场，支持中小企业顺利进入股权市场融资。

二、股权融资对中小企业创新的影响机理

技术创新、产业转型、绿色发展是中小企业高质量发展主要目标。发展股权融资对支持企业高质量发展具有特殊的意义。下文以股权融资对技术创新的影响机理为例探究在高质量发展目标下重视发挥股权融资市场作用的必要性。

（一）股权融资市场对中小企业创新影响作用模型

股权融资市场对中小企业创新的影响可以分解为创新资金支持和创新倾向激励两个部分。假设一个目标企业在进入资本市场股权融资前资本存量为 A_0，单位资本对创新的支持作用为 i_0（也称创新激励倾向）。

融资前资本存量对企业创新的支持作用 W_0 表现为：

$$W_0 = A_0 \times i_0 \qquad (6.1)$$

企业通过资本市场获得融资金额为 D，融资成功后企业的创新激励倾向变为 i_1。股权融资后对企业技术创新的支持作用 W_1 表示为：

$$W_1 = i_1 \times (A_0 + D) \qquad (6.2)$$

股权融资给企业带来的创新变化为：

$$\Delta W = W_1 - W_0 = (i_1 - i_0) \times (A_0 + D) + A_0 \times D \qquad (6.3)$$

式（6.3）中 $A_0 \times D$ 表示股权融资带来的资本增量对企业创新的资金支持效应；即为创新资金支持效应，$(i_1 - i_0) \times (A_0 + D)$ 即为创新倾向激励效应。从式（6.3）的分解结果可以看出：为中小企业提供更多的股权融资机会，除了从资金供给上为企业创新提供支持，还要激励企业创新潜能，对此结论的产生的原因解释如下。

第一，中小企业进入股票市场融资有利于增强企业应对创新失败风险的

能力。创新活动的高收益与高风险相伴而生，在整个创新活动过程中，风险无所不在：既有项目设计阶段因考虑不周造成决策失败，因研发、试产、成果转化等预算编制不科学导致资金无力支撑，因创新技术原因使结果无法达到预期目标等导致的内部风险；也有因环境变化、突发事件等影响造成的外部风险。这些不可预见的因素使得企业为创新付出的成本很高。如果能够进入资本市场进行股权融资，企业的流动性将大大改善，稳定的流动性支持对融资约束严重的中小企业而言非常重要，能够提升企业创新意愿、创新能力、创新效率。

第二，中小企业进入股权市场融资可以增强投资者对企业创新的投资信心。

一旦中小企业通过股权融资，就必须遵守股票市场的规则，如信息披露制度等，从而使投资者有更多获得关于企业创新活动的信息的渠道。当市场能够掌握企业的创新信息及预见创新结果时，就会对企业投资价值有更准确的估计，增强对创新企业的投资信心，引导市场资源流向更有价值的投资项目。换言之，企业越有创新能力，市场融资能力越强。同时，在股权融资后，很多中小企业不再是原来的家族企业，股东会督促企业创新保持持续的市场竞争力，否则股东可以选择"用脚投票"，那么企业将被资本抛弃。因此，企业为了能顺利进行股权融资，越发重视技术创新，久而久之将会形成一种良性循环。

第三，中小企业进入股权市场融资可以帮助企业留住创新人才。人才是企业创新的基础，留住人才就等于留住创新的源泉。成熟的资本市场为企业提供了一个留住人才的激励机制——股权激励计划。用股权激励技术人员将企业的发展与个人价值的实现相联系，激发企业创新潜能。股权激励对象选择得越准确，实施过程越便利；激励的力度越大，企业越能激发创新人才的主观能动性，产生的创新倾向效应也越大。

三、我国中小企业股权融资中政府介入必要性

尽管股权融资在中小企业发展中扮演重要角色，但是在中小企业股权融资中存在的诸多实践障碍是市场自身无法解决的问题，需要政府介入。

（一）中小企业自身原因

融资者的实力决定其在股权市场上的成功率。我国 90% 的中小企业为民营企业，一方面，经营规模普遍小，基础相对薄弱，自主研发能力不强，内部控制机制不健全、风险管理能力较低，财务制度不健全、信息披露制度不完善。另一方面，一些企业带有家族管理性质，对未来发展规划缺乏长远性，决策效率低、决策失误风险大。因此，对于投资者而言，购买中小企业股权面临的不确定性比大企业要大。如果没有政府的支持，市场信心不足，中小企业股权融资被认可的难度较大。

（二）融资端主要障碍

一是股权资本来源缺乏。一直以来，我国股权资本占社会融资总规模一直偏低。以 2023 年为例，这一年我国 A 股市场波动不断，考验着私募基金短期业绩，截至 2023 年 8 月私募基金整体管理总规模为 20.82 万亿元[①]；仅相当于同期社会融资规模的 5.65%（2023 年 8 月社会融资规模存量为 368.61 万亿

---

① 王思文.私募基金总规模逼近 21 万亿元大关，私募股权和创业投资"吸金"能力突出［N］.证券日报，2023-08-21（B1）.

元^①）。近年来，私募基金和创投基金在服务实体经济、支持中小企业创业创新上发挥了积极作用，但规模有限。据统计，截至 2022 年年末私募股权基金在投的中小企业项目为 8.5 万个，在投本金 2.59 万亿元；投资 5.9 万个高新技术企业，在投本金 2.62 万亿元；在投初创企业 2.7 万个，在投本金 5443 亿元。^② 有限的在投项目和在投资金与庞大的中小企业群体及发展需求不相适应，亟待资本市场新的融资来源支持。

二是股权资金期限短。中小企业自身固有的缺陷使其股票难以在股权市场上受到投资者的青睐，而且股权投资资金很多由银行短期贷款转化而来，明股实债对项目的投资期限有诸多限制。因此，投资期限短是我国股权融资市场的一个明显特征。2023 年中国证监会针对《私募投资基金监督管理办法（征求意见稿）》公开征求意见，里面明确创业投资基金存续期限应当在 5 年以上，这从一个侧面证实长期以来我国创投资金存续期限在 5 年以上的不多，与硅谷等地风险投资基金 10 年以上的项目投资周期有较大差距。

（三）投资端主要障碍

一是投资者不专业。中小企业经营信息不透明，投资者与融资者之间信息不对称使得投资中小企业风险加剧，对投资者专业素养提出了更高要求。但我国投资机构专业人才缺乏，专业知识、分析能力、实战经验不够丰富；个人投资者投资理念不成熟，风险厌恶使投资者不敢投资于股权市场上风险较高的中小企业股，即使投资也不想长期持有。

二是资本退出渠道不通畅。可进可退是健康的股权投资的前提，也是保

---

① 中经数据，详见：https://wap.ceidata.cei.cn/detail？id=NonQ%2BktfwhU%3D.

② 李延霞.完善监管制度，规范行业发展——解读私募投资基金监管条例三大亮点［EB/OL］.（2023-07-09）［2023-12-30］.http://www.xinhuanet.com/2023-07/09/c_1129740305.htm.

护投资者利益的重要条件。但当前中小企业股权投资的退出通道存在一些障碍——退出门槛高。IPO 是投资者股权投资退出的主要方式，但是对于中小企业股权投资权而言，多数企业无法上市，IPO 退出机会不多，即使成功 IPO，也不一定能迅速变现投资收益。此外，并购重组也是投资者退出的另一渠道。但为抑制不正常的并购交易方套利和市场炒作，监管机构设置了较高的重组条件，对并购重组限制较多，增大了股权投资通过并购重组退出的难度。

第二节　中小企业股权融资政府参与的中国实践

股权融资是一种外源性融资方式，分为场外和场内股权融资。私募股权融资、创投基金是场外融资主要形式；而场内融资指在国内 A 股市场上公开发行股票。

场外股权融资指投资方以参股方式参与企业的经营管理，但投资中小企业的风险大，加上我国私募股权投资发展较晚，使得长期以来中小企业股权融资以政府出资为主导模式，即财政设立的风险投资基金或提供政策性融资担保，由政府出资、政府运作。2006 年 10 月我国第一个由地方政府设立的政策性中小企业股权融资扶持资金——上海浦东新区创业风险投资引导基金正式启动。该引导基金定位为创业风险投资的母基金，从创业企业孵化、创业资金集聚、区域性创业资本退出和行业自律四个机制展开运作，重点投资上海浦东新区的生物医药、集成电路、软件、新能源与新材料、科技农业等高科技产业。我国风险投资资金在初期全部来源于政府财政，但运作效果却不甚理想。近年私募股权投资基金发展迅速，在政策引导和扶持下逐步壮大，政府直接支持的中小企业股权融资的方式逐步向政府与市场协同作用转变。

中小企业场内股权融资伴随着我国证券交易的出现而出现，并随着我国股票融资市场化改革的推进，逐渐被场内股权融资市场接纳，政府在中小企业股权融资领域的管理职能也在发生变化。2004年深圳证券交易所成立中小企业板，为中小企业提供专门的股权融资平台。2009年深圳证券交易所又成立了创业板，为未能达到主板市场上市要求但成长性较好的企业提供融资平台。2018年，科创板在上海证券交易所成立，为盈利低甚至未盈利的科创型企业提供上市融资渠道。2021年11月北京证券交易所交易启动，符合条件的新三板挂牌企业转到北交所上市。北上深三地A股市场交错发展、相辅相成，不断拓展中小企业股权融资的渠道。下文以证券交易所场内股权交易为例，梳理我国政府在中小企业股权融资扶持中职责及其在市场化改革中的职能变化。

一、股票发行监管制度演变

自1990年上海证券交易所成立至2023年，我国股票发行监管制度经历了审批制、核准制、注册制三个阶段，从中可以看出场内股权交易市场中政府监管职能从直接、全面到间接、有限的转变过程。

（一）审批制

1990年和1991年上海证券交易所和深圳证券交易所先后成立，1992年设立中国证监会。1993年4月国务院颁布的《股票发行与交易管理暂行条例》中规定新股发行实行审批制，2001年证监会宣布取消审批制。在审批制实施的8年间，最初实施配额管理，主要做法是由国务院批准下一年新股发行数量，由计划委员会将总额分配到各省和有关行业主管部门，然后各省份和行业主管部门拟定要上市的公司。1996 年后进入指标管理阶段，要求"总量控制、限报家数"，股票发行优先考虑国家确定的 1000 家特别是其中的 300 家重点企业，以及 100 家现代企业制度试点企业和 56 家试点企业集团，鼓励在行业中处于领先地位的企业发行股票并上市。

审批制的政府干预程度最高，发行定价也由政府指导。处于起步阶段的资本市场，各参与方不成熟，对资本市场规则、参与主体的权利义务等认识不深，因此政府干预是必然选择。上市的企业在上市前已经经过了地方政府或行业主管部门的"挑选"，能最大程度减少市场风险，对融资者（发行者）的信息披露要求不高，只进行一般性披露。但在审批制下，由于上市企业是行政选择的结果，政府失灵的存在使得有的上市公司是利益平衡的产物，融资规模、融资主体不是基于投资者需求而定，不仅影响了股权融资的企业发展促进功能，而且催生市场操纵、买卖额度、权力寻租、证券中介机构职能错位等违法现象。

（二）核准制

1999 年出台的《证券法》的第十五条规定："国务院证券监督管理机构依照法定条件负责核准股票发行申请。"2000 年 3 月《股票发行核准程序》颁布，核准制正式取代审批制。核准制下，根据法律法规事先规定股票发行条件，证券监管部门按照规定审核公司的发行资格，做出是否予以核准的决定。与核准制相适应，采取主承销商推荐，发行审核委员会表决、证监会核准的做法，不再实行行政指标管理。2001—2004 年的核准制是通道制，证监会确定各个证券公司拥有的发股通道数量（2~8 个），由证券公司根据通道数量推荐企业。证券公司将拟推荐的企业进行排序，发行上市一个后再报一个。在核准制下，证券公司在股票发行上市业务上具有话语权，承担着发行公司筛查的职责，新股发行制度迈出了市场化第一步。但在 2002—2004 年通道制的做法下，公司上市的数量和节奏仍有"行政干预"的影子。

2003 年 12 月证监会颁布《证券发行上市保荐制度暂行办法》，2005 年核准制进入保荐制阶段。保荐制是指由证券公司保荐代表人负责对发行人的上市进行推荐和辅导，对公司信息披露内容和质量负责，承担连带责任，风险与收益相对应。保荐代表人既是担保人，又是推荐人。证监会对申请上市的企业的资料进行核查，如果发现发行人违反相关条例或与发行条件不符，证监会有权否决其股票发行申请。从中可以看出企业能否上市取决于企业自身实力和信息质量。由此看来，核准制的市场化程度介于审批制和注册制之间，是审批制向注册制的过渡时期的形式。

保荐制虽然降低了审批制下的行政干预，完善了证券公司和证监会的"事前＋事中"的双重监管，进一步弱化了行政审批的权力，但不能控制公司上市后（事后）因募集资金投向改变、经营业绩不稳定带来的风险；而且保荐制下企业能否上市的审核权掌握在证监会手中，上市门槛要求较严、审核周期较长，一些具有成长潜力的科创型中小企业想要上市融资仍很困难。

（三）注册制

注册制分为试点注册制和全面注册制两个阶段。注册制是与成熟证券市场相匹配的股票发行制度。在注册制下，证券监管部门的职责是公布股票发行的必要条件，企业只要能够达到发行要求，依规披露信息，就具有上市资格，能否发行成功则取决于市场。

党的十八届三中全会提出"推进股票发行注册制改革"，注册制首次写入中央文件。2019 年，上海证券交易所设立科创板并试点注册制。2020 年 8 月深圳证券交易所创业板开始试点注册制。2021 年 11 月北京证券交易所开市并试点注册制。注册制下，中国证监会负责发行注册，对发行企业的审核权限下放至证券交易所。由交易所提出问询，上市公司和保荐机构回答问题，通过多轮的问询和回答逐步揭示和证实企业信息。

2023 年 2 月 17 日，证券监督管理委员会发布股票发行注册制相关制度规则，意味着我国新股发行制度迈入全面注册制时代。证券交易所、全国中小企业股份转让系统有限公司、中国证券登记结算有限责任公司、中国证券金融股份有限公司及证券业协会配套制度规则同步发布，全面推开新股发行注册制，由市场评估公司的内在价值。

二、新股定价机制演变

新股定价机制是公司上市前股票发行价格的制定机制，即确定股票的市场售价。我国新股发行定价机制呈现出从政府管理定价向市场自主定价的转化过程。

（一）定价管制阶段

从 1989 年到 1994 年由发行人和承销机构共同商定股票的发行价格后，提交监管部门审批，新股一般以面值作为固定价格发行，无关市场化因素。虽然 1994 年曾短暂出现过市场化程度较高的网上竞价发行机制，但是由于市场上在新股认购中存在投机现象，很快被叫停。此后直到 1999 年实行的都是固定市盈率定价法，新股发行价的市盈率在 13—17 倍之间。

（二）市场自主定价探索

1999 年《证券法》出台后，赋予发行人和承销机构之间针对新股发行价格进行协商的权利，目的在于提高新股发行价格，减少新股认购者的收益，驱使一级市场的资金流入二级市场，但没有达到预期的目标。一级市场的资金没有流入二级市场，反而是一级市场虚高的发行价格造成公司融资过剩，扭曲市场资金配置，引发二级市场价格波动，自主定价探索在 2001 年被终止。

（三）固定市盈率定价机制

2001—2004 年实行固定市盈率定价机制。2001 年我国再次对新股定价实行固定市盈率定价机制，规定 20 倍市盈率的最高限。行政干预使新股的发行价偏离公司内在价值，一些优质企业无法得到与之匹配的每股收益，偏低的发行价将本该是公司的资本变成了二级市场的利益。

（四）询价制

2004 年起实行注册制前的询价制。2004 年开始，监管机构针对当时行政定价方式的缺陷对新股发行定价制度进行改革，实行累计投标制度，纠正行政对股票定价的过分干预。2005—2008 年的询价机制要求发行人和承销机构先商量出一个初始发行价格的范围，再由承销机构根据新股认购的市场需求进行调整，最终确定一个发行价格提交监管部门审核。在价高者优先的机制下，为了避免机构投资者过高竞价，监管部门仍坚持 30 倍市盈率的隐形限制。2009 年以后监管部门放宽新股发行的市盈率限制，给予承销机构和询价人更多的定价权。2014 年以后监管部门重启市盈率限制，一般认同市盈率 23 倍的监管上限，主板、中小板、实行注册制之前的创业板都受其隐形指导。

只有在 2019 年设立的实行注册制的科创板没有设置市盈率上限。

（五）全面注册制下的新股定价机制

2023 年 A 股市场全面启动注册制，新股的定价方式也发生变化。在上海证券交易所和深圳证券交易所，新股发行价格、发行规模主要通过市场化方式决定。如果是发行规模较小的企业，继续保留直接定价，新增定价参考上限。全面注册制后，新股定价将更趋市场化，但对股票进行估值的难度也会增加，投资者选择难度将加大。

第三节　新股发行注册制下监管职能变化——以科创板为例

2018 年 11 月 5 日习近平总书记在首届中国国际进口博览会开幕式上宣布设立科创板，2019 年 1 月 23 日《关于在上海证券交易所设立科创板并试点注册制的实施意见》通过，强调在上交所设立科创板，并试点注册制，服务于符合国家战略、突破关键核心技术、市场认可度高的科技创新企业。设立科创板并试点注册制被看作是提升资本市场服务科技创新企业能力、增强市场包容性的重大举措。科创板为观察发行注册制改革后政府和市场监管职能的变化提供了典型案例。

一、我国科创板管理特点

2019 年 6 月 13 日，科创板在上海证券交易所开板；7 月 22 日，首批 25 家公司上市。至 2023 年 12 月 31 日，科创板共发行新股 566 家，总市值达 6.46 万亿，比 2022 年末（6.13 万亿）增长 5.36%，增幅高于创业板（0.80%）和沪深主板（分别为 -0.60%、-7.16%）；市盈率为 77.96 倍，也远高于上证主板（11.96 倍）、深证主板（29.95 倍）、北交所（32.28 倍）、创业板（46.54 倍）。[①] 科创板通过有别于已有的证券市场的发行、交易、退市、投资者适当性、证券公司资本约束等制度设计，优先支持符合国家战略，拥有关键核心技术，科技创新能力突出，主要依靠核心技术开展生产经营，具有稳定的商业模式，市场认可度高，社会形象良好，具有较强成长性的企业，其管理特色主要表现为以下方面。

（一）发行审核实行注册制

在注册制下企业上市要经过审核和注册两个步骤。上交所负责审核，证监会负责注册。拟上市企业要先经审核通过后，才能注册。主要流程如下：首先，上交所审核发行企业是否符合科创板上市标准。科创板的上市标准比较灵活，不再以盈利作为关键因素，而是结合科创企业的经营特点，更多考虑企业市值、营业收入、现金流量、研发能力等因素，分别设置了五套上市标准（见表 6.1），方便不同类型的企业对号入座，使更多有发展潜力的企业获得上市机会，进入股权市场融资。其次，对发行企业针对信息披露的内容进行多轮的公开全面问询，要求发行者依规回答。通过多轮问询，督促发行者和中介机构真实、全面披露信息。上交所根据发行者的回答出具是否同意上市的意见。为保证审核有效性，上交所在 2019 年组建科创板股票上市委员会（简称上市委）、科技创新咨询委员会（简称咨询委）、公开发行自律委员会（简称自律委）三个专业机构，由科技创新领域的专家和丰富经验的投资者担任成员。最后，由中介机构向市场公开问询的结果。若同意企业上市，提交证监会注册发行。

---

① 数据来源：Wind 数据库

表 6.1　上交所科创板 5 套上市标准（条件）

标准	第一套标准		第二套标准	第三套标准	第四套标准	第五套标准
市值	≥ 10 亿元		≥ 15 亿元	≥ 20 亿元	≥ 30 亿元	≥ 40 亿元
净利润	近 2 年均为正且累计利润 ≥ 000 万	最近 1 年为正	—	—	—	—
近 1 年营业收入	—	≥ 1 亿元	≥ 2 亿元	≥ 3 亿元	≥ 3 亿元	—
近 3 年累计研发投入 / 累计营业收入	—		≥ 15%	—	—	—
近 3 年经营活动现金流净额合计	—		—	≥ 1 亿元	—	—
其他条件	—		—	—	—	主要针对尚未形成一定收入规模的"硬科技"医疗器械企业

资料来源:《上海证券交易所科创板股票上市规则(征求意见稿)》(截至 2019 年 1 月)。

（二）信息披露制度

信息披露是注册制的核心步骤。注册制是通过信息披露这一制度让市场对企业能否上市做出判断，也是通过信息披露对上市企业进行后续管理。在科创板管理中，信息披露制度贯穿上市审核、承销定价到上市后监管、退市、再融资等全生命周期的各环节。信息披露的内容包括可能影响投资者合理定价的发行人的信息资料，如企业经营、财务、竞争力、创新能力等数据信息，并审核披露内容的合规性、逻辑性、易懂性。

（三）发行承销机制

注册制下的科创板实行市场化的发行承销机制。在我国科创板市场上活跃着一众机构投资者，科创板市场上的询价、定价、配售机制也以机构投资者为中心，也就是说上市企业的发行承销按照市场原则进行。与主板市场比，战略配售门槛变低、网下配售比例提高。这种市场化的发行承销机制打破了核准制下隐形的23倍市盈率约束，新股按市场公允价值定价发行，价值投资成为市场主流，引导长期资金入场为科创企业提供稳定的资金支持。与此同时，配售范围扩大至保荐机构，做实保荐机构责任，将保荐机构利益与风险相连，从而形成发行企业、机构投资者、中介机构等市场参与各方共赢的局面。

（四）退市制度

科创板退市制度最为严格，表现为执行强、标准严、程序简等特征，暂定上市和恢复上市制度被取消。科创板的退市前后只要两年时间，即一旦企业财务指标符合退市规定的相关条件，第一年进行风险警示；若第二年再次触发退市指标，就得直接退市。

二、科创板注册制改革对企业高质量发展影响效应

（一）创新资金支持效应带动企业经营业绩增长

从科创板注册制下的5套上市标准不难看到企业能否上市的决定性因素不一定是经营业绩，而研发实力、"硬科技"活力才是根本。当有潜力的科创型企业在股权市场上获得融资后，高质量发展的资金需求得到满足，技术创新积极性被激发，创新效益显现，带动企业经营业绩增长。

据 Wind 数据库统计，2022 年科创板公司数突破 500 家，整个板块实现营业收入 12120.49 亿元，突破万亿大关；净利润突破了千亿元，为 1135.89 亿元；研发支出也突破千亿元。超过 80% 的公司实现盈利，50% 的公司归母净利润[①]增长。以 2019 年为基数，2022 年科创板公司营业收入和归母净利润分别增长 29% 与 56%，超三成公司连续 3 年净利润均实现正增长。2023 年科创板企业延续了 2022 年的发展态势，截至 2023 年 10 月 31 日，科创板 558 家公司披露 2023 年前三季度业绩，合计实现营业收入 9272.93 亿元，归母净利润 595.31 亿元。其中，超六成公司实现营业收入同比增长，超七成公司实现盈利。

在上市时未盈利的企业在上市后首次净利润变为正值，可在年度报告披露后实现"摘 U"。下面用"摘 U"来进一步考察科创板中特殊情形的企业上市后的发展情况。科创板上市的第二到第五套标准取消了盈利指标，上市条件更加多元包容，重点支持那些具有较强科技创新能力但暂时未盈利或者未实现营业收入的企业上市。截至 2022 年底，共有 47 家上市时未盈利的企业上市。这些未盈利的企业，都是生物医疗等领域从事高新技术研发的企业，在最需要研发投入的时候，因为在科创板上市而获得了资本支持，上市后越发加大研发投入，不断产生科技成果，经营业绩得以扭亏为盈。上海谊众是按照科创板第五套标准上市的企业，上市后，商业化进程不断加速。2021 年公司研发的核心产品——注射用紫杉醇胶束获批，很快应用到非小细胞肺癌的治疗及乳腺癌的临床试验中。受益于核心产品的商业化生产，2022 年企业实现营业收入 2.36 亿元，同比增加 56.87 倍，归母净利润 1.43 亿元，扭亏为

---

① 归母净利润指企业在一定期间内所取得的净利润减去公司合并财务报表中的少数股东所享有的净利润。

盈[①]。据2020—2022年科创板企业年报显示：上市后成功"摘U"的有18家（2020年、2021年共9家，2022年9家），占比38.3%。以2019年为基期，2020—2022年47家公司营业收入复合增长率为79%。[②]

相比其他板块，科创板更有效率的上市流程也使科技型、初创型企业在股权市场上的融资目标提早实现。例如在半导体行业，以前企业从设立到上市至少需要10年的周期，但有了科创板后，时间缩短一半，最快只有5年周期。从表6.2可以看到，科创板、创业板、北交所的上市周期的统计数据中，科创板以265天的总时长比同样实行注册制的北交所和创业板缩短了49.8%和160%。科创板上市周期缩短，会改变市场投资者喜欢投资处于中后期发展期项目的偏好，使其更愿意投资暂无盈利或刚成立的但有发展潜力的企业，从而增强了科创型企业的创业信心，加快技术研发和产业化进程。

表6.2 北交所、创业板、科创板上市的审核时长（不含中止时间）

单位：天

板块	受理一问询	问询一过会	过会一提交注册	提交注册一注册成功	注册成功一申购日	申购日一上市日	总时长
北交所	22	191	42	106	57	8	397
科创板	21	156	17	18	37	14	265
创业板	26	324	145	139	56	9	689

资料来源：Wind数据库（截至2024年1月4日）。

[①] 赵海春.紫杉醇胶束销售2.36亿，同比增加5687%［EB/OL］.（2023-03-01）［2023-12-30］.https://data.eastmoney.com/report/zw_stock.jshtml?encodeUrl=s5K2YSdh4I9rWKuEKIbm5Yk7vmZt4c/275r94bLsfxo=.

[②] 王军.9家科创板公司将"摘U"！（名单）［EB/OL］.（2023-03-07）［2023-12-30］.https://www.stcn.com/article/detail/809298.html..

（二）股权融资提升研发投入能力助力高水平科技创新

科创板为中小企业提供了进入资本市场融通资金的渠道，资本赋能科创型中小企业增加研发投入，推动公司加大技术攻关和产品推广，在关键领域加大自主研发可控能力，提升企业自主创新实力。研发投入比例不仅是企业申请科创板上市的重要条件之一，也是考察上市后科创板企业资金投向的重要指标。这里以 2019 年在科创板上市的 70 家公司为例，考察此后 4 年（2019 年 7 月—2023 年 6 月底）各家公司研发投入趋势，发现每家公司的研发投入均呈环比上升趋势。[1]2022 年，科创板公司研发投入规模突破 1000 亿元，全年研发支出总额 1284.68 亿元，比 2021 年增长 28%；2022 年科创板上市公司研发支出总额占营业总收入的平均比例达到 16%，远高于主板等其他板块，其中，生物医药、集成电路等行业研发支出占比位居前列，有 69 家公司的研发支出占营业收入比例超过 30%，51 家公司的研发支出超 5 亿元。[2]2023 年尽管很多企业内外交困，经营困难，但是深谙创新是发展的源泉，研发投入依然保持增长势头。2023 年前三季度，科创板公司研发投入合计达 959.07 亿元，同比增长 26%；研发投入超过 5 亿元的公司达到 35 家，其中有 12 家公司超过 10 亿元；约 30% 的上市公司（175 家）的研发支出占营业收入比例超过 20%，比 2022 年同期增加了 52 家。[3]

---

[1] 2019 年 70 家科创板上市公司的相关财务数据整理，见附录 F.

[2] 李静 . 科创板 2022 年研发投入首次突破千亿元，助力高水平科技自立自强［EB/OL］.（2023-04-29）［2023-12-30］.http://www.jjckb.cn/2023-04/29/c_1310715314.htm.

[3] 大众证券报 . 三季报盘点 科创板公司研发投入同比增长 26%［EB/OL］.（2023-11-04）［2023-12-30］.https://www.thepaper.cn/newsDetail_forward_25173390..

（三）股权激励计划助力科创板公司壮大研发人才队伍

科技人才是科创型公司科技创新的基础，是其最重要的资源。企业上市后，股权激励为企业留住人才增加了新的支持工具，使关键项目的研发有了人力保障。截至 2023 年 6 月 30 日，2019 年科创板上市的 70 家公司在上市后的 5 年间，研发人员数均呈逐年增加的趋势。[①] 据统计，超过 60% 的科创板上市公司的研发团队由科学家、行业专家等高层次科研人才组成，公司研发人员占比均值超过 30%；30% 的公司实际控制人是核心技术人员，且具有博士学位。[②] 越来越多的科创板公司将股权激励机制常态化，成为吸引人才、留住人才、激励创新的重要工具。截至 2023 年 10 月底，科创板上有 361 家公司推出 523 单股权激励计划，板块覆盖率达到 64%，受到激励的董事、高管、核心技术人员和核心业务人员累计 9.5 万人次；澜起科技等 11 家公司将 90% 员工纳入股权激励计划中。[③]

科研人才集聚增强了科创板公司的研发实力，2023 年有 36 家科创板上市公司参与了 22 项科技部组织的"十四五"国家重点研发计划，涉及基础科研、材料、前沿生物技术等领域。[④]2023 年上半年，科创板公司研发投入金额合计达到 706 亿元，同比增长 19%。合计新增发明专利超 7600 项，平均每

---

① 2019 年 70 家科创板上市公司的相关财务数据整理，见附录 E.

② 证券之星. 科创板四周年观察：从试点到成功，成就多少"硬科技"？［EB/OL］. (2023-07-21)
［2023-12-30］.http://finance.people.com.cn/n1/2023/0717/c1004-40036853.html.

③ 黄思瑜，杜卿卿. 科创板问世五年激活创新循环，注册制全面落地转向"走深走实［EB/OL］.
(2023-11-02)［2023-12-30］.https://www.yicai.com/news/101893968.html.

④ 孙汝祥. 微观 4 岁科创板（上）［EB/OL］. (2023-07-23)［2023-12-31］.https://news.cnr.cn/local/dftj/20230723/t20230723_526341675.shtml.

家公司拥有发明专利数量达到 168 项。[①] 从 2019 年至 2023 年 4 月底，科创板上共有 256 家公司入选国家级专精特新"小巨人"企业名录，35 家公司被评为制造业"单项冠军示范企业"，35 家公司的产品获得"单项冠军产品"称号，上述公司占科创板上市公司总数的 55%。[②]

（四）科创板上市助力产业集聚和产业链现代化水平提升

科创 50 指数（000688）是由科创板中市值大、流动性好的 50 只股票组成，囊括了科创板中最具市场代表性的 50 家科技创新龙头企业。图 6.1 呈现了 2023 年 6 月 15 日这 50 家企业的行业分布情况：第一，从行业归属看，50 家企业中有 47.6% 属于半导体行业，2019 年以来我国 84% 半导体上市企业在科创板；接下来是光伏设备行业占比 10.9%，软件开发行业为 9.8%，电池行业为 5%，消费电子行业为 4.1%，自动化设备行业为 3.4%，新兴行业占比总计 80.8%，行业分布较集中。第二，从个股持仓数量看，前三大行业为半导体（17 只个股）、光伏设备（6 只个股）、电池（5 只个股），均为关键核心技术攻关的重点领域，与绿色发展、数字经济等新时代经济发展热点相关，产业集聚效应明显。

---

① 谢若琳.建立健全制度安排 上市公司专利成果转化运用提升空间巨大［N］.证券日报，2023–10–12（A3）.

② 贾永标.科创板年度成绩单出炉：挂牌公司超 500 家，整体营收首次破万亿［EB/OL］.（2023–04–30）［2023–12–31］.https://app.dahecube.com/nweb/pc/article.html?artid=161297?recid=313.

行业归属

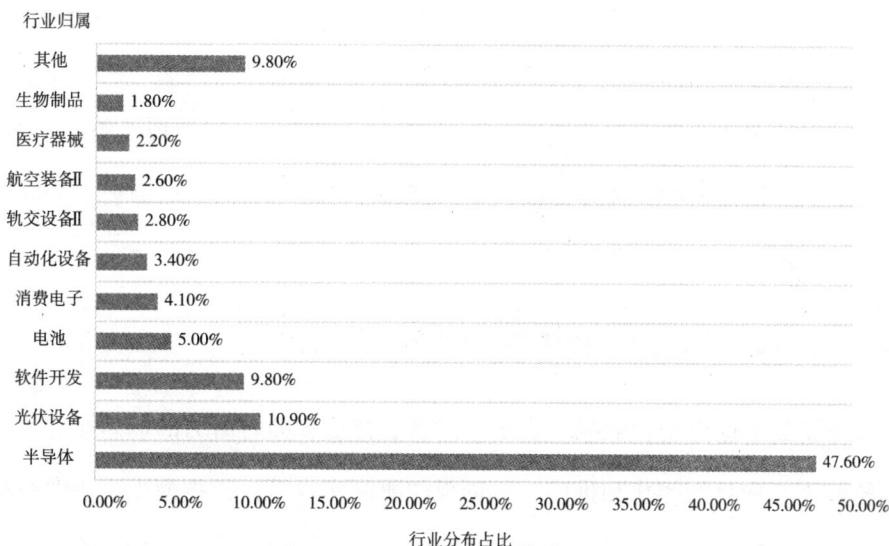

资料来源：Wind 数据库（截至 2023 年 6 月 15 日）。

图 6.1 科创 50 指数的行业分布

尽管近两年市场持续调整，而且股票整体走势并不理想，但科创板情况从 2022 年 10 月开始好转。截至 2023 年 6 月 15 日，累计涨幅为 7.7%，其中科创 50 指数的指标股各项业绩指标表现优于科创板整体情况，高于科创板全体公司 0.30% 的增长率；50 家公司营业收入共计 6105.82 亿元，约占科创板整体营业收入的 50%，同比增长 13.4%，归母净利润 713.50 亿元，占整体净利润的 63%，虽然同比下降 7.4%，但情况好于科创板全体公司 46.8% 的下降幅度。可以说，科创 50 公司是科创板中的"中坚力量"，作为"链主"推动集成电路、生物医药、新能源等产业链向数智化、绿色化、高端化发展。

在产业龙头的引领下，上下游企业协同合作的产业集群已现雏形。截至 2023 年第三季度，科创板中属于集成电路产业的上市公司有 107 家，占此类 A 股上市公司的 60%。在中芯国际、沪硅产业、中微公司等多家龙头企业的引领下，上市公司覆盖了设计、制造、封测、设备、材料等集成电路生产的全链条。大尺寸硅片产业链的上下游企业通过建立"产学研"及"创新中心"平台，联合研发，统一产品认证，从关键工艺、零部件的研发到硅材料生态系统建设的全产业链也在形成中。至 2023 年第三季度，科创板上集聚了 111 家创新药、医疗器械、体外诊断、临床试验服务等生物医药服务公司，成为生物医药领域公司的主要上市地。①

（五）科技创业与科技投资的良性循环生态正在形成

创新资本退出是否顺畅，决定着能否支持更多的有潜力的创新企业，加速科技创新项目的孵化和推广。科创板注册制实行后，科技型中小企业在科创板上市的机会增多，为创投资本提供更顺畅的市场化退出渠道。在二级市场退出的很大一部分资本又回到一级市场，继续看准机会支持新的科创企业，从而形成科技创新与市场资本之间在科创板系统内的良性循环。截至 2023 年 10 月底，已有 200 家次科创板公司推出再融资方案，合计拟募集约 2892 亿元。② 总之，从 2019 年到 2023 年，经过 5 年的建设，注册制下的科创板已成为引领现代化产业体系、加快建设科技强国的重要阵地，在服务科技创新、培育新质生产力、促进高质量发展等领域发挥着重要作用。

三、科创板注册制下行政监管与自律监管职能辨析

科创板注册制的实施意味着新股发行市场的核准制阶段的结束。从核准制向注册制的转变，与提高资本市场的资金配置效率、金融高质量服务实体

---

① 张纹.科创板上市公司前三季度合计营收逾 9000 亿元［EB/OL］.（2023-04-29）［2023-12-31］. https://baijiahao.baidu.com/s?id=1781323160973270784.

② 黄思瑜，杜卿卿.科创板问世五年激活创新循环，注册制全面落地转向"走深走实"［EB/OL］. （2023-11-02）［2023-12-31］.https://www.yicai.com/news/101893968.html.

经济等新时期发展目标相契合。在这一过程中，政府行政监管职能与发行人、投资者、中介机构的自律监管职能都发生了实质性变化。在科创板注册制下，强调企业能否上市由市场决定，多调动发行人、投资者、中介机构的主观能动性，进一步缩小政府的职责范围，但这不意味着政府完全抽身，相反更需要处理好有为政府和有效市场的关系，监管责任要更加精准、明晰。

（一）新股发行注册制下政府行政监管职责的变化

一是市场准入中政府监管职责的变化。核准制下政府制定了严格的企业发行上市的硬性条件，如企业需要连续盈利若干年等。这些条件对中小企业契合性差，一些刚成立的企业或者有发展前景但不符合发行条件的企业受硬性条件限制无法上市；而且，上市条件严格必然导致企业上市的审核周期较长，可能错失发展良机。科创板注册制实施后，政府放宽了企业上市的硬条件，取消了企业盈利等既有式的硬性要求，着眼于公司所在的行业前景、研发能力、发展潜力，只要符合最基本的法律规定，有潜力的企业即使当前未盈利也可以申请上市。放松了对上市条件的限制，意味着为二级市场挑选出优质上市公司已不是政府监管的责任，在上市公司里出现一些有问题的公司是市场常态。因此，在企业上市之后，政府行政监管的重点转变为制定可行有效的退市制度，严惩违法违规行为。

二是上市审核中政府职责的变化。政府干预新股发行过程的程度是注册制和核准制之间的主要区别。相较于核准制，注册制将监管由前端转移到后端。企业上市后，以信息披露为核心的后端监管非常重要，由此带来监管主体职责的变化。在核准制下，中国证监会负责审核拟上市企业的资质，如盈利水平、主体资格、股权关系、治理的合规性等多方面情况，只有满足条件的优质企业才有可能获批在股票发行上市。在注册制下，中国证监会只对申请上市的企业的申报材料进行形式审查，不对拟上市的证券的价值进行实质性判断，由证券交易所负责具体的审查和问询责。但是这也并不意味着行政监管职责只在前段的形式审查，企业上市后，证监会等仍有发挥作用的领域，如规范上市公司和股权市场参与者的信息披露标准和披露质量；对财务数据造假、信息披露不真实等不诚信和违法违规行为加大处罚力度；与司法部门联动，禁止受过司法判决的、侵犯知识产权的、有违法犯罪行为的公司和个人进入市场。

三是在营造健康的股权融资市场生态中政府的职责。优化投资者服务、纠纷解决机制，强化市场投资者保护，重视市场投资者服务，形成积极正向的双向互动机制，既维护投资者利益，又能督促公司规范经营，还能增进监管的独立性和公正性；推进新兴技术手段在市场监管中的应用，提高监管效率和精准度，及时发现和应对市场操纵、欺诈行为；加强与国际监管机构、交易所的合作与协调，在监管标准和监管内容上与国际接轨；制定防范和应对国际市场风险的制度举措。

（二）新股发行注册制下证券交易所自律监管职责

在核准制模式下，我国证监会将监管职责揽于一身，保荐人、中介机构在证券市场上承担的责任少。注册制下，证监会的监管职责将下放至证券交易所和中介服务机构。

在科创板注册制中，证券交易所的自律监管介于政府行政监管与市场监管之间，承接了股权交易市场监管的实际职责。证券交易所的执业水平是其实施自律监管职能的保证，证券交易所的职责应与其监管机制相适应，其职责的核心在于保证股票发行人披露的信息的真实、准确。具体的主要职责如下：一是规范化和标准化披露标准，发行人按固定格式披露信息，有利于降低发行人的发行成本。使证券发行人披露的信息具有可比性，增强信息透明度，提高投资者获取信息的便利性。二是完善对证券交易所的内部审核，严格程序监管，核查证券发行文件。三是构建证券交易所间互动自律监管机制，共同保障上市公司信息的披露质量，避免证券交易所为了自身利益做出有悖市场公平的违法行为。四是构建投资者为评价人的上市公司发行文件质量评价机制。在法律法规框架内，建立投资者发行文件质量评估体系，将质量评估表的分析结果形成报告。

（三）新股发行注册制下中介服务机构自律监管职能

在注册制下，共同担负证券市场"看门人"职责的中介服务机构很多，它们各司其职，互相配合，站在第三方的中立立场维护证券市场的公开、公平、公正。

1. 保荐机构的监管职能

我国保荐制度伴随着核准制而出现。证监会在核准制下行使实质审核权，发行企业能否成功上市实际上与保荐机构没有太多联系。但是，注册制下的新股发行阶段，保荐机构作为发行人申请材料的第一道把关人，对企业能否上市起到至关重要的作用。其职责为：基于专业能力尽职审查申请文件，判定发行人是否符合上市标准，确保招股说明书的真实可靠，出具公正的保荐书，推荐发行人的股票进入发行注册、上市的程序。待到股票上市后，保荐机构还承担对上市公司持续督导的责任。因此，保荐机构是否恪守职责，对于规范上市行为、防范市场风险具有重要意义。

2. 承销机构的监管职责

证券发行的市场化改革中，承销机构的作用必不可少。承销机构在证券发行中处于枢纽地位，是发行人、保荐人等各方关系的协调者。股票承销商实质上是股票承销业务的中介服务机构，一般由投资银行、信托投资公司、证券投资公司等担任。在注册制下，股票承销商在监管中应承担以下职责：第一，核查公开发行募集文件是否真实、准确、完整，若发现文件中含有虚假记载、误导性陈述或者重大信息遗漏，禁止其销售股权，纠正违规行为。第二，保证在代销、包销期内（最长不得超过 90 日）对所代销、包销的证券优先出售给认购人，不得为证券公司自身预留所代销的证券和事先购入并留存所包销的证券；不能通过囤积、截留、缩减承销期、减少销售网点、控制认购表发放量等故意行为使股票在承销期结束后有剩余。第三，包销期或代销期满后的 15 日内，将有关情况提交国务院证券监督管理机构备案。第四，对未依法披露的招股说明书、公告前的发行方案以及承销过程中认购数量、预计中签率等非公开信息行使保密义务。第五，不以不正当竞争手段招揽证券承销业务。不承销持有 70% 以上的股份的股票，或是位列前五名股东的股票；不以不正当手段诱使他人认购股票；不虚构承销业务；不参与认购证的私下交易。第六，不迎合或鼓动发行企业以不合理的高溢价发行股票。

3. 事务所等其他证券服务机构的监管职责

律师事务所及其主管律师负责法律意见等文书的真实、准确和完整，核查招股说明书等披露中的法律问题及法律风险，并独立做出查验结论。会计师事务所及其主管注册会计师出具审计报告、验资报告、内控鉴证报告、审计工作专项说明等注册所需文件，保证其真实性、准确性和完整性。证券评级机构基于尽职调查出具审慎的评级报告。资产评估机构及其资产评估师依规为公开发行的科创板股票估值，出具审慎的资产评估报告。

（四）政府行政监管与市场自律监管关系的争议

在科创板市场上，无论是证券交易所自律监管、中介机构的自律监管还是证监会行政监管的目标是一致的，都是为了维护股权融资市场的公平、公开、公正，保护市场投资者的合法权益，但在监管特点上又有所不同。自律监管是市场自发的责任，交易所和中介机构的自律监管间互相配合，互相补充，专业、灵活、适配性高是其优势，由此带来较高的监管效率和较低的监管成本。但以信息披露和信用约束为主要内容的自律监管，如果没有具有威慑力的处罚手段，将影响相关制度的执行力，完全依靠自律监管易陷入混乱无序的状态。政府监管具有强制性、时滞短、见效快的特征，更能保护投资者的利益，但政府监管可能存在寻租行为，监管过当将导致监管失败；而且，政府监管成本很高，除了政府监管部门的行政支出，还有金融机构、银行、保险等部门的执行成本。[①] 两种性质的监管在资本市场上都有其存在的必要性，需要在自律监管的灵活性和行政监管的强制性间寻找平衡点，妥善处理两者间的关系。首先，要考虑一国资本市场的发展程度。资本市场从不成熟到成熟的演变过程，是从以政府监管为主逐步过渡到以自律监管为主的过程；此外，还要考虑外部环境的变化。例如，英国1986年出台的《金融服务法》确立了证券市场自律监管的主导地位，成为典型的以自律监管为主的国家。但此后经历了一系列金融风波，为保护投资者利益，适应金融混业经营的新形势，2001年颁布并实施《金融服务与市场法》，以金融服务局为核心的行政监

---

① 王娴.注册制核心监管原则再辨析［J］.清华金融评论，2020（11）：71-74.

管在证券市场中的作用越来越重要，政府监管与自律监管并重。①在我国，核准制过渡到注册制的过程也是资本市场从不成熟走向成熟的过程。注册制下，行政监管和自律监管互相配合，共同维护证券市场公平、公正、公开、安全的运行生态。自律监管是证券市场改革的重中之重。科创板注册制中，证券交易所是准入阶段的自律监管的主力，其监管权力影响着保荐人行为的合规性，发行人资质评定的准确性，会计师、律师事务所出具的意见的公允性等。在股票上市后，证券交易所依然处于自律监管的核心，在信息披露等事项中行使监管权。

当前科创板注册制中行政监管与自律监管关系的争议焦点之一在于证监会在上市审核中除形式审核之外是否可以行使实质审核，这个争议始于2019年恒安嘉新（北京）科技有限公司上市一案。证监会在审核中发现该公司有两次重大财务会计处置不当，属重大实质性问题，由此判定该公司财务基础薄弱，内部控制制度不力，故而行使了否决注册的权利；证监会的决定是否合理引起争论。在注册制下，科创板对公司股票上市申请实施"问询式审核"。在这种审核制度下，发行人（发行企业及其委托的中介机构）将制作完毕的上市申请材料提交给上海证券交易所，由交易所受理后，问询式审核正式开启，经过多轮问询后，才报送给证监会申请注册。证监会对申请材料进行形式审核，但如果发现材料有疑问，可以退回上交所再审核。如果发现是重大问题，也可以不予注册。因此证监会与上交所对科创板新股发行的审核是一种分工协调的关系。为避免程序违规及上交所与证监会审核任务重复，浪费审核资源，需要协调证监会与交易所的审核权力。证监会对企业上市申

---

① 正点财经. 英国金融监管法制的主要变革［EB/OL］.（2022-04-12）［2024-01-02］.http://www.zdcj.net/jichuzhishi-9143.html.

请中的重大事项进行审核，必要时行使注册否决权，是合理的，具有法律依据。

但是另一种观点认为尽管证监会加持实质审核，更有利于保护投资者利益，然而，超越权限的审核，与注册制市场化原则不符。在注册下要严格遵守行政监管和自律监管之间的界限，证监会的形式审核和交易所的实质审核相互独立，界限分明①。但在目前行政监管和自律监管的权力界限较难实现界定分明，究其原因，有两种说法。一种是注册制下相关文件内容泛泛而谈，没有明确规定注册制下公司上市后的分配监管权，一旦出问题，会出现踢皮球和推诿责任现象。另一种是尽管证券交易所是以会员制为核心的独立的自律法人组织，但在科创板注册制实践中，很难保障独立性，例如，证监会在很大程度上影响证券交易所总经理等高层管理人员的任免人事权，导致其无法履行自律监管职能。

（五）进一步厘清注册制下行政监管与自律监管的关系

2020年3月起实施的新《中华人民共和国证券法》中对证监会和交易所在证券发行中职能和权力行使范围的界定不够明晰，使得实践中对于上市审核权的权责划分存在一些盲区。为此，需要基于市场化原则，进一步厘清行政监管和自律监管的权责归属。

1. 保证证券交易所的独立审核权

注册制下实质性审核权归属于证券交易所，证监会不应当也不宜过多干预证券交易所的独立审核权。但是，自律监管占主导地位并不是否认证监会行政监管的作用。股票上市后，对于信息披露事件，自律监管只能负责一般

---

① 胡栋涵．论科创板注册制的内核及监管权力配置［J］．上海商业，2021（6）：188-190.

性违法违规事件的前期查处；对于重大事件，行政监管的强制力更具有威慑力。《证券法》赋予证监会上市注册权，意味着最后企业是否上市的决定权仍属于证监会，尽管不再对上市申请文件以及上市公司的财务状况等进行实质审核。因此，上市审核阶段，证监会的职责重心是对上市文件进行合规性审核，查处证券交易所新股上市审核工作中的以权谋私、利益输送等违规行为，监督实质性审核工作的公开透明，对发行企业的信息披露、交易所审核意见的质量进行追踪检查。虽然，在注册制下，证券交易所的自律监管是证券市场监管体系的核心，但是由于注册制刚实施，相关法规建设不健全，自律管理也需要行政权威的支持。例如，证券交易所的运作规则发生变动，需要向证监会报备，防止出现非理性内容，保证规则与既有法律法规不矛盾，保护利益各方被公正对待。证监会还要从顶层设计的视角，设立发行条件和上市标准；制定科学高效的信息披露制度；建立发行人和投资者之间的可操作性的纠纷处理机制、赔偿救济机制；完善证券业失信惩处制度，将发行人、公司董事会、监事会、高管、控股股东及利益关联方均纳入诚信监管范畴，对违规违法行为制定可操作性的处罚制度。

2. 提高证券交易所监管质量

一要完善发行价格机制，使发行价格能够真实地反映公司价值，帮助市场投资者甄别出有价值的公司，提振投资者信心。二是完善交易所审核程序及部门分工。上海证券交易所设立了独立的股票发行审核中心，负责科创板股票发行的上市审核，下设综合部、审核部、质控部等，层层把控，以保障公司信息披露的质量。同时设立科技创新咨询委员会、自律委员会，为科创板股票发行、承销政策的制定提出合理化、倡导性建议。通过分级审核、职能部门审核分离、联合督办的方式来加强内控与制衡。三是将人工智能、大数据等新技术引入监管过程，密切跟踪上市公司发生的影响投资者决策的信息，督促发行人承担起信息披露第一责任人的责任。

3. 提高中介机构服务水平和执业质量

严格限制中介机构的执业经验、成立年限等资格，保证中介机构的执业质量。鼓励中介服务机构主体形式的多样化，发挥中介机构在市场估值、新股发行定价等方面的专业作用，提高股票定价效率。建立声誉评价指标体系，完善声誉评价机制，促进执业诚信，将中介服务机构的法律责任落到实处。

4. 树立以投资者保护为基点的监管理念

建立投资者集体诉讼制度，降低证券市场民事案件的诉讼成本，保护中小投资者的利益。同时，激发投资者对市场的自主监督作用，增强风险防范意识，学会理性投资，不再完全依赖政府来降低投资风险和维权。

第四节　适度干预视角下中小企业股权融资扶持政策精准供给建议

股权融资作为缓解民营企业融资困难的三支"箭"之一，我国近年以注册制改革为标志，加大了对中小企业股权融资的扶持力度。但是在实践中，成效与争议并存，探讨场内和场外股权融资扶持中存在的问题，从协调政府监管职能和市场自律职能的视角优化政策供给，是提高政策实施效应的可行路径。

一、当前我国中小企业股权融资扶持中存在的问题

从场外股权融资市场和场内股权融资市场看，均存在一些问题，影响了融资扶持政策举措的有效性。

（一）场外股权融资市场对中小企业融资扶持作用有限

私募投资基金和风险投资基金[①]是企业场外股权融资的主要形式。尽管两者风险偏好不同、投资时间不同、退出时机不同、投资规模不同，但均是当前中小企业股权融资的主要来源。我国私募投资基金和风险投资基金起步较晚，至今只有 20 多年的时间，但在类型和规模上都有了较大增长。截至 2023 年 5 月，在中国证券投资基金业协会登记的私募基金管理人有 2.2 万家，在基金业协会备案的私募基金 15.3 万只，基金规模 21 万亿元左右，居全球前列。[②]我国私募投资基金在股权融资市场上日益活跃，成为资本市场的主要参与者，发挥着服务实体经济发展的重要功能。近 70% 的私募股权基金重点投资领域集中在中小企业、新兴战略性企业、科技企业，在服务创新创业、增加当地就业、延链补链强链、促进产业转型等方面发挥着重要作用。[③]我国风险投资发展也呈现健康增长态势，《中国风险投资发展年度报告（2023）》中显示，截至 2022 年末，中国风险投资基金存续数量约为 1.94 万只，同比增长 33.4%；风险投资基金存续规模约 2.9 万亿元，同比增长 22.4%。风险投资成为 "硬" 科技企业成长周期中最为关键的金融资源之一。

随着资本市场全面注册制改革的推进，资本市场提出高质量服务实体经济要求，私募基金和风险投资行业机遇与挑战并存，在服务中小企业股权投资方面，存在以下问题。

---

① 对接中国证券投资基金业协会统计规范，这里风险投资基金是指创业投资基金 VC。

② 李延霞. 完善监管制度 规范行业发展——解读私募投资基金监管条例三大亮点［EB/OL］.（2023-07-09）［2024-01-05］.https://baijiahao.baidu.com/s？id=1770932803380779890&wfr=spider&for=pc.

③ 解旖媛. 近七成私募股权基金在投金额投向中小、高新、科技企业［N］.金融时报，2023-05-18（6）.

1. 私募基金和风险投资基金投小、投早、投新、投科技的比例不到位

私募基金和风险投资基金投小、投早、投新、投科技的比例仍不到位，与"专精特新"中小企业发展需求不相适应。在深圳市，私募基金表现活跃，对中小高新技术企业投资水平处于全国前列，从投小、投早、投科技三个角度考察该市私募基金对中小企业的股权投资现状（见表6.3），发现私募基金对深圳中小企业的投资情况在年年改善，投资项目总数中中小企业项目占比较大，但在投本金占比却较小，而且同比增长较慢。私募投资基金对中小企业发展支持作用有进一步提升空间。

表 6.3　深圳市私募投资资金投资中小企业情况（截至 2022 年底）

投向	投小情况		投早情况		投科技情况	
	投资项目数	在投本金	投资项目数	在投本金	投资项目数	在投本金
投资绝对数	12255 个	3246 亿元	8159 个	2465.8 亿元	9372 个	3139.8 亿元
投资占比	65.1%	33.8%	43.2%	25.7%	49.8%	32.7%
同比增长率	1.3%	2.6%	0.2%	0.7%	3.4%	5%

资料来源：《深圳私募股权创投基金行业 2022 年发展情况报告》（深圳私募基金业协会 2023 年 6 月发布）。

2. 退出渠道有限

资本退出是股权融资资金来源可持续的前提，但场外融资市场退出渠道存在诸多障碍：一是 IPO 这一退出渠道门槛较高。在科创板、创业板、北交所陆续设立并实施注册制的背景下，大大扩宽中小企业上市通道，带动了场外融资市场资源的退出情况的改善。据《深圳私募股权创投基金行业 2022 年发展情况报告》统计，截至 2022 年年末，深圳私募股权创投基金累计退出项目 9235 个，退出本金 2630.6 亿元，实际退出金额 4182.2 亿元，同比分别增长 11.5%、7.8%、10.2%。其中，通过公司在境内上市累计退出项目 834

个、退出本金 404.9 亿元、实际退出金额 1405.4 亿元，同比分别增长 16.3%、23.1%、18.6%。退出结构也在优化，战略性新兴行业的项目退出数量不断增加。2022 年深圳退出项目数量排名前两位的行业分别为 IT 及信息化、医疗健康，退出项目分别为 173 个、138 个，同比分别增长 174.6%、55.1%；以人工智能及 VR/AR 等为代表的前沿科技行业在近 5 年退出项目共有 65 个。5 年间退出项目数量平均年化增速达 76.3%。IPO 退出给投资者带来了高投资收益，但从整体看，受政策基调和二级市场股价影响，和大基数的企业数比，成功上市的中小企业凤毛麟角。截至 2023 年 6 月底，科创板上市企业仅 542 家，北交所上市企业只有 204 家。[①] 即便被投资的企业成功上市，股份锁定期限也会在一定程度上抑制投资人变现投资收益。

从风险投资看，退出也面临一些挑战，比如，募资难度加大、退出渠道依然较窄、退出难度增加、IPO 依然是主要方式等。根据《中国风险投资发展年度报告（2023）》显示，2022 年风险投资行业发起投资的频次下降，主要原因是风险投资聚焦在半导体、清洁技术、新能源汽车等硬科技领域，导致项目投资周期延长。以光芯片为例，从建厂到最后盈利至少需要 3 年时间，其中需要经过产品开发、测试、批量生产等过程。由于投资周期拉长，投资硬科技公司特别是芯片制造公司时，并购成为风投资金从硬科技公司退出投资的另一个选择。但是由于股票一级市场和二级市场价差较大，并购交易中参与方套利意愿强，若方案承诺高收益、高业绩，会伤害投资者利益。为此，监管机构设置了较高重组上市标准，并对并购重组资金的来源进行多方限制，抑制交易中套利和市场炒作，然而这些规定又加大了股权资本通过并购重组退出的难度。2022 年风险投资行业选择 IPO 退出的占 77.9%，通过并购退出

---

① 数据来自 Wind 数据库统计资料。

的仅占 17%。[1]

3. 私募股权机构、风险投资机构的地域分布不均衡

我国大多数私募股权机构、风险投资机构集中在经济发达的一线城市，在二三线城市数量相对较少。据统计，北京、上海、深圳三地私募股权投资类基金（包括私募投资基金和风险投资基金）数量和基金规模，分别占全国的 50.7%、52.6%。[2] 场外融资服务机构的不均衡的地域分布使得分散全国各地的大多数中小企业无法得到有效支持。

（二）场内股权融资市场对中小企业扶持效应待进一步提升

随着北交所的成立，中小企业中的高成长性企业迎来了新的发展契机，由此初步形成了由创业板、科创板、新三板基础层和创新层股票、北交所的新三板精选层股票组成的多层次资本市场体系，但从对中小企业发展的支持效应看，场内股权融资市场仍存在一些待解决的问题。

1. 从融资端看，受扶持的中小企业数量十分有限

受场内股权融资市场扶持的中小企业数量十分有限，只有发展较为成熟的高成长的中小企业才能上市。在北交所，首批上市的 81 家企业中，存续年限均在 10 年以上，其中 70% 的企业已成立 10—20 年，30% 的企业存续年限在 20 年以上。首批之后，企业上市的条件之一是需要在新三板的创新层连续挂牌满 12 个月，上市周期被拉长。而创业板和科创板的上市门槛不比北交所低，因此，短期之内，大多数的中小企业，特别是非"专精特新"企业几乎无缘场内融资，只能依靠私募股权、风险投资或者流动性相对较差的新三板等已有渠道，中小企业融资途径并没有得到本质上的拓宽。另外，缺乏针对

---

[1]　李元丽. 携手共建国际风投新高地［N］. 人民政协报，2023-10-17（5）.

[2]　数据来自《中国风险投资发展年度报告（2023）》。

不同发展阶段的中小企业的差异化的股权融资帮扶政策，成立期短的企业上市机会大打折扣。为此，亟须抓住全面注册改革机遇，优化上市门槛，让更多的中小企业有机会实现场内融资。

2. 从投资端看，缺乏中小企业需求的投资者适当性制度

缺乏与中小企业成长特点相对应的投资者适当性制度，不仅无法引导投资者正确看待中小企业股权，做出理性的投资决策，甚至会出现恶意炒作，扰乱市场秩序，影响市场对中小企业股票的投资信心，不想长期持有中小企业股票。

二、中小企业股权融资扶持政策精准供给路径

针对场内、场外股权融资市场存在的问题，提高中小企业股权融资扶持政策供给的有效性要从完善制度、激发市场主体的积极性入手。

（一）健全中小企业股权融资市场的制度规范体系

制度规范是中小企业股权融资扶持政策的精准供给的保障，也是政府职责所在，我国这些年陆续出台相关法律法规逐步形成一个规范中小企业股权融资市场运行的制度体系。例如，2015 年 4 月颁布并实施的《证券投资基金法》，对私募股权基金运作进行规范；2014 年 8 月实施的《私募投资基金监督管理暂行办法》及 2023 年 7 月颁布的《私募投资基金监督管理条例》则规定了私募投资基金的业务活动规范和投资者以及相关当事人的合法权益保护制度；2021 年 4 月 16 日，国家发改委发布《创业投资主体划型办法（征求意见稿）》，明确创业投资专注"投早投小投长投科"的产业投资定位，同时要求增强发展和监管政策的协同性、针对性和有效性，提出要营造创业投资持续

健康发展的良好政策环境、监管环境和市场环境。此外，关于促进资本市场健康发展、完善资本市场建设，以及促进民营经济发展壮大意见等法律文件也激励场内场外股权融资市场在中小企业发展中发挥更大作用。

从场外股权融资规范看，2023 年颁布的《私募投资基金监督管理条例》进一步明确了证监会的监管职责，例如该管理条例规定证监会可以采取现场检查、调查取证、账户查询、查阅复制封存涉案资料等措施；发现私募基金管理人违法违规的，可区分情况依法采取强制措施。同时，与证券投资基金法相对应，提出对规避备案等级义务、挪用侵占基金财产行为、内幕交易等违法行为加大惩处打击力度；对管理机构、管理机构的股东、合伙人、高级管理人员提出从严监管要求；强化退出机制，并且对各项违反要求的情形规定了明确的罚则，对场外融资市场的政府监管职能做出了具体界定。尽管如此，政府对场外股权融资市场的监管职能还有进一步完善地方，例如，进一步制定可依据市场情况适时调整的配套措施，解决在私募投资基金、风险投资市场上资金规模较小、对中小企业投资不踊跃的问题。又如，针对我国关于风险投资的权威性法律文件缺乏的问题，出台适应中小企业融资需求的风险投资法律，对放松风险投资来源限制、投资人进入门槛限制和退出渠道限制提供法律支持。

从场内融资市场看，2023 年注册制全面落地，但是股市表现不如预期，上市公司信息披露情况不尽如人意。在注册制下，信息披露的合规性非常重要。然而，现有的约束信息披露的法律法规不规范，导致违法成本低，一些企业和中介机构铤而走险，利用空壳公司等手段制造虚假业绩；一些企业涉嫌二次上市。因此，需要进一步完善信息披露相关法律法规，用法的权威性加大对违法违规行为的打击力度，让违法成本远远超过违规利益，保障股市健康发展。只有股市健康了，注册制改革目标才能实现，中小企业股权融资才能从注册制改革中获益。

（二）提高场外股权融资市场服务中小企业的意愿

一是继续完善政府风险投资基金对中小企业股权投资的扶持机制，引导场内私人资本投资中小企业。近年来我国政府风险投资基金在中小企业风险投资中起着主导作用，但是对私人资本的引导效果不显著，同时政府基金的退出机制也未能有效发挥作用，因此，需要进一步完善政府基金的引导作用。以色列的做法有一定的借鉴意义，20世纪90年代，以色列的资本市场并不发达，无法满足中小企业股权融资需求。为改变这种状况，1993年以色列政府设立创业投资母基金（YOZMA）基金，是一种用来推动创新创业和高科技产业发展的政策性基金，主要投资于通信、IT和医疗技术领域的公司。母基金成立之初政府财政出资10000万美元，其中用8000万美元和国际投资机构合作，设立10只子基金，每只子基金的政府和私人出资比例为4:6，最初管理的资金规模总额为21000万美元。政府不干预基金运作，私人资本可以按5%~7%的投资收益率回购政府份额。到2000年这10只子基金管理的资金规模增加到403500万美元，这时政府基金完成使命退出。从以色列的做法可以看到政府基金的作用是引导私人资本投资中小企业，而非长期持有获益。二是将现有的中小企业投资贴息政策和投资风险分担政策常态化，降低私人资本的投资风险。三是地方政府搭建平台，方便中小企业与股权投资机构洽谈对接。四是完善企业信息披露制度，加强对中介机构的监管，严惩财务造假，为股权基金投资中小企业提供诚信、公正的市场生态。五是完善股权投资退出机制，适当缩短股票IPO的锁定期限，善用限售制度，权衡股权投资退出效率和股东过早套现之间的关系。六是对并购重组中的违法违规现象从严查处，允许适度放松重组上市标准和降低融资渠道限制。七是支持场外市场股权转让业务发展。

（三）推动场内股权融资市场扩大中小企业服务面

中小企业场内股权融资市场的完善除了市场自身作为，还需要政策推动。一是理念上的引导。政府要引导市场形成理性、健康的投资生态，投资者愿意长期持有中小企业股权，为此，要推出与我国中小企业成长规律、国民投资素质等相适应的投资者适当性制度，保护投资者利益。在防控金融风险的同时为更多资金进入资本市场创造条件。二是用政策引导北交所深挖服务中小企业股权融资的潜力，根据市场承受能力逐步调整准入条件，从新三板中的"小巨大"企业向新三板的基础层和创新层企业拓围，使得更多的优质新三板企业能够实现北交所IPO，让新三板的存量问题逐步得到解决。三是跟踪全面注册制实施后市场新出现的问题，分析对中小企业股权融资的影响效应，及时调整政策，让股权融资真正起到帮助中小企业缓解融资难的作用。四是为不同发展阶段的中小企业和不同行业特点的中小企业量身定制差异化的股权融资扶持政策，激励股权融资市场满足更多的中小企业融资需求。

第七章 营造公平高效的中小企业融资
扶持制度环境

中小企业融资扶持的精准性和适度性需要制度环境保障。融资扶持政策精准供给的目的是营造公平高效的中小企业营商制度环境，政府有所为有所不为是营商制度环境公平有效的前提。基于营商制度环境与融资扶持政策精准供给之间相辅相成的关系，在讨论了中小企业信贷融资、债务融资、股权融资扶持政策供给精准性后，本章将探讨如何营造公平高效的中小企业融资扶持制度环境。

第一节 中小企业营商制度环境建设重要性理论分析

制度环境会影响企业的经营决策。作为企业的掌舵人，企业主的行为决策很大程度上取决于其所处的制度环境，一旦制度环境发生变化，其决策就会做出适应性调整[①]。中小企业的融资决策是企业经营决策的主要内容，受资企业与政府、市场、社会融资服务之间的互动关系受制度环境制约，从而对中小企业融资扶持政策精准性产生影响。

---

① 魏下海，董志强，张永憬.营商制度环境为何如此重要？——来自民营企业家"内治外攘"的经验证据［J］.经济科学，2015（2）：105-116.

一、制度环境影响企业经营决策的理论模型

这里从企业家的行为决策入手构建一个制度环境对企业经营决策影响模型，从理论上解释中小企业融资扶持效应精准有效需要制度环境支持的缘由。

假设企业家将时间用于两个方面的活动：一是与工作相关的活动，又分为对内的生产性活动（企业自身的经营活动）和对外的非生产性活动（处理企业与外界发生的事务关系）；二是私人性质的活动（主要包括娱乐、休息、学习等）。企业在生产性活动、非生产性活动上的时间投入与其所处的制度环境有很大的相关性。良好的制度环境，比如完善的信用体系，公平的竞争制度、健全的产权保护制度、公正严明的司法体系、有效的契约保证制度等会减少企业主花在非生产活动上的时间；但是不健康的制度环境会使企业主一方面不得不花时间理顺各种关系，另一方面可能诱使一些企业主主动将花在生产性活动上的时间和资本投到非生产性活动上，他们误以为通过游说、收买、贿赂等非生产性公关活动，可以获取更多的特殊利益，从而沉迷于这种行为。然而，这种行为不仅违背了公平竞争的原则，也破坏了市场经济的良性运行秩序。

这里用企业家在生产性、非生产性、私人活动上投入的时间作为企业努力程度的代理变量，具体讲，用企业家在日常经营管理工作上投入的时间表示企业在生产性活动上努力程度，用企业家外出洽谈生意、开会、招待等公关活动上的时间投入表示其在非生产性活动上的努力程度。两者之间的数量关系在一定程度上表示了制度环境对企业行为决策的影响。

用 w 和 p 表示某企业主在一年中用于工作的时间和用于私人活动的时间，$w+p=1$。其中工作时间分为生产性经营管理所花的时间 w_1 和非生产性活动

所花的时间 w_2，$w = w_1 + w_2$，时间约束条件为 $w_1 + w_2 + p = 1$，w_1、w_2、$p \geqslant 0$。这里，w_1、w_2、p 以三者占总时间的比重来表示，表达企业主在生产性、非生产性活动上的努力程度和处理私人活动投入的精力。基于前述解释，这里用生产性活动和非生产性活动的时间占比反映制度环境质量 E，取值在 ［0，1］，取值越大表示制度环境质量越好。

借鉴布尔卡特（Burkart）等关于法律制度质量影响公司治理行为的研究思路[①]，建立制度环境质量影响企业经营的分析模型。其中，企业的生产性活动能够创造企业价值，制度环境质量越好，企业能够享有更多的通过生产性努力创造的财富。制度环境质量越差，例如，行政效率越低下，政府干预过度、权力不受约束等，企业在非生产性活动上浪费的时间更多，当然寻租、贿赂等也会推高非生产性货币成本。基于此，在模型中，假设生产性努力的收益与制度环境质量正相关；而非生产性努力所花费的成本与制度环境质量负相关。由于边际产出递减规律，将生产性活动的产出价值表示为 $\alpha\sqrt{w_1}$（α 为技术系数，$\alpha > 1$）。接着，分析制度环境质量 E（取值在 0—1 之间）对生产性活动产出价值和非生产性活动产出价值的影响。考虑了制度环境质量的影响后的生产性活动产出效用为 $E\alpha\sqrt{w_1}$；非生产性活动的成本为 $(1-E)\alpha\sqrt{w_1}$，但是企业主付出了非生产性活动时间投入 w_2，也会有所回报，按照边际产出递减规律，非生产性活动时间投入 w_2 的回报为 $\sqrt{w_2}$（w_2 取值在 0—1 之间），使得非生产性活动给企业带来的成本的节约值（效用）为 $(1-E)\alpha\sqrt{w_1}\sqrt{w_2}$。此外，私人活动中的休闲、娱乐也有收益，设私人活动的边际效用为常数 β，因为私人活动时间投入为 p，所以私人活动带来的效用为 $\beta \times p$。

① BURKART M，PANUNZI F，SHLEIFER A. Family Firms ［J］. *The Journal of Finance*，2003，58（5）：2167-2202.

根据以上分析，企业主在生产性活动、非生产性活动、私人活动的时间投入分配决策就是一个规划问题，如式（7.1）所示。

$$\max E\alpha\sqrt{w_1} + (1-E)\alpha\sqrt{w_1}\sqrt{w_2} + \beta \times p$$

$$\text{s.t. } w_1+w_2+p>1 \quad (w_1, \ w_2, \ p>1)$$

$$(7.1)$$

将 $p=1-w_1-w_2$ 代入目标式求最优解，并讨论在 w_1, w_2, $p > 1$ 下最优解的成立条件，得到式（7.2）和（7.3）的一阶优化条件：

$$\frac{\alpha E}{2\sqrt{w_1}} + \frac{\alpha(1-E)\sqrt{w_2}}{2\sqrt{w_1}} = \beta \qquad (7.2)$$

$$\frac{\alpha(1-E)\sqrt{w_1}}{2\sqrt{w_2}} = \beta \qquad (7.3)$$

式（7.2）表示生产性活动的边际效用等于私人活动的边际效用，式（7.3）表示非生产性活动的边际效用等于私人活动的边际效用。因此，生产性活动的边际效用等于非生产性活动的边际效用。将式（7.2）和式（7.3）联立，得到最优生产性活动时间投入和最优非生产性活动时间投入的解，如式（7.4）所示：

$$(\sqrt{w_1}^*, \sqrt{w_2}^*) = \left\{ \frac{2\alpha\beta E}{4\beta^2 - \alpha^2(1-E)^2}, \frac{\alpha^2 E(1-E)}{4\beta^2 - \alpha^2(1-E)^2} \right\} \qquad (7.4)$$

根据上述分析可以看到，式（7.4）中，$4\beta^2-\alpha^2(1-E)^2>0$（即 $\beta > [\alpha(1-E)/2]$），要让 E 在任何制度环境下的取值都始终处于 $0<E<1$ 之间，则要求 $\beta \geqslant \alpha/2$，这样，式（7.4）右边才能为正。因此，在不考虑私人活动的时间分配的情况下，当 $\beta \geqslant \alpha/2$ 时，企业主在生产性活动和非生产性活动上的最优时间分配如式（7.5）所示：

$$\left(\sqrt{w_1}*,\sqrt{w_2}*\right) = \left\{ \left(\frac{2\alpha\beta E}{4\beta^2 - \alpha^2(1-E)^2}\right)^2, \left(\frac{\alpha^2 E(1-E)}{4\beta^2 - \alpha^2(1-E)^2}\right)^2 \right\} \tag{7.5}$$

则最优总工作时间 $w*$ 如式（7.6）所示：

$$w* = w_1 * + w_2 * = \frac{\alpha^2 E^2 \left[4\beta^2 + \alpha^2(1-E)^2\right]}{\left[4\beta^2 - \alpha^2(1-E)^2\right]^2} \tag{7.6}$$

将式（7.5）和（7.6）中的 w_1*、w_2*、$w*$ 分别对环境质量 E 求导，计算企业主工作时间分配对制度环境质量的弹性，如式（7.7）（7.8）（7.9）所示：

$$\frac{d\log w_1 *}{d\log E} = \frac{2\left[4\beta^2 - \alpha^2(1-E^2)\right]}{4\beta^2 - \alpha^2(1-E)^2} \tag{7.7}$$

$$\frac{d\log w_2 *}{d\log E} = \frac{2\left[4\beta^2(1-2E) - \alpha^2(1-E)^2\right]}{\left[4\beta^2 - \alpha^2(1-E)^2\right](1-E)} \tag{7.8}$$

$$\frac{d\log w *}{d\log E} = \frac{32\beta^4 - 2\alpha^4(1-E)^3 - 24\alpha^2\beta^2(1-E)E}{16\beta^4 - \alpha^4(1-E)^4} \tag{7.9}$$

在式（7.7）中，由于 E 介于 0 和 1 之间，因此有 $1-E^2 > (1-E)^2$，在 $\beta \geq \alpha/2$ 条件下，分子和分母均大于 0，使得式（7.7）的取值始终大于 0，其经济意义是：制度环境质量越好，企业主投到生产性活动上的时间越多。

令式（7.8）的分子等于 0，可得到式（7.8）值为 0 时的 E 的取值 E'，$E' = (2\beta\sqrt{4\beta^2 - \alpha^2} - 4\beta^2 + \alpha^2)/\alpha^2$ 为得到 E' 的取值范围，将 $\beta = \alpha/2$ 代入 E'，得到 $E'=0$；而当 $\beta = +\infty$ 时，E' 趋近于 0.5，故 E' 的取值范围为 $[0, 0.5]$。当 $E < E'$ 时，式（7.8）> 0；反之，式（7.8）< 0。由此可以看到：

企业非生产性活动的投入时间与制度环境质量之间呈现非线性关系。当制度环境较差时，企业在非生产活动上投入的时间较多，影响了生产活动的时间。随着制度环境质量的改善，企业花在非生产活动上的时间会下降，花在生产活动上的时间会增加。

在 $\beta=\alpha/2$，$0 < E < 1$ 的条件下，式（7.9）右边的分母、分子均大于 0，因此式（7.9）的值也始终大于 0。其经济意义为：好的制度环境会激发企业主工作积极性，让其主动放弃一些闲暇，花在工作上的时间会更长。同时，好的制度保护了企业主从事生产活动的积极性，投入到生产活动的时间将更多一些，总的工作时间因此增加。

二、理论模型对中小企业融资扶持政策精准供给的启示

制度环境对企业经营的重要性模型告诉我们：在中小企业融资扶持中，信贷、债券、股权这三支支持中小企业融资的"箭"的精准出击需要制度环境的支持。当前影响中小企业融资扶持政策有效实施的环境因素主要有以下方面：首先，科学的中小企业信用管理机制是保障融资扶持政策有效实施的需求端环境基础。其次，优化金融机构的企业信贷服务评价标准、健全证券市场投资者权益保护制度是保障融资扶持政策有效实施的投资端环境基础。再次，有效的执行机制是保障融资扶持政策有效实施的运行基础；引入公平竞争审查制度，改进政策评价标准，建立政策引导与金融机构自主选择之间动态协调机制是保证政策有效实施的重要手段。最后，构建数字化的融资服务平台是保障融资扶持政策有效实施的技术环境。

第二节 中小企业融资扶持环境建设主要内容

制度环境对企业经营的重要性模型从理论上解释了制度环境对政策实施效应的影响，因此，为提高中小企业融资扶持政策实施的有效性和精准性，必须加强制度环境建设。本节将从信用环境建设、对金融机构的绩效评价、

中小投资者权益保护、公平竞争审查制度、新型融资服务平台构建等方面阐述如何加强中小企业融资扶持制度环境建设。

一、完善中小企业信用管理机制

信息不对称带来的信用问题是造成中小企业融资难的主要原因，加强对中小企业信用管理，完善信用评价体系，是中小企业融资扶持环境建设的重要内容。

（一）信用环境与中小企业融资难之间的关系

在间接融资中，银行基于信用等级评定决定是否给企业贷款，而传统的信用等级评定的主要标准是企业的财务状况和经营情况，这种评级机制对中小企业并不友好，中小企业信用评定等级往往较低。因为信用等级低，中小企业要获得贷款，往往被要求提供资产抵押和担保，从而带来了融资难融资贵的问题。在直接融资中，中小企业在资本市场上难以获得投资者青睐，债券融资和股权融资难以顺利完成也与中小企业的信用情况相关，而且在资本市场上，企业的信用等级与其融资成本成反比，信用等级高的企业才可能以低成本融资。为此，中小企业信用管理制度完善及信用评价体系建设成为解决中小企业融资难问题的重要配套举措，通过公正透明的信用评价和有效的信用管理，金融机构、资本市场投资者能够自主识别企业的信用等级，避免因信息不对称带来的信贷风险或投资风险，变"惜贷"为"愿贷"。

（二）中小企业信用管理机制的主要内容

一是信用管理法律法规体系建设。中小企业信用管理和信用评定是整个社会信用建设内容的组成部分，加强社会信用立法，完善信用法律法规是加强中小企业信用管理建设的制度保障。第一，在《中小企业信用担保法》《中小企业促进法》（修订版）的基础上，健全与中小企业信用建设相关的法律法规，引导中小企业诚实、规范经营，为中小企业融资提供良好的信用环境。第二，规范中小企业信用评价方法，按照行业特点制定企业信用评价方法，对评价方法的适用对象、评价指标、评价流程、评价结果运用等做出具体规定。第三，明确奖惩标准，提高信用评价结果的权威性，增强信用评价对中小企业的威慑力。

二是信用信息数据共享建设。中小企业信用评价需要数据支持，因此信息数据的归集共享是中小企业信用建设的基本要求。企业信用评价是一项综合性工程，需要政府各职能部门、融资服务市场主体间的协作。为打破部门间的隔阂，实现数据的快速共享，需要充分利用新兴技术，建设信息数据平台，与公共信息平台、金融服务平台链接。通过跨地区、行业、部门的信息共享，用充分的数据资源保证中小企业信用评定的公正客观。

三是信用评价体系建设。科学有效的信用评价指标体系是中小企业信用建设的核心内容，是评价结果客观公正的前提。科学有效的信用评价体系建设要关注以下几点：第一，要处理好共性和特性的关系，对于不同行业、不同区域的企业要有不同的评价体系；同一性质的企业要有同一评价标准。第二，要有公开透明的评价过程，第三方评价和政府监督指导相结合。第三，要有先进的评价方法和评价工具。在新技术时代，各种评价方法不断开发，神经网络、模糊数学、可拓综合评价模型等新技术被应用于中小企业信用等级评价、中小企业信用风险评估；大数据时代智能技术的更新换代为企业信用评价精准化提供信息支持。第四，要有赏罚分明的奖惩机制，推动评价结果与中小企业融资活动有效挂钩。

（三）政府在中小企业信用管理机制中的职能定位

政府是中小企业信用建设法规的制定者和信用体系建设的推动者。信用是社会问题，要发挥市场主观能动性；更是制度问题，要发挥政府的推动作用。在中小企业信用体系建设中，政府运用法治和行政权力，制定法规，构建中小企业信用管理法律体系，稳步推进中小企业信用制度实施。

政府是中小企业内部信用制度建设的引导者。中小企业信用体系的建设者是企业，最终受益者也是企业自身。用制度引导企业自觉加强信用建设是政府的职责，制度宣传、信用建设培训、经验交流会是政府引导企业增强诚信意识、重视信用制度建设的主要方式。

政府是中小企业信用数据的提供者及管理者。数据信息将中小企业信用环境建设的每一环联系起来，数据信息的可靠与否，决定着企业信用评价的可信度。然而，要把分散在各地区、各部门的数据收集起来，进行真伪鉴别，建立数据库，并实现共享，单靠市场自身无法实现，需要有一个权威部门牵头，而政府是这项工作最合适的承担者。

政府是中小企业信用评价中介机构的监管者。信用信息具有公共产品性质，信息产生后具有非竞争性和非排他性，本应由政府提供评价结果，但是其专业性使得政府不能成为最合适的评价者，由此促生了信用评价中介服务组织。中介机构执业公正性由社会组织自行负责，但是一些中介机构的专业水平不高，一些失信的违规事件时有发生，政府有必要同步介入，对中介机构进行合规性监管，严惩中介机构的违规行为。

政府是社会诚信意识的引领者和维护者。社会信用和政府信用相辅相成。清正廉明的政府形象对社会诚信意识的形成起到示范作用。为此，在中小企业信用体系建设中，政府在以身作则的同时要加强舆论引导，加大诚信宣传，树立诚信榜样，引领市场共同打造风清气正的社会诚信生态。

（四）信用评价在中小企业融资扶持创新中的应用

在实践中，企业获得的相关信用评价等级实际上是其信用情况的一种有力证明，将信用评价结果应用于融资实务，可以增信企业，助力其成功融资；而且将企业已有的信用评级应用于融资实务是对诚信企业的一种激励，有助于推动全社会信用体系的良性发展。近年来，银税互动、投贷联动等中小企业融资创新模式都应用了企业各类信用评级信息。

1. "银税互动" 信贷融资扶持模式

在大数据时代，数据实现了在多部门间的共享。金税三期工程实施以后，税务部门通过对金税工程系统中企业纳税数据的挖掘及对行业间的数据对比发现企业经营的真实情况及涉税事务异常变动，对企业的纳税信用水平进行评判。企业纳税信用水平在很大程度上是企业信用水平的映射，纳税信用水平高的企业往往是诚信企业，使得纳税信用评级可以作为企业贷款时的信用证明。2015 年我国开始实施的银税互动融资机制就是纳税信用评价结果在中小企业融资扶持实践中的应用。"银税互动"是指税务、银保监部门和金融机构合作，将企业的纳税信用评级作为企业信用情况的证明，转化为信贷融资信用，提供免抵押、免担保的纳税信用贷款。"银税互动"机制很大程度上消除了企业和银行之间的信息不对称，在一定程度上解决了中小企业贷款难的问题，并能引导企业诚信纳税，改善税收营商环境、中小企业信用环境。

经过 8 年的实践，各省都搭建了银税互动平台，税务部门与银行系统通过线上数据直连，除传送纳税信用评定结果外，经授权的生产经营信息也实现与银行共享，满足银行更多的贷款评估需求；服务对象从 2015 年只针对纳税信用等级 A 级企业，到 2017 年增加纳税信用等级为 B 级的企业，2019

年又拓展到 M 级企业；贷款额度从 50 万到 200 万不等，虽然单笔贷款规模有限，但允许企业同时向几家银行申请"银税互动"信用贷款，解决了筹资规模受限问题，为中小企业信贷融资提供有效支持。据统计，2023 年通过"银税互动"平台，助力小微企业获得银行贷款 892.8 万笔，贷款金额 2.84 万亿元。[①]

但随着实践的推进，"银税互动"融资模式也存在一些问题亟待解决。一是数据量适当性问题。银税互动实质上是数据信息合作。银行出于信贷风险防范、授信精准评估的需要，要求掌握尽可能多的企业基础数据，但是数据共享程度越高，数据安全问题越突出，特别是当某些银行数据管理制度不完善时，可能出现数据泄露、篡改，非法访问、权限滥用等问题，这时出现数据安全风险及税务机关的行政风险。因此，如何处理数据安全与银行贷款安全之间的矛盾是一个亟待解决的问题。[②]二是政府监管能力问题。当前参与"银税互动"的合作银行类型多样，有大银行和小银行、内资银行和外资银行、实体银行和互联网金融，银行的经营状况也处于动态变化中，再加上征信公司、第三方中介机构得以加入，银税互动中参与者众多，数据风险点多，对政府的监管能力提出更高要求，但当前政府监管以静态的事后监管为主，已与实践需求不相适应。另外，税务机关、金融监管当局作为"银税互动"的监管部门，职责界定不够清晰，存在重叠或冲突的地方，也影响了监管效力。三是标准规范问题。我国的"银税互动"以省份为实践单位开展，各省根据省情选择采取的策略有所不同。经过多年实践后，"银税互动"这一融资模式已进入到规范化管理阶段，但不同省份"银税互动"开展情况出现差距，

① 欧阳剑环.国家税务总局：2023 年"税银互动"助力小微企业获得银行贷款 2.84 万亿元［EB/OL］.（2024-01-18）［2024-01-25］.https://www.cs.com.cn/sylm/jsbd/202401/t20240118_6385935.html.

② 李长春.银税互动的理论争议、实践难题及未来发展［J］.税务研究，2023（11）：132-136.

对中小企业融资扶持效果也有所差异。如何在全国范围内实现标准化、规范化管理成为进一步要考虑的问题。

"银税互动"作为一种服务于中小企业融资的创新模式，依托智慧税务，帮助诚信纳税人解决融资难题，在人工智能、大数据日益发展的今天，具有时代生命力。针对新问题，完善中小企业信用管理和信用评价，扩大"银税互动"应用场景，加强政府监管，防范数据风险是未来进一步推进"银税互动"的重点。具体工作包括：一是出台"银税互动"工作规范，明确数据共享范围、系统运行机制、安全标准，规范推进银税互动工作。二是推动省级银税互动数据的归集、汇总，扩展数据的归集范围，将企业基础数据、纳税申报、申请授权、贷款情况等信息纳入数据库，与海关、环保、法院等多部门进行联网。三是构建信贷风险预警和处置机制。税务机关根据实际情况设置风险阈值或风险条件，对数据进行监测，判定关键信息是否存在信贷风险隐患，进行实时跟踪，遇到风险时能够及时启动风险处置机制，快速做出响应。四是建立银税互动企业贷后监测体系，定期分析获取的数据，动态监控企业贷后经营情况，降低涉税风险，为"银税互动"模式提供更精准的信用环境。

2. "投贷联动"融资模式

投贷联动结合了直接投资（股权投资）和间接融资（信贷融资）两种工具，常见的模式是将股权投资机构（私募股权基金、风险投资基金）投资与银行信贷相结合。股权投资机构先对目标企业进行评估并投资，商业银行随后根据股权投资机构所投资的企业的信贷需求提供相应的贷款支持，并约定当被投资企业通过 IPO 上市、股权转让等方式完成股权溢价后，投资机构将一定比例的溢价收益分享给银行；当贷款难以回收时约定可以将银行放贷数额转化为企业股权。这种股权与债权相结合的融资模式创新有利于提高科创型企业信贷可得性，优化银行金融产品结构。2016 年 4 月 20 日，科技部、银保监会、人民银行联合颁布《关于支持银行业金融机构加大创新力度开展科创企业投贷联动试点的指导意见》，开启投贷联动业务试点，确定了国家开发银行等 10 家首批试点银行机构和北京中关村等 5 个首批试点示范区。2023 年 5 月，成立山东省济南市、长三角五市[①]、北京中关村科创金融改革试验区，提出打造科创金融专项服务模式，继续探索投贷联动业务等科创金融支持举措。在投贷联动模式中，"投"的目的是"贷"，而不是直接投资，银行贷款的属性没有改变，企业信用风险评价仍是投贷联动模式中银行决定是否放贷的首要因素，银行机构关注的是投贷联动的风险。尽管在政府干预和推动下，形成了"股权＋信贷"的融资扶持组合，但股权投资与贷款投放是两个分割的过程，分属不同的融资服务主体，两者间信息沟通存在隔阂；加上投贷联动的扶持对象为处于初创期的科创企业，与上市公司相比，面临着更大的研发、生产、销售的不确定性。上述原因使得在投贷联动模式下银行面临较高的信贷风险，影响银行参与的主动性和积极性。因此，政府干预下完善中小企业信用管理体系，同样也是推动投贷联动这一新兴科创企业融资服务业务顺利开展的重要条件。为此，一些地区进行了探索，取得了较好的成效。例如安徽省合肥市蜀山区政府构建科创企业授信指数体系，应用于投贷决策。该体系根据企业信息和合肥市市场监督管理局、税务局、人力资源和社会保障局、科技局等职能部门提供的注册登记、专利技术申请、知识产权保护等信息，创设"科创打分卡"模型对企业信用进行评价，筛选出诚信企业，列入"白名单"，提供给投贷联动试点银行，增信科创企业，降低银行信

---

① 长三角五市指上海市、南京市、杭州市、合肥市、嘉兴市。

贷风险，助力科创企业顺利获得股权和银行信贷融资，实现产融对接。① 又如，2023 年深圳市印发《深圳市关于金融支持科技创新的实施意见》，提出了完善"股权 + 债权"的监管考核机制，对符合条件的银行机构授权开展投贷联动试点。2024 年 1 月 8 日，"深圳创投日"系列活动首站开启，主题为"投贷合力，科创落地"。在政府支持下，各大银行针对性开发了科创贷等产品，较好满足了科创企业的融资需求 ②。

二、优化对金融机构的绩效评价

金融机构是中小企业信贷资金的主要供给者，和谐友好的中小企业融资环境离不开金融机构的支持。但是作为市场主体，经济利益和信贷风险是金融机构贷款考量的主要因素。贷款给中小企业会面临较大风险是不争的事实，如果没有外力推动，金融机构很难主动贷款给中小企业。因此需要营造激励与约束并重的政策环境，引导金融机构在经济效益和社会责任间进行权衡，优化金融机构信贷投放评价标准是一项有效举措。

（一）金融机构绩效评价实践梳理

由于我国企业融资结构长期以来以间接融资为主，信贷融资比重大，而银行普遍注重短期商业回报和风险规避，为此，需要政府制定相应的评价方法，以督促银行保持一定比例的中小企业贷款额度。为此，我国在 2009 年发布《商业银行绩效评价办法》，并于 2016 年进行修订。但是在该评价办法的

---

① 方昕，马婷，刘亚萍．合肥蜀山区："贷投联动"助力科创企业新发展［EB/OL］．（2024-01-19）［2024-01-25］.http://ah.news.cn/20240123/1d0938c9bc5f4d44a1791e806b0b4e3b/c.html.

② 潘润华．探索科技金融助力企业创新发展新路径"投贷合力 科创落地"——"深圳创投日"活动举行［EB/OL］．（2024-01-09）［2024-01-15］.https://www.sznews.com/news/content/2024-01/09/content_30642966.htm

偿付能力指标中，资本充足率三项指标的权重过高（占 15%—30%），与金融高质量服务实体经济的时代目标不符。为推进商业银行更好地服务实体经济，有效缓解中小微企业融资难融资贵问题，我国出台了两个重要的商业银行信贷投放评价文件。

1.《商业银行小微企业金融服务监管评价办法（试行）》主要内容

我国银保监会于 2020 年 7 月 1 日发布《商业银行小微企业金融服务监管评价办法（试行）》（以下简称《评价办法》），共六章三十二条，提出"正向激励为主，适当监管约束，明确差异化要求，合理体现区分度"的指导思想，坚持"定量评价与定性评价并行、总量增长与结构优化并重、激励与适当约束并举"的评价原则，着眼于小微企业信贷供给"增量扩面"，构建以信贷服务为主、覆盖小微企业金融服务全流程的年度评价指标体系，从信贷投放、体制机制建设、重点监管政策落实、产品及服务创新、监督检查情况等五个方面对商业银行的小微企业金融服务能力和水平进行综合评价，根据得分将评级结果分为四个等级。评价得分在 90 分及以上的为一级，说明商业银行全面实现了各项监管考核目标；得分在 75—90 分之间者为二级，说明商业银行总体上实现了监管考核目标；得分 60—75 分之间的为三级；60 分以下者为四级。评价结果为三级、四级的商业银行，表明在小微企业金融服务方面"不过关"，要求制定整改方案。《评价办法》旨在建立奖惩分明的评价机制，督促商业银行信贷投放向小微企业倾斜，将国家出台的小微企业发展扶持政策落到实处。

2.《商业银行绩效评价办法》主要内容

2021 年 1 月 4 日财政部印发的于当年 1 月 1 日实施的《商业银行绩效评价办法》，将商业银行绩效评价维度界定为"服务国家发展目标和实体经济""发展质量""风险防控""经营效益"等四个方面，所占权重各为25%。每一方面的各单项指标权重依据重要性和引导功能确定，可根据国家宏观政策、实体经济需求、金融发展趋势等进行动态调整。评价重点是商业银行服务实体经济、服务经济重点领域和薄弱环节情况，经济效益，股东回报，资产质量等，重点保障银行信贷投放能力，弱化利润考核和偿付能力考核（仅留权重为5%的资本充足率指标）。为引导商业银行向小微企业贷款，2021年版的评价办法中，将普惠小微企业贷款"两增"（权重为7%）、"两控"（权重为6%）指标增列到指标体系中，引导商业银行平衡多重目标关系、商业效益与社会责任关系。绩效评价标准值按照不同对标方式，划分为优秀、良好、中等、较低、较差、极差六个档次，并设置了绩效评价加减分标准。扩大了负面清单，新增发生风险事件、违规受罚、无序设立子公司等事项；同时加大处罚力度，明确发生风险事件将对绩效评价进行降级。2016年和2020年商业银行绩效评价办法中指标体系变化如表7.1所示。

表 7.1　2016 年和 2021 年商业银行绩效评价办法中指标体系对比

2016 年《商业银行绩效评价办法》			2021 年《商业银行绩效评价办法》			2021 年考核指标较 2016 年的变化
考核重点：经营能力和风险防控			考核重点：服务实体经济、发展中质量考核，经营绩效考核突出资本导向			
指标类别	权重	单项指标	指标类别	权重	单项指标	
盈利能力	25%	资本利润率	服务国家目标和实体经济	25%	普惠性小微企业贷款"两增"情况	新增指标类别，单项指标反映国家对信贷资源流向的引导
		资产利润率			普惠性小微企业贷款"两控"情况	
		成本收入比			服务生态文明战略情况	
					服务新兴战略产业情况	

2016 年《商业银行绩效评价办法》			2021 年《商业银行绩效评价办法》			2021 年考核指标较2016 年的变化
考核重点：经营能力和风险防控			考核重点：服务实体经济、发展中质量考核，经营绩效考核突出资本导向			
指标类别	权重	单项指标	指标类别	权重	单项指标	
经营增长	25%	资本保值增值率	发展质量	25%	经济增加值	从关注经营增长转变为关注发展质量
		利润增长率			人工成本利润率	
		经济利润率			人均净利润	
					人均上缴利税	
资产质量	25%	不良贷款率	风险防控	25%	不良贷款率	降低与银保监会和人民银行MPA 考核要求的重叠率
		拨备覆盖率			不良贷款增速	
		流动性比例			资本充足率	
		杠杆率			拨备覆盖率	
					流动性比例	
偿付能力	25%	资本充足率	经济效益	25%	（国有）资本保值增值率	突出管资本导向
		一级资本充足率			净资产收益率	
		核心一级资本充足率			分红上缴比例	

（二）商业银行绩效评价方法变化对小微企业信贷投放的影响

2021 年版的绩效评价办法适用范围为全部国有控股商业银行、绝大多数股份制银行、部分中小银行等。绩效办法的修订对银行经营管理质量和效率、绩效考评、工资薪酬产生了一定影响外，对商业银行的小微企业信贷投放评价标准的制定也带来变化。修订后的绩效评价办法新增"服务国家发展目标和实体经济目标"指标，针对小微企业贷款的增速、户数、资产质量及成本提出了"两增两控"单项考核指标。"两增"指"单户授信总额 1000 万元以下的小微企业贷款同比增速不低于各项贷款同比增速，贷款户数不低于上年同期水平"；"两控"指"合理控制小微企业贷款综合成本和资产质量水平，将普惠小微企业不良贷款率控制在不超过自身各项贷款不良率的 3 个百分点"。

"两增"指标的权重设为7%，"两控"指标的权重为6%，两项合计占此项指标总权重（25%）的一半以上。此项变化对商业银行服务实体经济、服务小微企业提出了明确要求，促使银行机构重视小微贷款业务，加大小微企业贷款投放。

以上两个评价办法分别从定性、定量两个方面制定系统化的评价指标，并引入外部监督机制，提高了金融机构服务实体经济、帮扶小微企业的质效，从投资端改善中小微企业融资扶持环境。

三、健全证券市场中小投资者权益保护机制

证券投资者是指在证券市场上购入证券（债券或股票），自负盈亏、自行承担风险的自然人（个人投资者）或者法人（机构投资者），是市场上证券交易、证券投资风险的主要承担者。保护证券市场投资者特别是中小投资者的利益是资本市场繁荣稳定的关键，也是营造精准有效融资扶持环境的重要一环。

（一）当前投资者权益保护的主要内容

投资者权益保护贯穿了市场准入、信息披露、退市、权益救济等证券市场融资管理的整个过程。

1. 市场准入阶段投资者权益保护内容

一是建立投资者适当性制度，引导理性投资。在市场准入阶段，投资者适当性制度是最典型最基本的投资者合法权益保障制度，要求将适当产品供给适当的投资者，强调证券公司履行对投资者的适当性评估义务以及帮助投资者树立"投资责任自负"的意识。我国已出台了《证券期货投资者适当性

管理办法》[①] 等投资者适当性管理的行政规章。二是对投资者进行分类管理。2020 年修订的《中华人民共和国证券法》(新《证券法》)根据投资者专业知识、资金规模、风险承受能力，将其分为普通投资者和专业投资者两类，进行分类管理。证券公司针对两类投资者提供不同的金融产品和金融服务，保护普通投资者的利益。三是在准入门槛中设置规模和投资经验等限制条件，将风险承受力低的普通投资者筛选出去。四是国务院、证监会、中介机构、证券机构、教育部门等提供多形式的投资者金融知识教育、投资风险防范和投资技巧讲座等，政府、市场、社会合力提升投资者专业素养，做好自我保护。

2. 信息披露环节中投资者权益保护

信息披露制度本身就是一种投资者权益保护制度，因为高质量的信息披露为投资者提供了可靠的资料来源，帮助其做出理性的投资决策。新《证券法》中对公司信息披露要求更加明确，在修订前的"准确、真实、完整"的基础上增加"及时性、可读性、公平性、自愿性"等要求；并且细化欺诈行为中不同主体的法律责任，提高违法成本，降低投资者权益受损概率。

证券法修订版颁布后，证监会在 2021 年 5 月修订《上市公司信息披露管理办法》，保障投资者对投资公司的信息知情权。管理办法中将信息披露义务的承担者从上市公司扩展到公司实际控制人、控股股东、董监会、收购并购方、重大交易关联方等相关责任主体，明确违规责任，从源头入手提高信息披露质量。

---

① 2016 年 5 月 26 日中国证券监督管理委员会第 7 次主席办公会议审议通过，根据 2020 年 10 月 30 日中国证券监督管理委员会《关于修改、废止部分证券期货规章的决定》进行第一次修正，根据 2022 年 8 月 12 日中国证券监督管理委员会《关于修改、废止部分证券期货规章的决定》进行第二次修正。

3. 退市程序中的投资者权益保护

退市制度是注册制改革的重要内容，也具有保护投资者权益的作用。2020年年末上海证券交易所、深圳证券交易所分别发布退市管理新规。按照退市原因将退市分为交易类退市、财务类退市、规范类退市、重大违法类退市四类，完善了每一类的退市标准，减少壳公司、僵尸企业数量，为中小投资者提供风险警示。将退市制度常态化，废除暂停上市和恢复上市环节，取消上市公司退市后恢复上市的规定，放开退市整理期首日的涨跌幅限制，将退市整理期交易时限压缩为15天，方便投资者及时退出。退市制度事关投资者切身利益，是注册制改革中颇受投资者关注的内容。根据深圳证券交易所2021年发布的《2020年个人投资者状况调查报告》显示：超过六成的投资者支持退市制度改革，近四成投资者无参与风险警示股票交易的意愿。[1] 新一轮退市改革3年来，我国共有127家公司退市，其中104家强制退市，据统计强制退市数量是注册制改革以前10年的近3倍；2023年有8家公司因达到重大违法标准进入退市程序，这些公司的退市对中介履职、投资理念、市场生态产生了深刻影响。[2]

4. 救济程序中的投资者权益保护

当投资者利益遭遇侵害时能够懂得通过救济途径进行维权也是投资者权益保护的重要内容。在我国，大量的中小投资者长期以来缺乏维权意识。为中小投资者提供有效的维权途径，证监会近年推出了一系列维权救济制度，如强制调解制度、代表人诉讼制度、先行赔付制度、举证责任倒置等，帮助

---

[1]　深圳证券交易所.深交所发布2020年个人投资者状况调查报告,（2021-05-17）［2024-01-26］. https://www.szse.cn/aboutus/trends/news/t20210517_585948.html.

[2]　黄盛.证监会回应"A股退市率不高"：公司退市并不是退的越多越好［EB/OL］.（2024-01-20）［2024-01-26］.https://baijiahao.baidu.com/s？id=1788566302954261877&wfr=spider&for=pc..

投资者学会维护自身合法权益。

（二）当前投资者权益保护中存在的问题

2023 年全面注册制落地。在全面注册制的大背景下，上市公司数量不断增加，证券投资者群体逐渐壮大，中小投资者的权益保护问题显得越发重要，直接影响到资本市场的良性运行。近年实施的投资者权益保护措施已取得了一定成效，但我国尚处在注册制改革的初期阶段，中介服务机构责任感不强、监管机构监管不到位给企业投机行为以可乘之机。再加上资本市场中，中小投资者比重高，其资金实力、专业分析能力、风险承受力都与机构投资者差异明显，使得资本市场上中小投资者权益保护制度在实施中存在以下问题。

1. 投资者对自身权利知晓度不高

《中华人民共和国公司法》①赋予股东（投资者）的权利按是否受持股比例限制分为两类，其中，查阅权、建议质询权、表决权、利润分配请求权、剩余财产分配请求权、决议撤销诉讼权、异议股东股份回购请求权不受持股比例限制；独立董事提名权、临时股东大会请求权、股东人会召集和主持权、临时提案权、股东代位诉讼权、公司解散请求权等与持股比例相关。据中国投资者网发布的 2020—2022 年度投资者知权、行权、维权现状调查报告显示：受访的投资者中约有 80% 的投资者表示知晓投资者权利；在不受持股比例限制的权利中，查询权、表决权和利润分配请求权是投资者知晓度最高的三项权利；在受持股比例限制的权利中，临时股东大会请求权、股东大会召

---

① 《中华人民共和国公司法》于 2023 年 12 月 29 日最新一次修订，2024 年 7 月 1 日施行。

集和主持权是投资者知晓程度最高的两项权利，其他权利知晓度较低。[①] 知权
是行权、维权的前提，对自身权利没有完全了解，行权和维权将是空谈。

2. 上市公司信息披露尚不能满足投资者需求

注册制在科创板和创业板试行的近些年，监管部门日益重视上市公司的
信息披露质量，上市公司的信息披露也越来越规范，但是市场投资者获取上
市公司信息的渠道有限而且不稳定，影响信息来源的稳定性和权威性。对中
国投资者网 2019—2022 年《投资者知权、行权、维权现状调查报告》和《上
市公司投资者关系管理的调查报告》中相关内容进行整理发现：当前投资者
获取所需投资信息的渠道排在前三位的是券商 APP 或交易软件、网络财经媒
体、投资顾问，其他渠道占比很低，说明传统渠道仍是信息披露的主要方式，
大数据时代新兴技术没有在信息披露中得到充分应用。而且，投资者对上市
公司信息披露数量和质量持保留态度。在投资者对获得的信息满意度调查中，
选择 "一般" 的约占五成，"基本满意" 和 "很满意" 的共占四成左右，尚有
一成的投资者对信息披露质量不满意。受访者认为上市公司习惯于有选择性
地披露信息，对普通投资者不够重视。因此可以认为以投资者需求为导向的
上市公司信息披露生态在我国还未真正形成。

3. 上市公司的投资者关系管理待完善

为呈现投资者对上市公司投资者关系管理能力的评价情况，中国投资者
网 2019 年 6 月发布一份由投服中心撰写的《有关上市公司投资者关系管理的
调查报告》，通过对全国 36 个省、市、自治区的 2295 名中小投资者的调查，

---

① 2022 年度调查对象为过去 12 个月进行过 A 股交易的投资者，在线作答，调查时间范围为 2022
年 11 月 16 日至 2022 年 12 月 31 日，最终的有效样本为 70475 份，覆盖全国 31 个省市自治区，各地
区样本数量分布为：北部地区 7355 份，东部地区 10611 份，中部地区 15742 份，南部地区 23558 份，
西部地区 13209 份。详见：https://www.investor.org.cn/investor_interaction/questionnaire/tzzbg/.

得出以下结论：投资者认为良好的投资者关系管理能力是上市公司健康成长的保障；但投资者对上市公司投资者关系管理能力不太满意，认为多数公司与投资者沟通的渠道单一，未设置专业的投资者交流渠道；投资者对沟通效果和沟通效率评价为"一般"；中小投资者不被重视。

4. 投资者教育的针对性待加强

不同投资板块、不同地区、不同投资经验的投资者对投资知识的掌握程度不同，要做到因材施教，需要重视对投资者教育的针对性。在 2021 年深交所对 27667 名个人投资者进行的满分为 100 分的证券市场投资知识测试中，参加者平均得分 71.8 分，其中来自创业板的投资者平均得分最高，为 73.1 分；来自华南及华东地区的投资者测试的平均分分别 72.8 分、72.6 分，而西北地区投资者测试平均成绩只有 67.7 分；有 5—10 年投资经验的投资者平均得分为 73.9 分，新入市投资者只有 69.2 分；盈利的投资者测试平均分为 75.7 分，亏损的投资者为 69.3 分。[①] 为更好发挥投资者教育在投资者权益保护中的作用，有必要有针对性地引导投资者加强学习。

5. 中小证券投资者在寻求权利救济方面存在障碍

中小投资者有权对内幕交易、操纵市场等各种违法违规行为提起诉讼，保护自身合法权益。在我国证券市场中，针对中小投资者权益保护的司法救济范围有限，主要是针对证券欺诈的民事诉讼，但是缺少有效的常态化的代表人诉讼制度，维权难度大。而且，我国中小投资者维权救济过度依赖行政力量，例如出于对中小投资者这一弱势群体权益的保护，将证监会的行政处罚作为投资者申请司法救济的前置条件，但从实践经验看，这种做法反而有

---

① 深圳证券交易所.深交所发布 2020 年个人投资者状况调查报告［EB/OL］.（2021-05-17）［2024-01-26］. https://www.szse.cn/aboutus/trends/news/t20210517_585948.html.

可能削弱对中小投资者权益的司法保护。

（三）证券市场投资者权益保护制度优化建议

针对上述问题，提出如下对策建议，将投资者权益保护落到实处，而不是做表面文章。

1. 多管齐下提高公司信息披露质量

公司信息披露是证券注册制的核心内容，提高公司信息披露质量是保护投资者权益的基础。信息披露质量越高，投资者面对的非系统性风险越小，从证券市场获得的投资效益越有保障。提高公司信息披露质量首先要增强公司责任感，从源头上保证信息披露质量。首先，需要进一步加强信息披露管理，落实公告编写、审核和发布的直接责任人，聘请专业机构对不成熟的信息进行过滤，以免误导投资者。其次，改进《证券法》中关于公司董事的信息披露责任过于原则化的问题，进一步强调公司董事在公司信息披露中的审查义务，强化并细化董事在财务报告审查失职中的民事责任，当其因职务疏忽造成信息失真时，有责任赔偿中小投资者因此而造成的损失。最后，将公司经营中持有金融衍生品信息、表外交易信息、预测性信息、经营风险预警信息等非财务信息纳入披露范围，进入监管部门考核指标；对于违规的信息披露依法追究法律责任，为投资者投资决策提供全面、可靠的信息基础。

2. 建立常态化退市机制

一是完善破产重整制度，通过吸收、合并等方式，推进退出渠道的多元化。二是严格执行"应退尽退"规则，严肃退市制度，严厉打击伴随着退市而出现的财务造假、操纵市场之类的恶意"保壳"行为。三是坚决追究退市公司的违法违规的行为，支持投资者针对公司违法行为造成的损失提起赔偿救济。四是推动退市公司有序进入退市板块，保护投资者知情权和交易权。

3. 多方合力构建投资者权益维护生态

第一，优化投资者教育机制。发挥券商、上市公司、投资者协会等参与投资者教育的主动性和积极性，自觉履行投资者教育义务，帮助投资者提高专业知识水平，深化对投资产品的认识，树立正确的投资理念。在注册制下，市场投资者要直面市场的系统性风险，需要具备更高的专业化水平才能从容应对。为增强教育效果，要针对不同板块、不同地区、不同投资水平、不同年龄的投资者设计不同的教育产品，因人施教；开发新兴教育形式，充分利用数字化、智能化时代的宣传方式，以短视频、公众号、线上课堂等大众熟悉的方式开展投资者教育活动。第二，投资者要树立风险意识，深刻认识注册制下的投资风险。积极参加投资教育，主动行使股东的权利。当权益受到侵害时，能够用适当的维权救济方式保护合法利益。第三，监管部门关注上市公司投资者关系管理情况，提醒上市公司尊重中小投资者，督促上市公司设立专用沟通渠道，跟踪中小投资者的诉求，尊重和维护资本市场主体的合法权益。

4. 有效践行证券先行赔付制度

2019 年先行赔付制度出现在新《证券法》中，当出现证券欺诈、虚假陈述等重大违法行为造成投资人损失时，证券发行公司的控股股东、实际控制人、证券公司等，通过投资者保护机构与投资者进行协商，在责任判定前对投资者损失进行先行赔付，等待责任判定后先行赔付再进行追偿。它虽然被视为自愿签署的和解协议，不具有强制性，但对于保护中小投资者利益，体现投资者利益至上理念，稳定投资者信心具有重要意义。我国最早的现行赔付实践始于 2013 年万福生科案，平安证券作为保荐机构和主承销商，设立 3

亿元的专项补偿资金，出资先行赔付投资者的损失，率先试水先行赔付制度。此后在"海联讯案"和"欣泰电气案"的处置中也使用了先行赔付制度。注册制实施后，紫晶存储事件成为我国科创板首个适用先行赔付的案例。在全面注册制改革背景下，从发行方到中介机构对于信息披露都承担更大的责任，先行赔付制度案例将会越来越多。但该制度尚存在赔付标准不明确，赔付范围窄，赔付协议效力不确定，先行赔付人追偿困难等实践问题，需要进一步界定先行赔付主体，细化先行赔付实施细则，明确先行赔付协议效力，优化先行赔付后追偿权。

5. 完善救济诉讼和调解制度

在注册制下，为投资者提供充分司法救济途径是保护投资者权益的利器。建立符合我国国情的代表人诉讼制度就是其中一项有意义的举措。证券市场中的侵权诉讼专业性强，单个投资者无法应付，中小投资者只好放弃维权。当上市公司侵害了证券投资者利益时，一部分投资者通过代表人诉讼制度就能代表全部利益受侵害的投资者向侵权公司提起诉讼，判决效力溯及全体投资者，是一项有利于保护中小投资者利益的制度。在具体制度设计中应当注意明确代表人诉讼的启动条件；建立诉讼代表人监督制度，允许投资者有退出的权利。[1] 通过引入大数据技术、区块链技术用于诉讼证据的收集，提高证据的有效性。

诉讼这一维权救济途径可以弥补市场失灵或政府监管失灵的缺陷，但不是万能的。[2] 由于诉讼成本高，低成本的仲裁和调解也是当前投资者维权的可

---

[1]　袁淼英. 证券中小投资者权益保护制度的构建路径［J］. 暨南学报（哲学社会科学版），2018（11）：57-66.

[2]　汪世虎，陈素华. 金融科技视野下中小证券投资者权益保护法律机制研究［J］. 西南政法大学学报，2020（3）：117-128.

行选择，且成功率超过六成。① 因此，需要鼓励投资者采用调解、仲裁等非诉讼方式化解纠纷。一是利用证监会与最高人民法院合作开发在线诉调对接系统，高效化解证券交易纠纷，提高化解质效。二是继续完善证券纠纷仲裁制度，针对证券民事赔偿纠纷专业性强的情况，可以在证券交易所内设置专业仲裁机构，保障证券仲裁结果的精准性。

此外，建立多维立体的司法打击体系，从行政、民事、刑事等方面打击欺诈发行、违规披露等行为，严惩违法违规单位、个人，也是保障证券市场投资者权益的有力举措。

四、落实公平竞争审查制度在营商环境建设中的作用

在经济发展进程中，各市场主体被公平对待、公平参与市场竞争是市场经济健康运行的核心和基石。只有公平竞争才能提高资源要素的配置效率，进而推动经济高质量发展。有失公平的竞争环境会极大挫伤市场主体创造财富的积极性，损害市场主体的合法利益。为约束政府随意出台抑制竞争的"垄断"政策措施，2016 年 6 月国务院发布《关于在市场体系建设中建立公平竞争审查制度的意见》，规定了公平竞争审查制度的审查对象、审查标准、审查程序、监督问责等内容。2017 年 10 月，国务院发展改革委、财政部等部委联合颁布《公平竞争审查制度实施细则（暂行）》（以下简称《实施细则》），2021 年对《实施细则》进行修订，旨在推进公平竞争审查制度在产业、税收、财政、金融等领域政策制定中的应用。2022 年 8 月 1 日公平竞争审查制度出现在修订后的《反垄断法》中，这标志着公平竞争审查制度有了法律的

---

① 中国投资者网 .2022 年度投资者知权、行权、维权现状调查报告［EB/OL］.（2023-05-19）［2024-01-27］.https://www.investor.org.cn/investor_interaction/questionnaire/tzzbg/.

依据，将在维护市场公平竞争，规制政府不当干预和行政垄断中发挥更大的指导作用。

在资本市场中，需要公平竞争审查制度来维护中小企业在金融资源配置中的权利。从融资服务对象看，长期以来，信贷市场、债券市场、股权市场中金融资源、融资机会偏向国有企业和大型企业，中小民营企业融资难融资贵问题难以缓解。从融资服务供给看，信贷市场上国有控股银行占主导地位，民间资本进入信贷市场的壁垒较高，而中小银行发育不良，在市场上缺乏竞争力，无法满足中小微企业高质量发展中日益增长的资金需求。另外，地区保护主义带来的行政壁垒造成地区间金融资源流动性差，阻碍金融机构跨区域业务拓展，导致地域间信贷资金供给不平衡，企业信贷成本地区差距大。因此，在融资扶持政策中引入公平竞争审查制度，有利于规范资本市场的运行机制，保障信贷市场的公平竞争，降低中小企业的融资成本，营造良性的中小企业融资扶持环境。

公平竞争和可预期的法治环境是最大的营商环境，也是中小企业融资扶持政策精准实施的基础。一些省份高度重视公平竞争的营商环境的构建，充分发挥公平竞争审查制度的作用，先进做法值得学习推广。例如，2023 年 4 月 10 日北京市人民政府办公厅印发《北京市全面优化营商环境助力企业高质量发展实施方案》，提出要 "出台公平竞争审查制度程序性规定，建立重大政策公平竞争审查会审制度，研究制定重点领域公平竞争审查规则……"，全面落实公平竞争审查制度在营商环境建设中的作用。① 又如，2023 年 8 月 28 日浙江省政府新闻办在《浙江省促进民营经济高质量发展若干措施》新闻

---

① 北京市人民政府办公厅.北京市人民政府办公厅关于印发《北京市全面优化营商环境助力企业高质量发展实施方案》的通知［EB/OL］.（2023-04-10）［2024-01-27］.https://www.beijing.gov.cn/zhengce/zhengcefagui/202304/t20230407_2992308.html？eqid=924bf235000449f200000003642fcdfd.

发布会上，介绍了 2021 年以来浙江省在营造公平竞争的营商环境上的主要举措和成效，其中提到了对公平竞争审查制度落实情况：一是加快立法，全国首个关于公平竞争审查的地方性法规《浙江省公平竞争审查办法》已列入规章立法计划。该规章进一步细化了公平竞争审查标准和程序，创新公平竞争审查机制，进一步压实了各地各部门审查主体责任。二是试点公平竞争集中审查制度，严格公平竞争审查的刚性约束，从源头制止破坏民营企业公平竞争的政策出台。三是推进国家公平竞争指数试点，用于评价各地制定的民营企业优惠政策，确保民营企业能公平、透明地享受政府优惠政策。四是破除地方保护主义和行政性垄断，对所有民营企业一视同仁、平等相待。公平竞争审查制度在实践中的切实推进改善着营商环境。2021 年以来，浙江省实施公平审查的文件累计达 26668 件，其中经审查后要求修改或不予出台的达523 件；清理存量文件 58983 件，修订或废止 1682 件，督促纠正行政性垄断问题 201 个，有力保障了浙江省民营企业平等享受市场资源要素、公平参与市场竞争。①

五、构建新型融资服务平台精准助力中小企业纾困

新型融资服务平台能够为中小企业提供综合融资服务，借助大数据、区块链技术整合优化金融资源，实现资源共用，弥补线下普惠金融服务无法满足中小企业融资需求的不足。优质的融资服务平台能迅速对借贷双方进行匹配，帮助中小企业找到满足需求的投资方，提高融资针对性，减少因信息不对称带来的融资风险。平台上融资产品、融资服务的多样性和供需匹配的快

---

① 中国中小企业协会. 浙江"民营经济 32 条"有哪些"干货"利好？这场发布会权威解答［EB/OL］.（2023-08-29）［2024-01-28］. https://www.ca-sme.org/content/Content/index/id/43652/isadmin/1.

速性能提高融资服务效率和企业融资成功率，从而降低普惠金融服务成本。因此，构建高效的融资服务平台是改善中小企业融资服务环境的必要举措。

（一）新型融资服务平台的中小企业融资服务功能概述

融资服务平台的参与者包括政府、中小企业、投资方、中介机构，参与者间的关系如图 7.1 所示。在图 7.1 中，政府是融资服务平台的发起者、信息资源提供者和使用者，也是融资服务平台的监管者，保障监督平台规范运行。中小企业是融资服务平台的主要使用者，融资服务对象，也是企业经营信息的提供者。投资方是融资服务平台中融资服务的供给者，是中小企业融资的资金来源方。银行、风险投资机构、企业债券购买者、保险机构、融资担保机构、私募基金、众筹、政府投资基金、民间资本、资本市场投资者等都是融资服务平台上活跃的投资方。中介机构指会计师、税务师、律师事务所等为中小企业融资提供财务、税务、法律咨询和服务的机构，信贷评审机构、知识产权保护机构、人力资源服务机构等，是沟通融资者和投资者的桥梁，也是平台规范运营的维护者。

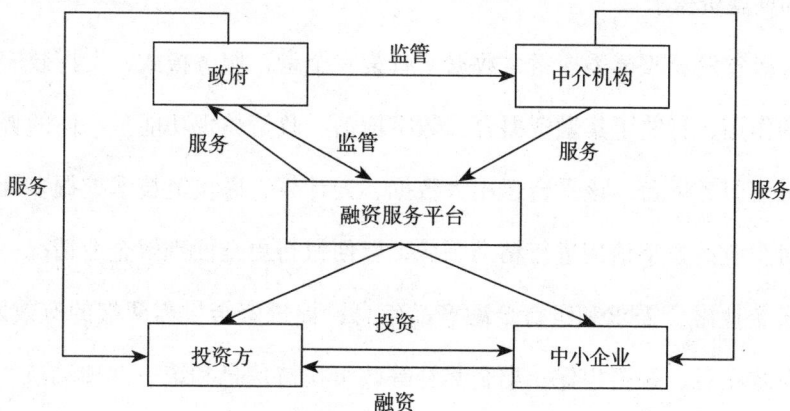

图 7.1　融资服务平台参与者及相互关系

（二）新型融资服务平台典型实践

在大数据时代，新兴技术的应用、数据价值的挖掘为政府打造高效、规范的融资服务平台提供了技术支持。在此背景下，各级地方政府积极创新融资服务平台模式，为中小企业、投资者、利益相关者提供可靠、便捷的融资服务。

1. 地方政府发起组建区域性融资服务平台

这类平台由地方政府发起，由具有国资背景的公司负责处理日常业务。四川省成都市高新区的盈创动力科技金融服务平台就是这一类型。由成都市高新区管委会下属的国有独资公司——成都高新科技投资发展有限公司投资打造，主要任务是整合公开数据、政务数据、第三方数据，建立中小企业诚信档案，组织中小企业投融资培训，承办四川中小（微）企业融资峰会、"盈创天使"股权专案对接会、成长专案股权融资对接会、中国创新创业大赛等活动，促进中小企业创新创业专项与金融资本有效对接，深化科技金融服务内涵，不断完善债权融资、股权融资和增值服务体系建设，服务中小企业全生命周期融资需求。

云南省发展改革委探索"数据＋政策＋金融"服务模式，发挥政府公共数据的作用，打造了集融资撮合、数字增信、政策兑现功能于一体的普惠性金融融信服务平台。该平台运用大数据、云计算、区块链技术挖掘多维可靠数据对企业的数字信用进行精准画像，以便银行更全面理解企业情况；在平台发布企业融资需求和银行金融产品信息，促进资金供需两端的有效匹配；嵌入财政贴息、融资担保、惠企奖补等政策扶持信息和统一办理端口，企业可直接线上申请和办理创业担保贷款、优质中小企业银行贷款贴息等业务，破解中小企业信贷中贷不到、贷得慢、贷得贵问题。融信服务平台自2023年

3 月 20 日上线到 2023 年 9 月底，有 23 家国内大中型银行入驻，发布金融产品 343 项，注册企业 58045 家，银行向企业授信金额超过 280 亿元，破解民营企业融资难、融资贵效果较显著。[①]

2. 行业协会或业内资深人士牵头设立行业性投融资服务平台

比如，中电金信产业金融科技服务平台，是一个借助金融科技的力量以及产业生态合作伙伴的支持，探索"金融＋产业＋生态"的融资模式，赋能产业发展，为三农、文旅、教育产业及产业园、示范区提供产业金融的咨询、策划、行销、设计和运营等服务的金融大数据产业服务平台，设计产业应用场景、产业模型，获取产业数据，帮助金融机构制定符合产业特性的金融产品，精准营销，精准风险防控，服务实体经济，助力产业升级和乡村振兴。又如，目前国内唯一的环保产业融资服务交易平台——环投汇，也是一个依托环保产业生态链，将"线上＋线下""标准化＋个性化"的服务相结合的新型融资服务平台。线上为企业提供上下游金融产品交易及金融服务，线下为企业量身定制财务管理、咨询等方案，实现投融资精准对接。

3. 集企业征信为一体的融资服务平台

这类平台以征信业务为基础，利用掌握的企业信用信息，为融资服务供需双方精准对接提供第三方专业意见。以"全国企业信用公示查询服务平台"为代表的一批企业征信机构积极参加中小企业融资服务。比如，成立于 2005 年的中诚信征信有限公司，作为中国领先的信用咨询服务机构，拥有独立的民间征信资料库和先进的电子商务平台，主要为企业、政府、金融机构等提供信用管理咨询和信用管理软件系统开发服务，构建多元化、可视化、全面

---

① 段晓瑞.我省深入推进中小企业融资综合信用服务平台建设——创新机制增效能 精准服务破难题〔N〕.云南日报，2023-09-27（1）.

化的信用服务体系，在中国信用评估产业中具有领先优势。近年依托成熟的信用体系建设、数字金融和营商环境指标体系建设经验，为地方开发企业信用服务平台，其开发的"鄂尔多斯市中小微企业信用平台"在 2021 年上线运行。

在金融高质量服务企业发展的背景下，我国出现了一批可推广可复制的新型融资服务平台，但是其也存在短板和不足。例如，现有的融资服务平台服务对象、服务内容有限，局限于某一地域，全国性的、全链条服务尚未形成，可能带来数据垄断、重复建设、信息泄露等问题。又如，融资服务平台的服务对市场主体的投融资决策影响很小，融资服务平台的作用没有得到充分发挥。

（三）新型融资服务平台完善建议

一是由点到面逐步整合平台，扩大融资服务范围。鼓励各地整合既有的平台基础，共享机制优势和服务经验、核心技术和骨干人才，围绕地区产业发展方向，扩展融资服务业务，构建综合性融资服务平台，为中小企业提供全生命周期的融资服务。探索"科技—产业—金融"有效融合路径，为初创期、成长期、资本市场期的科创企业提供多元化金融服务。

二是拓展融资服务平台金融服务链条。扩大贷款定制化产品的惠及面，将平台的服务对象向债权融资服务、股权融资服务拓展，将民营企业债券融资支持工具、债券市场信用保护工具、天使投资、创业投资、私募股权投资等间接融资方式纳入平台服务，发挥平台在中小企业高质量发展中的作用。

三是加强融资平台的金融科技赋能。运用人工智能、物联网、云计算、区块链等新兴技术手段，精准定位平台客户群体，创新融资模式，为中小企业提供精细化融资服务。加强融资服务平台与互联网银行等新型金融机构合作，发挥大数据技术评级优势，完善评估模型，提高中小企业信用评估精度和服务效率。

四是健全大数据时代数据交易和保护机制。融资服务平台实际也是数据交易平台。为规范数据交易，需要确立数据确权、保护、估值、定价等制度，运用市场机制促进数据流动、共享和开发利用；对数据进行分类管理，保护数据安全。

第八章 结 论

全书从界定中小企业融资扶持政策供给适度性和政策实施精准性的内涵入手，探讨两者间的逻辑联系，以助力中小企业高质量发展为目标评价我国当前融资扶持政策供给的精准性，从近年中小企业信贷融资、债券融资、股权融资扶持中选取典型举措探究中小企业融资扶持政策的实施效应及适度干预的实现路径，提出营造精准高效的中小企业融资扶持制度环境的对策建议。除第一章绪论和第八章结论外，全书主体部分由第二章到第七章组成。

第一节 主要研究结论

第二章主要是基于政府与市场关系理论、供需匹配定理和竞争中性原则界定中小企业融资扶持政策精准供给内涵，认为融资扶持政策应聚焦中小微企业融资能力的提升、回应融资市场上民营企业的政策诉求、营造公平竞争的融资环境。融资扶持是政府对金融市场的一种干预，中小企业融资扶持政策供给适度性影响着政策供给的精准性。为此，在政策供给中要注意权衡扶持与救助、公平与效率、"放"与"管"的关系；政府作为政策制定主体要恪守政府与市场作用的边界，科学施策；兼顾融资服务市场各方主体利益，发挥市场主观能动性；顺应市场规律，构建市场化的可持续性的民营企业金融服务模式；善用市场化政策工具，政府引导与市场化推进相结合，精准满足中小企业融资需求。

第三章以助力中小企业高质量发展为目标，构建以政策内容、政策工具、政策执行、政策配套为一级指标并涵盖 27 个二级指标的中小企业融资扶持政策精准性评价指标体系，考察我国中小企业对近年融资扶持政策的满意度及受益度，评价我国融资扶持政策对中小企业高质量发展的作用。

根据以专家评分为基础的模糊层次分析结果，当前我国支持技术创新的融资扶持政策对中小企业高质量发展影响最大；增信企业信贷融资的融资担保政策和财政补贴政策是直接惠及企业的有效政策；政策的针对性、透明性、可理解性与政策效应精准性正相关；中小企业信用评价机制、政策宣传机制是影响中小企业融资扶持效果的重要配套措施。以企业调研数据为基础的熵值法的分析结果显示：企业认为针对股权融资、债券融资的扶持政策，信贷保险、政府采购、金融机构信贷投放考核评价、公平竞争审查机制等举措是改善企业融资困境的有效政策工具。基于主客观赋权组合权重的评价结果显示：企业对近年政策实施精准性评价为"不太满意"，且评价结果具有企业规模、产业特点、技术特征异质性。进一步梳理 2018 年以来融资扶持政策举措及实施情况，发现当前中小企业融资扶持政策供给中存在供需错配、融资扶持政策"财政化"、政策着力不均衡等精准性悖论。为解决当前中小企业融资扶持政策实施中存在的问题，提出"在高质量发展背景下中小企业融资扶持政策供给应向'专精特新'等高成长性企业倾斜，政策工具组合应与企业发展阶段相适应，应重视政策的针对性与灵活性，着力打造公平高效的融资政策制度环境"等建议。

第四章以 2014—2020 年间多轮实施的定向降准政策为案例，分析信贷扶持政策干预"度"对中小企业信贷可得性及发展质量的影响，探究信贷政策实施效应与政策供给度的关系。按照研究目的建立基准回归、中介效应、调节效应模型，基于413家企业的调研资料，进行实证分析。实证分析结果显示：定向降准政策能够帮助小微企业提高银行贷款可得性，进而对企业创新投入产生正向促进作用。但是政策效应具有时滞性；随时间的推进，政策力度不断加大，政策对企业创新投入的间接影响却在减弱。随着定向降准政策实施频度和力度的增大，外部环境对小微企业的信贷扶持效应的影响逐渐显著；多轮定向降准政策实施效应与地区金融市场发达程度成反比、与地区社会信用建设水平呈正相关。为把握政策干预的"度"，提高货币政策服务实体经济的精准性，在金融高质量服务实体经济的时代语境下，需要多关注政策实施后微观主体行为选择的变化，多考虑外部环境对政策实施效应的影响，重视政策实施中的监督与规范，加强政策间的搭配协作。

第五章探究中小企业债券融资扶持政策供给的精准性与适度性的关系。中小企业债券融资中的市场失灵及其对中小企业发展的积极作用，为各国政府干预中小企业债券融资市场提供了充分理由。在我国企业债券市场管理实践中，政府扮演着重要角色，政府干预呈现出注重风险管控、注重对实体经济的扶持、注重激发市场能动性、注重营造公平的制度环境等特点。近10年来，推进债券发行制度改革支持优质民营企业发债和创设信用风险保护工具增信有发展潜力企业发债成为政府扶持中小企业债券融资的主要方式。从债券发行制度改革的效果看，债券发行市场化改革为优质企业进入债券市场提供更多融资机会，提高企业直接融资能力，改善企业资本结构；中小企业集合债、小微企业增信集合债的发行在一定程度上缓解中小微企业融资约束；2020年债券注册制改革后，改善了低级别企业债券融资情况，降低了中小企业进入债券市场发行债券的门槛，但是市场投资者对制造业企业债券仍持谨慎态度。从民营企业信用风险缓释工具的实施效果看，其对中小企业债券融资扶持作用体现在信用风险保护和传递积极的信号两个方面，债券增信的市场化改革在一定程度上助力民营企业债券融资。但是，从总体看，中小企业这一低信用级别主体想要通过发行债券顺利融资依然有难度，主要体现在以下方面：参与主体有限，商业银行和证券公司是我国信用风险缓释工具市场的主要参与者，服务对象侧重东部沿海地区的制造业民营企业；信用风险分担的市场化程度待加强；不良债券处置的市场化机制和信用评级与风险定价等基础工作不完善；发债成本依然较高，债券利差较大；担保资源较难获得，发行成功率不高；债券违约风险防范任务较重。因此，提高中小企业债券融资扶持政策效应需要精准界定政府、市场职能，推动二者协同作用，才能促进中小企业债券融资市场的健康发展。在企业债券管理市场化改革背景下政府监管职能重点应该放在债券审核注册工作规范化建设、企业债券市场全链条监管协同和信息共享的推进、企业信息有效披露的引导、中介机构的监管、企业债券违约风险预警和处置机制的完善及中小企业信用债的增信等方面。

第六章主要探讨中小企业股权融资扶持政策供给的精准性与适度性的关系。股权融资是外源性融资的主要方式，分为场外股权融资和场内股权融资。私募股权融资、创投基金是场外股权融资主要形式；场内股权融资则指在国内 A 股市场上公开发行股票。股权融资在中小企业发展中扮演着重要角色，但是在中小企业股权融资市场上存在股权资本来源缺乏、股权资金期限短、投资者不专业、资本退出渠道不通畅等市场自身无法解决的实践障碍，需要政府介入干预。我国政府对股票发行市场的干预经历了从审批制到核准制再到注册制的改革历程，对新股定价机制的干预经历了从定价管制到固定市盈率定价到询价制再到注册制下市场化定价机制的转变。从改革效果看，2019年率先试点的科创板注册制改革给企业带来了创新资金，使企业能够加大研发投入，有能力进行高水平科技创新，从而带动经营业绩增长和产业转型升级；股权激励计划助力股权融资公司壮大研发人才队伍；提升企业发展质量为产业集聚和产业链现代化创造了条件，逐渐形成科技创业与科技投资良性循环生态。

行政监管和自律监管在资本市场上都有其存在的必要性，股权融资扶持政策的精准供给要求妥善处理两者之间的关系，基于市场化原则，进一步厘清行政监管和自律监管的权责归属，在自律监管的灵活性和行政监管的强制性间寻找平衡点。针对当前我国中小企业场外股权融资市场的问题，如私募基金和风险投资基金投小、投早、投新、投科技的比例较低，并购重组退出难，私募股权机构、风险投资机构大多数集中在经济发达的一线城市，呈现地域分布不均衡等问题，以及场内股权融资中中小企业上市数量有限，缺乏与中小企业成长特点相对应的投资者适当制度等问题，需要围绕私募股权、风险投资、信息披露等进一步完善法律法规，形成规范的中小企业股权融资市场运行机制；发挥政府投资基金、投资贴息政策和投资风险分担政策的引导作用，完善股权投资退出机制，提高场外股权融资市场服务中小企业的意愿；推出与我国国情相符的投资者适当性制度，挖掘北交所服务中小企业股权融资的潜力，跟踪全面注册制实施后新出现的问题，推动场内股权融资市场扩大中小企业服务面。场内和场外股权融资扶持政策形成合力，互相呼应，共同推动中小企业股权融资扶持政策实施效应的有效性和精准性。

第七章基于营商制度环境与融资扶持政策精准供给之间相辅相成的关系，从四个方面探讨如何营造良性的中小企业融资扶持制度环境。第一，为营造融资扶持政策有效实施的需求端环境，需要明确政府在中小企业信用管理机制中职能定位，加强信用管理法规体系、信用信息数据共享、信用评价体系建设，继续发挥信用评价在"银税互动""投贷联动"等中小企业融资模式创新中的作用。第二，为营造融资扶持政策有效实施的投资端环境，一方面要优化金融机构绩效评价办法，特别是其中的信贷投放评价标准，严格执行《商业银行小微企业金融服务监管评价办法（试行）》《商业银行绩效评价办法》，完善商业银行绩效评价方法，建立奖惩分明的评价机制，营造激励与约束并重的政策环境，引导金融机构权衡经济效益和社会责任，督促商业银行信贷投放向中小企业倾斜。另一方面，要健全投资者权益保护制度。完善资本市场准入阶段、信息披露环节、退市程序、救市程序中投资者权益保护内容，提高公司信息披露质量，建立常态化退市机制，优化投资者教育机制，有效践行证券先行赔付制度、救济诉讼和调解制度。第三，为营造融资扶持政策有效实施的执行环境，需要进一步落实公平竞争审查制度，建立公平竞争审查的地方性法规，推进公平竞争集中审查制度和公平竞争指数试点，破除地方保护主义和行政性垄断，维护中小微企业在金融资源配置中的权利。第四，为营造融资扶持政策有效实施的技术环境，需要构建数字化的综合性融资服务平台，扩展融资服务业务；加大金融科技对平台赋能力度，完善数据交易和保护机制，精准助力中小企业纾困。

第二节　不足与后续改进方向

本书对中小企业融资扶持政策供给精准性与适度性关系的探究还处于开始阶段，有许多问题还未深入探讨，不足之处将在后续研究中进一步完善。

第一，研究内容中的不足与改进。本书对中小企业融资扶持政策的精准性和适度性进行理论界定，阐述两者之间的逻辑关系，并以促进企业高质量发展为目标构建指标体系，从政策内容、政策工具、政策执行、政策配套四个方面评价中小企业融资扶持政策供给精准性。但近年支持中小企业融资的政策工具创新不断，而本书陆续进行了 4 年，未能将部分新的政策工具纳入指标体系，由此可能影响评价结果的全面性。后续研究中需要继续完善评价指标体系，将新的政策工具补充进去。

书中从信贷融资、债券融资、股权融资三个方面选取典型政策举措考察我国中小企业融资扶持政策实施效应，从适度干预视角提出精准施策的对策建议。例如，在信贷融资扶持中，选取了 2014—2020 年实施的多轮定向降准政策作为典型案例；在债券融资扶持中，选取债券发行制度和民营企业信用风险缓释工具作为典型案例；在股权融资扶持中，选取科创板注册制作为典型案例。然而 1~2 个案例不足以完整呈现我国中小企业信贷、债券、股权融资扶持现状。随着实践的推进及对政府和市场关系的认识的深化，需要进一步挖掘具有典型意义的实践做法加入研究内容。

第二，研究方法的不足与改进。实证分析是本书主要研究方法之一，但受制于数据资料，无法尝试更多的实证分析方法，无法将不同方法得出的结论进行比较，以验证结论的稳定性。同时由于相关研究很少，本书得出的结论无法与已有文献进行充分比较，使得无法判断所用的研究方法、所选择的变量指标是否是最合适的。在后续研究中随着数据资料的丰富将尝试用不同的实证分析方法从多角度进行分析，与已取得的结论相互补充，更加全面分析我国中小企业融资扶持政策供给的适度性与精准性。

第三，数据资料中的不足与改进。本书中部分数据通过对中小微企业调研及发放调查问卷获取。在研究期间遇到疫情，研究者主要在所在地附近的福建、浙江两省的福州市、泉州市、温州市、宁波市等地进行实地调研，其他地区通过发放问卷获得数据资料，但问卷的回收率和有效率不太高。如果能够对相关企业进行连续几年的跟踪调查，会大大减少一次性随机问卷调查带来的数据缺陷；如果能在更多地区进行调研，也会大大提高研究结论的普适性。这些将在后续研究中进行尽力改进。

参考文献

中文参考文献

[1] 安然，杨雷鸣.应用"区块链＋银税互动"促进小微企业融资的研究 [J].税务研究，2021（5）：122-128.

[2] 巴曙松，刘孝红，牛播坤.转型时期中国金融体系中的地方治理与银行 改革的互动研究 [J].金融研究，2005（5）：25-37.

[3] 边江泽，余湄，汪寿阳，等.注册制改革下的市场反应——基于科创板 与创业板的分析 [J].系统工程理论与实践，2024（2）：503-534.

[4] 卜振兴.从融资角度解析中小民营企业发展困境 [J].当代经济管理， 2019（4）：72-78.

[5] 卜振兴.我国信用风险缓释工具的发展困境及对策——基于投资者的视 角 [J].经济视角，2020（2）：15-21.

[6] 曹凤岐.从审核制到注册制:新《证券法》的核心与进步 [J].金融论坛，2020（4）：3-6.

[7] 曹凤岐.推进我国股票发行注册制改革 [J].南开学报（哲学社会科学版），2014（2）：118-126.

［8］陈彪，罗鹏飞，杨金强.银税互动、融资约束与小微企业投融资［J］.经济研究，2021（12）：77-93.

［9］陈畴镛，童阳.中小微企业金融扶持政策的感知效应研究——以浙江省为例［J］.治理研究，2019（4）：99-106.

［10］陈洁.科创板注册制的实施机制与风险防范［J］.法学，2019（1）：148-161.

［11］陈书涵，黄志刚，林朝颖，等.定向降准政策对商业银行信贷行为的影响研究［J］.中国经济问题，2019（1）：14-26.

［12］陈振明.政策科学教程［M］.北京：科学出版社，2015.

［13］翟舒毅.信用风险缓释工具助力民营企业发债融资分析［J］.新金融，2019（1）：47-51.

［14］东北证券——复旦大学课题组，董晨，张宗新.注册制新股发行市场化改革成效及其优化研究［J］.证券市场导报，2022（2）：2-13.

［15］杜兴强，赖少娟，杜颖洁."发审委"联系、潜规则与IPO市场的资源配置效率［J］.金融研究，2013（3）：143-156.

［16］杜兴强，赖少娟，翁健英，等.股票发行注册制改革与市场监管效率［J］.财会月刊，2023（23）：10-15.

［17］杜跃平，马晶晶.科技创新创业金融政策满意度研究［J］.科技进步与对策，2016（9）：96-102.

［18］范柏乃，朱文斌.中小企业信用评价指标的理论遴选与实证分析［J］.科研管理，2003（6）：83-88.

［19］范红梅.基于企业生命周期的中小企业财务战略管理研究［J］.市场周刊，2024，37（7）：106-109.

［20］费扬文.经济增长、经济政策不确定性与民营企业融资困境［J］.南大商学评论，2022（3）：55-71.

［21］冯冠，周孝华，仁勇.注册制改革对IPO抑价的影响——来自创业板的证据［J］.改革，2022（9）：66-82.

［22］冯明，伍戈.定向降准政策的结构性效果研究——基于两部门异质性商业银行模型的理论分析［J］.财贸经济，2018（12）：62-79.

［23］傅捷，华生，汲铮.关键历史节点与资本市场股票发行制度演进［J］.东南学术，2022（5）：206-214.

［24］高敬忠，王媛媛.中国IPO制度的变迁及改革启示［J］.财会月刊，2018（23）：161-166.

［25］郭辉铭，吴冠华.CRMW如何支持民营企业债券融资？［J］.金融市场研究，2019（2）：42-49.

［26］郭晔，徐菲，舒中桥.银行竞争背景下定向降准政策的"普惠"效应——基于A股和新三板三农、小微企业数据的分析［J］.金融研究，2019（1）：1-18.

［27］韩鹏飞，胡奕明.政府隐性担保一定能降低债券的融资成本吗？——关于国有企业和地方融资平台债券的实证研究［J］.金融研究，2015（3）：116-130.

［28］何朝林，梁悦.创业投资引导基金运行中的政府行为——基于科技型中小企业技术创新［J］.科学管理研究，2017（4）：99-102.

［29］何德旭，周宇.中国证券投资者保护机制的创新方向与实现路径［J］.金融评论，2015（1）：1-9.

［30］胡斌.中国小微企业融资难问题研究——基于金融结构视角［M］.经济

科学出版社，2018.

[31] 胡聪慧，齐云飞.资本市场与企业投融资决策——来自新股定价制度调整的证据[J].经济研究，2021（8）：91-108.

[32] 胡栋涵.论科创板注册制的内核及监管权力配置[J].上海商业，2021（6）：188-190.

[33] 黄顺武，余霞光.IPO信息披露与监管的演化博弈分析[J].中国管理科学，2022（6）：127-134.

[34] 黄悦昕，罗党论，张思宇.全面注册制下的IPO发行：更易或者更难——来自资本市场的经验证据[J].财会月刊，2023（10）：132-139.

[35] 江振龙.破解中小企业融资难题的货币政策选择与宏观经济稳定[J].国际金融研究，2021（4）：23-32.

[36] 蒋大兴.隐退中的"权力型"证监会——注册制改革与证券监管权之重整[J].法学评论，2014（2）：39-53.

[37] 孔丹凤，陈志成.结构性货币政策缓解民营、小微企业融资约束分析——以定向中期借贷便利为例[J].中央财经大学学报，2021（2）：89-101.

[38] 寇明婷，魏建武，肖明，等.双管齐下是否更优？企业研发税收优惠政策组合一致性研究[J].管理评论，2022（1）：92-105.

[39] 匡海波，杜浩，丰昊月.供应链金融下中小企业信用风险指标体系构建[J].科研管理，2020（4）：209-219.

[40] 匡贤明.正确处理六大关系，帮助民营企业走出融资困境[J].金融经济，2019（1）：15-17.

［41］赖黎，蓝春丹，秦明春.市场化改革提升了定价效率吗——来自注册制的证据［J］.管理世界，2022（4）：172–184.

［42］郎佩娟.政府干预经济的原则与界限［J］.中国政法大学学报，2018（4）：15–24.

［43］黎齐.中国央行定向降准政策的有效性——基于双重差分模型的实证研究［J］.财经论丛，2017（4）：37–46.

［44］李玲娟，欧晓斌.科技成果转化中风险资本的退出机制研究［J］.科学管理研究，2016（2）：86–89.

［45］李明明，秦凤鸣.担保机制、信用评级与中小企业私募债融资成本［J］.证券市场导报，2015（9）：56–62.

［46］李晓华，刘翠平.面向市场的中小企业融资政策对传统政府扶持政策的反思［J］.西南金融，2003（11）：47–49

［47］李晓琳.市场经济体制背景的竞争政策基础体系解构［J］.改革，2017（3）：99–109.

［48］李欣，郑青.债券市场新声音：信用风险缓释工具再出发［J］.金融市场研究，2017（4）：95–104.

［49］李新功.政府R＆D资助、金融信贷与企业不同成长阶段实证研究［J］.管理评论，2018（10）：73–81.

［50］李跃松.信用风险缓释工具与债券发行利率［J］.金融市场研究，2019（6）：10–16.

［51］李长春.银税互动的理论争议、实践难题及未来发展［J］.2023（11）：132–136.

［52］梁鹏.注册制改革有助于提升IPO定价效率吗——基于科创板的经验证

据［J］.现代经济探讨，2021（10）：68-76.

［53］林朝颖，黄志刚.定向降准的微观效应——风险加速亦或质量回归？
［J］.经济管理，2020（5）：18-36.

［54］林妍.注册制改革下的科创板市场主体责任审视与监管［J］.人民论坛，
2019（25）：60-61.

［55］蔺鹏、孟娜娜、李颖.科技金融政策与科技型中小企业创新绩效的耦合
协调研究——以河北省为例［J］.科技管理研究，2018（3）：54-62.

［56］刘斌，赖洁基.破行政垄断之弊能否去产能过剩之势？——基于出
台《公平竞争审查制度》的准自然实验［J］.财经研究，2021（9）：
34-47.

［57］刘冰冰，刘戒骄.竞争政策对企业技术创新的影响——基于公平竞争审
查制度的准自然实验［J］.经济管理，2023（6）：62-78.

［58］刘琦，董斌.定向降准政策的调控效果——基于PSM-DID方法的实证
分析［J］.金融论坛，2020（9）：10-18.

［59］刘瑞琳，李丹.注册制改革会产生溢出效应吗？——基于企业投资行为
的视角［J］.金融研究，2022（10）：170-188.

［60］卢盛峰，陈思霞.政府偏袒缓解了企业融资约束吗？——来自中国的准
自然实验［J］.管理世界，2017（5）：51-65.

［61］卢钇辰.债券担保、信用评级与道德风险关系的探究——基于公司信用
债券市场的实证研究［J］.中国物价，2013（8）：45-47.

［62］陆岷峰，陈捷.民营企业融资困境：供给结构、导向错位与校正重点
［J］.福建论坛（人文社会科学版），2020（7）：68-77.

［63］陆岷峰，徐博欢."一带一路"背景下国家间金融冲突及融合机制研

究——基于金融文化的功能及运用模式思考［J］.金融理论与教学，2020（1）：1-7.

［64］陆岷峰，徐阳洋.数字小微金融：产生场景与发展策略［J］.西南金融，2020（1）：62-70.

［65］罗进辉，董怀丽，李璐.注册制改革是否强化了保荐人专业能力的作用？——基于首次公开发行股票审核进程视角的考察［J］.管理世界，2023（7）：140-166.

［66］吕怀立，王文明，鄢姿俏，等.金融政策竞争中性与民营企业融资纾困——来自突发公共卫生事件的准自然实验［J］.金融研究，2021（7）：95-114.

［67］马理，娄田田，牛慕鸿.定向降准与商业银行行为选择［J］.金融研究，2015（9）：82-95.

［68］苗艳芳.信用风险缓释工具在民营企业融资中的应用——以人福医药为例［J］.财会通讯，2022（2）：131-134.

［69］莫国莉，刘振伟，张卫国，等.注册制改革缓解中小企业融资约束了吗？——来自改革试点准自然实验的证据［J］.南方金融，2023（5）：55-69.

［70］欧阳晓，李坚飞.我国中小企业发展支持力度评价及政策建议［J］.中国软科学，2009（10）：142-147.

［71］欧阳志刚，薛龙.新常态下多种货币政策工具对特征企业的定向调节效应［J］.管理世界，2017（2）：53-66.

［72］钱水土，吴卫华.定向降准能否有效缓解小微企业融资难？——来自银行微观数据准自然实验设计的证据［J］.浙江社会科学，2020（11）：

14–22.

［73］钱水土，吴卫华．信用环境、定向降准与小微企业信贷融资——基于合成控制法的经验研究［J］．财贸经济，2020（2）：99–114.

［74］钱雪松，方胜．担保物权制度改革影响了民营企业负债融资吗？——来自中国《物权法》自然实验的经验证据［J］．经济研究，2017（5）：146–160.

［75］邱燕阳．信用风险缓释凭证降低企业融资成本探讨［J］．财会学习，2019（30）：126–127.

［76］冉瑞恩．中国小微企业融资问题研究：基于银行业市场结构视角［M］．经济管理出版社，2017.

［77］盛天翔，范从来．金融科技、最优银行业市场结构与小微企业信贷供给［J］．金融研究，2020（6）：114–132.

［78］宋健峰，袁汝华．政策评估指标体系的构建［J］．统计与决策，2006（22）：63–64.

［79］宋顺林．IPO市场化改革：共识与分歧［J］．管理评论，2021（6）：270–279.

［80］苏洁，王勇．定向融资支持政策与民营企业纾困效果研究［J］．价格理论与实践，2022（8）：84–87.

［81］孙乃立．信用风险缓释凭证对改善民企债务融资作用明显［J］．中国农业会计，2020（11）：73–77.

［82］孙忠娟，范合君，李纪珍．何种创新政策更有效？——基于企业规模的异质性分析［J］．经济管理，2022（2）：73–87.

［83］谭劲松，冯飞鹏，徐伟航．产业政策与企业研发投资［J］．会计研究，

2017（10）：58-64.

［84］谭劲松，简宇寅，陈颖.政府干预与不良贷款——以某国有商业银行1988~2005年的数据为例［J］.管理世界，2012（7）：29-43.

［85］汤子隆，赵丹妮，祝佳.结构性货币政策对民营企业债券融资成本的影响——基于两区制门限VECM模型的研究［J］.重庆社会科学，2022（2）：40-55.

［86］汪世虎，陈素华.金融科技视野下中小证券投资者权益保护法律机制研究［J］.西南政法大学学报，2020（3）：117-128.

［87］王爱俭，舒鑫，于博.产业政策扶持与企业金融资产配置——基于"五年规划"变更的自然实验［J］.商业经济与管理，2020（10）：52-72.

［88］王春城.政策精准性与精准性政策——"精准时代"的一个重要公共政策走向［J］.中国行政管理，2018（1）：51-57.

［89］王桂军，张辉.促进企业创新的产业政策选择：政策工具组合视角［J］.经济学动态，2020（10）：12-27.

［90］王克敏，刘静，李晓溪.产业政策、政府支持与公司投资效率研究［J］.管理世界，2017（3）：113-124.

［91］王娴.注册制核心监管原则再辨析［J］.清华金融评论，2020（11）：71-74.

［92］魏下海，董志强，张永憬.营商制度环境为何如此重要？——来自民营企业家"内治外攘"的经验证据［J］.经济科学，2015（2）：105-116.

［93］文中发.刍论政府风险投资化解中小企业融资困难［J］.社会科学家，2011（2）：121-123.

［94］吴超鹏，吴世农，程静雅，等.风险投资对上市公司投融资行为影响的

实证研究［J］.经济研究，2012（1）：105-119.

［95］吴春波，陈耸，邓弋威，等.信用风险缓释工具助力民企融资分析［J］.
新金融，2020（12）：48-53.

［96］吴阳芬，曾繁华.我国新三板中小企业融资效率测度研究［J］.湖北社
会科学，2019（1）：69-77.

［97］武晋，李元.政府干预、财政分权与信贷资源配置［J］.改革，2021（7）：
107-119.

［98］席代金，杨斌.我国商业银行投贷联动模式之现状、问题及建议［J］.
西南金融，2017（12）：53-58.

［99］肖念涛，谢赤.中小企业财政支持政策评价指标体系的理论框架分析
［J］.湖南大学学报（社会科学版），2013（5）：51-56.

［100］胥爱欢，杨苌苌.我国民营企业债券融资支持工具：特点、问题及建
议——以信用风险缓释凭证为例［J］.清华金融评论，2019（11）：
82-86.

［101］徐光，赵茜，王宇光.定向支持政策能缓解民营企业的融资约束
吗？——基于民营企业债务融资支持工具政策的研究［J］.金融研究，
2019（12）：187-206.

［102］徐明.以投资者需求为导向践行注册制改革［J］.中国金融，2023（10）：
32-35.

［103］薛爽，王禹.科创板IPO审核问询回复函与首发抑价［J］.管理世界，
2022（4）：185-203.

［104］杨龙见，吴斌珍，李世刚，等."以税增信"是否有助于小微企业贷
款？——来自"银税互动"政策的证据［J］.经济研究，2021（7）：

96-112.

［105］杨蓉，刘婷婷，高凯.产业政策扶持、企业融资与制造业企业创新投资［J］.山西财经大学学报，2018（11）：41-51.

［106］杨瑞成，邢伟泽.CRMW风险缓释效用目标跟踪的债券投资组合优化策略研究［J］.中国管理科学，2020（7）：150-163.

［107］余明桂，钟慧洁，范蕊.民营化、融资约束与企业创新——来自中国工业企业的证据［J］.金融研究，2019（4）：75-91.

［108］袁森英.证券中小投资者权益保护制度的构建路径［J］.暨南学报（哲学社会科学版），2018（11）：57-66.

［109］岳宇君，胡汉辉.科技型中小企业支持政策变迁的博弈模型与利益协调分析［J］.经济与管理研究，2018（2）：96-107.

［110］詹雷，韩金石.注册制下风险因素信息披露改善了吗？——基于首批25家科创板上市企业的分析［J］.中国注册会计师，2021（7）：39-45.

［111］张家才，余典范，贾咏琪.公平竞争审查制度、要素供给与企业数字化水平［J］.财经问题研究，2024（1）：1-12.

［112］张劲帆，李丹丹，杜涣程.IPO限价发行与新股二级市场价格泡沫——论股票市场"弹簧效应"［J］.金融研究，2020（1）：190-206.

［113］张景智.新型货币政策工具总量与结构效应比较研究——基于定向降准的实证［J］.上海金融学院学报，2016（4）：5-16.

［114］张磊，许坤，张琳，等.政策扶持、金融科技与小微企业信贷融资［J］.统计研究，2023（12）：50-61.

［115］张敏，吴联生，王亚平.国有股权、公司业绩与投资行为［J］.金融研

究，2010（12）：115-130.

［116］张明喜，郭戎.中国创业风险投资的发展近况及思考［J］.中国科技论坛，2015（2）：20-26.

［117］张人中，马威.定向降准的传导机制与传导效果研究［J］.经济与管理研究，2022（1）：72-86.

［118］张炜，潘紫媗.定向降准政策真的能够促进企业贷款需求吗？［J］.华侨大学学报（哲学社会科学版），2022（4）：51-64.

［119］张秀利，祝志勇.中小企业支持政策的有效性检验及影响因素——基于23个省市388家企业的有序多分类Logistic模型分析［J］.技术经济与管理研究，2017（5）：81-86.

［120］张学勇，廖理.风险投资背景与公司IPO：市场表现与内在机理［J］.经济研究，2011（6）：118-132.

［121］张兆芹，王秋雨.信用风险缓释工具助力民营企业融资分析——以珠江投管为例［J］.财会通讯，2023（16）：145-149.

［122］张智富.结构性货币政策工具运用效果研究［J］.金融与经济，2020（1）：4-9.

［123］张宗新，滕俊樑.注册制询价改革能否提高IPO定价效率？——基于科创板试点注册制改革的研究视角［J］.上海金融，2020（8）：24-30.

［124］张宗新，吴钊颖.科创板基础性制度改革能否提升市场定价效率？［J］.证券市场导报，2021（4）：33-46.

［125］赵庆功.从税收中立视角看我国税收优惠制度改革［J］.现代经济探讨，2018（10）：37-41.

［126］郑霞.政策视角下小微企业融资机制创新研究［J］.中央财经大学学报，2015（1）：41-46.

［127］中国人民银行三亚市中心支行课题组，向志容.定向降准与企业融资约束——基于A股上市公司的经验证据［J］.南方金融，2020(1):3-11.

［128］中国人民银行郑州中心支行课题组，张戈.定向降准政策的普惠效应研究——基于"三农"、小微企业的实证分析［J］.征信，2022（2）：66-78.

［129］周冲，袁经发.风险投资对中小企业融资成本的影响机制研究［J］.山东社会科学，2023（9）：151-158.

［130］周文，白佶.民营经济发展与中国式现代化［J］.社会科学研究，2023（6）：1-11.

［131］朱诗怡，张凯.定向降准与企业所得税政策的叠加"普惠"效应——基于2012—2016年全国企业调查数据［J］.财政研究，2021（5）：102-115.

［132］朱武祥，张平，李鹏飞，等.疫情冲击下中小微企业困境与政策效率提升——基于两次全国问卷调查的分析［J］.管理世界，2020（4）：13-26.

［133］诸竹君，宋学印，张胜利，等.产业政策、创新行为与企业加成率——基于战略性新兴产业政策的研究［J］.金融研究，2021（6）：59-75.

［134］祝琨璘.《商业银行绩效评价办法》对商业银行的影响及应对分析［J］.财务与会计，2021（15）：20-22.

［135］祝文达，胡洁，董银红.注册制新股发行定价改革与IPO质量——基

于技术创新的视角［J］.管理评论，2023（2）：70-78.

［136］邹澜.民企债券融资支持工具亮成绩单［N］.上海证券报，2019-05-13（3）.

［137］邹丽华.商业银行创设信用风险缓释凭证：问题与对策［J］.青海金融，2019（12）：45-48.

英文参考文献

［1］ALLEN F. *Stock Markets and Resource Allocation*［C］//COLLIN M, XAVIER V. *Capital Market and Financial Intermediation*, Cambridge：Cambridge University Press, 1993：81-108.

［2］BAUMOL J W. Entrepreneurship：Productive, Unproductive, and Destructive［J］.*Journal of Political Economy*, 1990, 98（5）: 893-921.

［3］BAUMOL J W. *The Free-Market Innovation Machine:Analyzing the Growth Miracle of Capitalism*［M］. Princeton：Princeton University Press, 2002.

［4］BERGSTRÖM F. Capital Subsidies and the Performance of Firms［J］.*Small Business Economics*, 2000, 14（3）: 183-193.

［5］BERNARD D, BLACKBURNE T, THORNOCK J. Information Flows among Rivals and Corporate Investment［J］.*Journal of Fiuaucial Economics*, 2020, 136（3）: 760-779.

［6］BLINDER A S, EHRMANN M, FRATZSCHER M, et al. Central Bank Communication and Monetary Policy：A Survey of Theory and Evidence［J］.*Journal of Economic Literature*, 2008, 46（4）: 910-945.

［7］BLINDER A S, EHRMANN M, FRATZSCHER M. Central Bank

Communication and Monetary Policy：A Survey of Theory and Evidence [J] . *Journal of Economic Literature*, 2008, 46（4）: 910–945.

[8] BOECKX J, DOSSCHE M, PEERSMAN G. Effectiveness and Transmission of the ECB' s Balance Sheet Policies [J] . *International Journal of Central Banking*, 2017, 13（1）: 297–333.

[9] BURKART M, PANUNZI F, SHLEIFER A. Family Firms [J] . *The Journal of Finance*, 2003, 58（5）: 2167–2201.

[10] CHURM R, JOYCE M, KAPETANIOS G, et al. Unconventional Monetary Policies and the Macroeconomy： The Impact of the UK' s QE2 and Funding for Lending Scheme [J] . *The Quarterly Review of Economics and Finance*, 2018, 80（C）: 721–736.

[11] CUMMINS D, DAI N. Local Bias in Venture Capital Investments [J] . *Journal of Empirical Finance*, 2010, 17（3）: 326–380.

[12] CYREE K B, GRIFFTHS M D, WINTERS D B. Implications of a TAF Program Stigma for Lenders： the Case of Publicly Traded Banks Versus Privately Held Banks [J] . *Review of Quantitative Finance and Accounting*, 2017（2）: 545–567.

[13] DUCHIN R, OZBAS O, SENSOY B A . Costly External Finance, Corporate Investment, and the Subprime Mortgage Credit Crisis [J] . *Journal of Financial Economics*, 2010, 97（3）: 418–435.

[14]EICHENGREEN B. The ECB Tries Again[J]. *Intereconomics*, 2014, 49（4）: 239–240.

[15] ESPOSITO L, FANTINO D, SUNG Y. The Impact of TLTRO2 on the Italian

Credit Market: Some Econometric Evidence [R] . *Temi di Discussione* (*Economic working papers*) , 2020.

[16] FERRI G, MURRO P. Do Firm-bank Odd Couples Exacerbate Credit Rationing? [J] . *Journal of Financial Intermediation*, 2015, 24 (2): 231– 251.

[17] FOREMAN–PECK J. Effectiveness and Efficiency of SME Innovation Policy [J] . *Small Business Economics*, 2013, 41 (1): 55–70.

[18] FUNGÁČOVÁ Z, SOLANKO L, WEILL L. Does Competition Influence the Bank Lending Channel in the Euro Area [J] . *Journal of Banking and Finance*, 2014, 49 (12): 356–366.

[19] HADLOCK C J, PIERCE J R. New Evidence on Measuringfinancial Constraints: Moving beyond the KZ index [J] . *The Review of Financial Studies*, 2010, 23 (5): 1909–1940.

[20] HALL P M, MCGINTY P J W. Policy as the Transformation of Intentions: Producing Program from Statute [J] . *The Sociological Quarterly*, 1997, 38 (3): 439–467.

[21] HOWITT P. Capital Accumulation and Innovation in Endogenous Growth: Confronting the Facts [D] . Columbus: Ohio State University, 1992.

[22] HSN P, TIAN X, XU Y. Financial Development and Innovation:Cross– Country Evidence [J] . *Journal of Financial Economics*, 2014, 112 (1): 116–135.

[23] KISGEN D J. Credit Ratings and Capital Structure [J] . *The Journal of Finance*, 2006, 61 (3): 1035–1072.

［24］KRISTOF A L. Person-organization Fit: An Integrative Review of its Conceptualizations, Measurement, and Implications ［J］. *Personnel Psychology*, 2006, 49（1）: 1-49.

［25］LEI J, ZHANG F. The Influence of Financial Development on Financing Constraint of Listed Companies on SME Board ［J］. *International Journal of Frontiers in Sociology*, 2021, 3（16）: 26-30.

［26］LELARGE C, SRAER D, THESMAR D. *Entrepreneurship and Credit Constraints: Evidence from a French Loan Guarantee Program* ［C］// LERNER J, SCHOAR A. *International Differences in Entrepreneurship*, Chicago: University of Chicago Press, 2010: 243-273.

［27］LERNER J. Venture Capitalists and the Decision to Go Public ［J］. *Journal of Financial Economics*, 1994, 35（3）: 293-316.

［28］LEVINE R. Bank-Based or Market-Based Financial Systems: Which Is Better? ［J］. *Journal of Financial Intermediation*, 2002, 11（4）: 398-428.

［29］LI J, LI R. IPO Policy and IPO Underpricing: Evidence from the Registration——Based IPO Reform in China ［J］. *Finance Research Letters*, 2022, 47（6）, 102623.

［30］MEGGINSON W L, WEISS K A. Venture Capitalist Certification in Initial Public Offerings ［J］. *The Journal of Finance*, 1991, 46（3）: 879-903.

［31］MUCHINSKY P M, MONAHAN C J. What is Person-environment Congruence? Supplementary Versus Complementary Models of Fit ［J］. *Journal of Vocational Behavior*, 1987, 31（3）: 268-277.

［32］PEEK J, ROSENGREN E. Unnatural Selection: Perverse Incentives and the

Misallocation of Credit in Japan [J]. *American Economic View*, 2005, 95(4):
1144–1166.

[33] REILLY F K, HATFIELD K. Investor Experience with New Stock Issue [J] .
Financial Analysts Journal, 1969, 25（5）: 73–80.

[34] SEO H. Peer Effects in Corporate Disclosure Decisions [J] . *Journal of
Accounting and Economics*, 2021, 71（1）, 01364.

[35] SOBEL R S. Testing Baumol: Institutional Quality and the Productivity of
Entrepreneurship [J] . *Journal of Business Venturing*, 2008, 23（6）: 641–
655.

[36] SUN Z, LIU F, LI Z. Degree of Marketization, Government Intervention
and Corporate Debt Maturity Structure: Empirical Evidence from Chinese
Listed Companies [J] . *Economic Research Journal*, 2005, 40（5）: 52–63.

[37] SWANSON E T. Let's Twist Again: A High–Frequency Event–Study
Analysis of Operation Twist and Its Implications for QE2 [J] . *Brookings
Papers on Economic Activity*, 2011（spring）: 151–188.

[38] WANG X, SONG D. Does Local Corruption Affect IPO Underpricing ?
Evidence from China [J] . *International Review of Economics&Finance*,
2021, 73（3）: 127–138.

附　录

附录 A　中小企业融资扶持政策企业感受度调查问卷

为了解企业对近年出台的融资扶持政策的感受，设计此问卷。以下问题请您按照企业的真实情况和自己的想法回答，如果没有特别说明，每个问题只选择一个答案。本次为匿名调查，所有资料不公开，不用作其他用途，在研究中调查资料将以数据形式呈现，请您不必有顾虑。给您造成的不便，敬请谅解，衷心感谢您的支持！

《适度干预视角下中小企业融资扶持政策精准供给研究》课题组

2022 年 3 月

第一部分　企业的基本情况

1. 您的企业的所有制形式

A 国有企业　　B 民营企业　　C 混合所有制企业

2. 您的企业的组织形式

A 有限责任公司　　B 股份有限公司　　C 合伙企业　　D 其他

3. 您的企业（机构）所属行业大类

A 制造业

B 非制造业（农、林、牧、渔业，采矿业，电力、热力、燃气及水生产和供应业，建筑业，批发和零售业，交通运输、仓储和邮政业，住宿和餐饮业，信息传输、软件和信息技术服务业，房地产业，租赁和商务服务业，科学研究和技术服务业，水利、环境和公共设施管理业，居民服务、修理和其他服务业，文化、体育和娱乐业等）

4. 企业是否拥有高新技术企业（科技型中小企业、科技小巨人、专精特新、专精特新小巨人、创新型企业、知识产权优秀企业等）相关认证？

A 是　　　B 否

5. 2021 年年底企业员工数_____人

6. 企业所在地_____省_____市，企业成立时间_____（填成立年份）

7. 填表者的身份

A 单位负责人　　　B 财务负责人　　　C 管理人员

第二部分　企业财务数据

8. 2021 年度企业销售（营业）收入为____万元，税后利润为____万元

9. 2021 年末企业资产总额_____万元

10. 2021 年企业净资产收益率_____%

第三部分　企业对融资扶持政策工具有效性的看法

11. 近年出台的融资扶持政策对企业提升发展质量有促进作用吗？（在对应的选项中填"√"）

高质量发展表现	非常有用	比较有用	有点作用	作用很小	没有作用
创新驱动					
转型升级					
效益改善					
要素利用					
品牌质量					
产融结合					
绿色发展					

12.您对下表所列的融资扶持政策工具缓解企业融资约束有效性的看法（在对应的选项中填"√"）

融资扶持政策工具	非常有用	比较有用	有些作用	作用很小	没有作用
信贷扶持					
融资担保					
股权融资扶持					
债券融资扶持					
财政补贴					
税收优惠					
信贷保险补贴					
政府扶持基金					
政府采购政策					

13.您对近年出台的相关融资扶持政策可行性看法（在对应的选项中填"√"）

政策可行性评价指标	很满意	比较满意	一般	不太满意	不满意
政策连贯性					
政策针对性					
政策可理解性					
政策灵活性					

续表

政策可行性评价指标	很满意	比较满意	一般	不太满意	不满意
政策时效性					
政策透明性					
政策适用性					

14. 您对以下中小企业融资扶持配套举措的了解程度（在对应的选项中填"√"）

配套举措	了解	较了解	有些了解	不太了解	不了解
中小企业信用评价					
金融机构信贷投放评价标准					
公平竞争审查制度					
政策宣传机制					

15. 您对以下中小企业融资扶持配套举措的作用的看法（在对应的选项中填"√"）

对配套举措是否有用的看法	有用	较有用	有些作用	作用不大	无作用
中小企业信用评价					
金融机构信贷投放评价标准					
公平竞争审查制度					
政策宣传机制					

16. 您的企业向银行申请贷款容易吗？

A 容易　　B 较容易　　C 一般　　D 较难　　E 难

谢谢您的参与！

附录 B　信贷扶持政策对企业信贷可得性及发展影响调查问卷

从 2014 年 6 月到 2020 年年底，我国共实施 14 次定向降准政策，旨在激励和引导金融机构将信贷投向三农和小微企业，缓解中小微企业融资难融资贵问题。为了解该政策实施期间对中小微企业信贷可得性及发展质量的影响，设计此问卷。以下问题请您按照企业的真实情况和自己的想法回答，如果没有特别说明，每个问题只选择一个答案。本次为匿名调查，所有资料不公开，不用作其他用途，在研究中调查资料将以数据形式呈现，请您不必有顾虑。给您造成的不便，敬请谅解，衷心感谢您的支持！

《适度干预视角下中小企业融资扶持政策精准供给研究》课题组

2021 年 10 月

第一部分　企业的基本情况

1. 企业所在地_____省_____市，企业成立时间_____（填成立年份）

2. 填表者的身份

A 单位负责人　　B 财务负责人　　C 管理人员

3. 企业组织形式

A 有限责任公司　　B 股份有限公司　　C 合伙企业　　D 其他

4. 企业在以下年份是否为小微企业？（在横线上填"是"或"否"）

2013 年____；2014 年____；2015 年____；2016 年____；

2017 年____；2018 年____；2019 年____；2020 年____；

5.企业在以下年份是否拥有高新技术企业（科技型中小企业、科技小巨人、专精特新、专精特新小巨人、创新型企业、知识产权优秀企业等）相关认证？（在横线上填"是"或"否"）

2013 年＿＿＿；2014 年＿＿＿；2015 年＿＿＿；2016 年＿＿＿；

2017 年＿＿＿；2018 年＿＿＿；2019 年＿＿＿；2020 年＿＿＿

6.年底企业的员工数量情况

2013 年＿＿＿人；2014 年＿＿＿人；2015 年＿＿＿人；2016 年＿＿＿人；

2017 年＿＿＿人；2018 年＿＿＿人；2019 年＿＿＿人；2020 年＿＿＿人

7.企业发行债券情况（在横线上填"是"或"否"）

2013 年＿＿＿；2014 年＿＿＿；2015 年＿＿＿；2016 年＿＿＿；

2017 年＿＿＿；2018 年＿＿＿；2019 年＿＿＿；2020 年＿＿＿

8.企业享受税收优惠情况（在横线上填"是"或"否"）

2013 年＿＿＿；2014 年＿＿＿；2015 年＿＿＿；2016 年＿＿＿；

2017 年＿＿＿；2018 年＿＿＿；2019 年＿＿＿；2020 年＿＿＿

第二部分　企业财务数据

9.请在下表中填写 2013—2020 年企业相关财务数据

财务指标	2013 年	2014 年	2015 年	2016 年	2017 年	2018 年	2019 年	2020 年
营业收入（万元）								
研发支出（万元）								
研发人员年工资额（万元）								
企业工资总额（万元）								

续表

财务指标	2013 年	2014 年	2015 年	2016 年	2017 年	2018 年	2019 年	2020 年
长期借款（万元）								
固定资产（万元）								
财务费用（万元）								
资产总额（万元）								
净利润（万元）								
固定资产比率（%）								
资产负债率（%）								

第三部分　企业评价与建议

10. 您了解定向降准政策吗?

A 了解　　B 有一些了解　　C 听说过，不太了解　　D 不了解

11. 您觉得这些年企业获得银行贷款情况有改善吗?

A 有改善　　B 有一些改善　　C 没有改善

12. 对近年来国家融资扶持政策的总体评价是

A 满意　　B 比较满意　　C 一般　　D 不太满意　　E 不满意

13. 对企业融资扶持举措的意见和建议（如有，烦请简要列出）

_____

_____

谢谢您的参与!

附录 C　2018—2023 年中小企业融资扶持相关政策文件

序号	政策名	发布机构	发布时间	主要内容
1	《关于对小微企业融资担保业务实施降费奖补政策的通知》	财政部	2018 年 10 月 25 日	实施小微企业融资担保业务降费奖补政策，引导地方支持扩大实体经济领域小微企业融资担保业务规模，降低小微企业融资担保成本，促进专注于服务小微企业的融资担保机构可持续发展
2	《关于进一步加强金融服务民营企业有关工作的通知》	银保监会	2019 年 2 月 15 日	为提高金融服务民营企业的质量，提出"继续完善金融政策体系""加大督查金融服务力度"等八方面要求
3	《关于促进中小企业健康发展的指导意见》	中共中央办公厅、国务院办公厅	2019 年 4 月 7 日	强调营造公平竞争的发展环境，建立促进中小企业发展的长效机制；突出金融和财税政策扶持的重要性及提升中小企业创新和专业化水平的重要性；强化组织领导和统筹协调
4	《关于深入开展"信易贷"支持中小微企业融资的通知》	国家发展改革委、银保监会	2019 年 10 月 15 日	围绕深入开展"信易贷"工作，提出加强信用信息归集共享查询、中小微企业信用评价；支持金融机构创新"信易贷"产品和服务、违约风险处置机制；鼓励地方政府出台"信易贷"支持政策、加强"信易贷"管理考核激励等要求，破解中小微企业融资难题，促进金融体系和实体经济良性循环
5	《关于进一步强化金融支持防控新型冠状病毒感染肺炎疫情的通知》	党中央、国务院、中国人民银行等	2020 年 2 月 2 日	提出货币信贷、金融服务等30项措施，为疫情防控和实体经济恢复发展提供有力支持
6	《关于进一步强化中小微企业金融服务的指导意见》	中国人民银行、银保监会、国家发展改革委、工业和信息化部、财政部、市场监管总局、证监会、外汇局	2020 年 6 月 2 日	出台了一系列措施，支持扩内需、助复产、保就业，为疫情防控、复工复产、实体经济发展提供精准金融服务。进一步疏通内外部传导机制，促进中小微企业融资规模增长和融资结构优化，实现"增量、降价、提质、扩面"

序号	政策名	发布机构	发布时间	主要内容
7	《保障中小企业款项支付条例》	2020年7月1日国务院第99次常务会议通过	2020年7月1日	《保障中小企业款项支付条例》自2020年9月1日起施行，机关事业单位和国企要带头执行
8	《最高人民法院关于审理民间借贷案件适用法律若干问题的规定》	最高人民法院	2020年8月24日	为降低企业融资成本，将民间借贷利率司法保护上限调整为15.4%
9	《关于支持民营企业加快改革发展与转型升级的实施意见》	国家发展改革委、科技部、工业和信息化部、财政部、人力资源和社会保障部、人民银行等六部门	2020年11月3日	加大对民营企业信贷扶持力度，支持开展信用融资，拓展贷款抵押质押物范围
10	《知识产权质押融资入园惠企行动方案（2021—2023年）》	国家知识产权局、中国银保监会、国家发展改革委	2021年8月4日	推动园区、企业和金融机构基层网点开展知识产权质押融资工作，更好地服务实体经济，缓解创新型中小微企业的融资难、融资贵问题，激发全社会创新创业活力，用三年时间实现知识产权质押融资惠及"百园万企"
11	《提升中小企业竞争力若干措施》	国务院促进中小企业发展工作领导小组办公室	2021年11月23日	加强信贷支持；创新金融服务模式；加强直接融资支持；加强融资配套体系建设。深化新三板改革，发挥北交所服务中小企业作用。推动各交易所提供全面咨询服务，帮助中小企业上市融资。完善监管政策，疏通私募股权、创资基金"募投管退"各环节。发挥国家中小企业发展基金、新兴产业创业投资引导基金、科技成果转化引导基金等作用，带动社会资本扩大直接融资规模。鼓励中小企业通过并购重组对接资本市场
12	《加强信用信息共享应用促进中小微企业融资实施方案》	国务院办公厅	2021年12月29日	从信用信息共享、数据开发利用、创新融资模式，加强信息安全和投资者权益保护等，助力金融机构提升中小微企业服务能力，提高企业信贷可得性，降低融资成本

续表

序号	政策名	发布机构	发布时间	主要内容
13	《关于做好疫情防控和经济社会发展金融服务的通知》	中国人民银行、国家外汇管理局	2022 年 4 月 18 日	提出 23 条政策举措，加强金融服务，加大对实体经济发展的支持
14	《关于知识产权助力专精特新中小企业创新发展若干措施的通知》	国家知识产权局、工业和信息化部	2022 年 10 月 13 日	深入实施知识产权质押融资入园惠企专项行动，实现专精特新中小企业知识产权投融资需求全覆盖。组织编制专利评估指引国家标准，持续发布各行业专利许可费数据，促进形成知识产权价格发现机制，为专精特新中小企业知识产权融资服务提供支撑
15	《关于进一步完善政策环境，加大力度支持民间投资发展的意见》	国家发展改革委	2022 年 10 月 28 日	(1)加大对民间投资项目融资的政策支持，引导金融机构积极支持民间投资项目；(2)完善民营企业债券融资支持机制；(3)支持民营企业创新融资方式；(4)支持符合条件的高新技术和"专精特新"企业开展外债便利化额度试点
16	《关于高质量建设区域性股权市场"专精特新"专板的指导意见》	中国证监会办公厅、工业和信息化部办公厅	2022 年 11 月 15 日	高质量建设区域性股权市场"专精特新"专板，服务中小企业专精特新发展，提升多层次资本市场服务能力，规范股权市场运营，整合资源，提高服务能力，完善金融服务，支持中小企业高质量发展
17	《关于印发助力中小微企业稳增长调结构强能力若干措施的通知》	国务院促进中小企业发展工作领导小组办公室	2023 年 1 月 11 日	推动金融机构增加对小微企业的首贷、信用贷、无还本续贷和中长期贷款额度，推广随借随还贷款模式，用普惠型政策推动小微企业贷款增量扩面。开展"一链一策一批"中小微企业融资促进行动，促进产业与金融良性循环。由中央财政出资的小微企业发展专项资金继续支持专精特新中小企业高质量发展和小微企业融资担保业务降费奖补
18	《关于 2023 年加力提升小微企业金融服务质量的通知》	中国银保监会	2023 年 4 月 20 日	精准支持重点领域小微市场主体，优化供给结构；提升小微企业服务质量，拓展小微企业保险保障渠道，形成与实体经济发展相适应的小微企业金融服务体系

序号	政策名	发布机构	发布时间	主要内容
19	《关于促进民营经济发展壮大的意见》	中共中央、国务院	2023 年 7 月 14 日	健全多方共同参与的融资风险市场化分担机制。健全中小微企业和个体工商户信用评级和评价体系，推广"信易贷"等服务模式。支持符合条件的民营中小微企业在债券市场融资，发行科技创新公司债券，推动债券融资专项支持计划扩大覆盖面。支持符合条件的民营企业上市融资和再融资
20	《关于开展"一链一策一批"中小微企业融资促进行动的通知》	工业和信息化部、中国人民银行、国家金融监督管理总局、中国证监会、财政部	2023 年 7 月 22 日	建立政府、企业、金融机构三方之间的对接协作机制；鼓励金融机构根据产业链特点和企业专长为中小微企业提供有针对性的多元化金融支持
21	《关于延续执行农户、小微企业和个体工商户融资担保增值税政策的公告》	财政部、国家税务总局	2023 年 8 月 1 日	纳税人为农户、小型企业、微型企业及个体工商户借款、发行债券提供融资担保而取得的担保费收入，以及为上述融资担保提供再担保取得的再担保费收入，免征增值税
22	《关于支持小微企业融资有关税收政策的公告》	财政部、国家税务总局	2023 年 8 月 2 日	对金融机构向小型企业、微型企业及个体工商户发放小额贷款取得的利息收入，免征增值税
23	《关于加强财税支持政策落实促进中小企业高质量发展的通知》	财政部	2023 年 8 月 20 日	引导各级政府性融资担保机构加大对小微企业等经营主体的融资增信支持。推动政策性融资担保体系建设，优化银担"总对总"批量担保合作模式。支持中小企业开展采购合同融资，加大信用担保运用，为中小企业参与政府采购活动提供便利
24	《关于金融支持恢复和扩大消费的通知》	国家金融监督管理总局	2023 年 9 月 13 日	积极对接高新技术企业、"专精特新"中小企业、科技型中小企业需求，加大金融支持力度。加强民营企业及小微企业金融服务。在信贷资源配置、绩效考核、内部资金转移定价、尽职免责等方面对小微企业予以倾斜

序号	政策名	发布机构	发布时间	主要内容
25	《关于推进普惠金融高质量发展的实施意见》	中共中央、国务院	2023年9月25日	完善多层次资本市场差异化制度安排，适应各发展阶段、各类型小微企业特别是科技型企业融资需求，提高直接融资比重。优化新三板融资机制和并购重组机制，提升服务小微企业效能。引导创业投资机构加大对种子期、初创期成长型小微企业的支持
26	《关于强化金融支持举措助力民营经济发展壮大的通知》	中国人民银行、金融监管总局、中国证监会、国家外汇局、国家发展改革委、工业和信息化部、财政部、全国工商联	2023年11月1日	开展产业链供应链金融服务。面向科技型中小企业融资需求，建设高收益债券专属平台。扩大高新技术和"专精特新"中小企业跨境融资便利化试点范围
27	《关于进一步深化改革促进跨境贸易投资便利化的通知》	国家外汇管理局	2023年12月4日	在全国范围内推广跨境融资便利化试点政策，将高新技术、"专精特新"和科技型中小企业纳入试点范围，支持中小企业科技创新

附录 D　中小企业融资扶持政策精准性评价数据

指标	权重	全部企业得分	微型企业得分	小型企业得分	中型企业得分	高新技术企业得分	非高新技术企业得分	制造业企业得分	非制造业企业得分
创新驱动	0.0719	3.094	2.656	3.267	3.293	3.457	3.018	3.133	2.981
结构优化	0.0228	2.833	2.459	2.867	3.085	2.771	2.845	2.887	2.679
效益改善	0.0289	2.680	2.426	2.783	2.793	2.514	2.714	2.700	2.623
要素利用	0.0252	2.586	2.508	2.567	2.659	2.486	2.607	2.593	2.566
产融结合	0.0334	2.419	2.311	2.433	2.488	2.429	2.417	2.420	2.415
信贷投放	0.0631	2.473	2.148	2.533	2.671	2.371	2.494	2.513	2.358
政策针对	0.0341	2.941	2.672	2.917	3.159	2.771	2.976	2.960	2.887
政策宣传	0.0355	3.404	3.246	3.450	3.488	3.486	3.387	3.447	3.283
政策理解	0.0236	3.202	3.016	3.200	3.341	3.057	3.232	3.253	3.057
政策利用	0.0272	3.143	2.951	3.100	3.317	2.971	3.179	3.180	3.038
信贷保险	0.0593	2.010	1.689	2.000	2.256	1.429	2.131	2.080	1.811
政策灵活	0.0414	2.488	2.262	2.483	2.659	2.571	2.470	2.527	2.377
政策时效	0.0123	2.897	2.787	2.900	2.976	2.943	2.887	2.893	2.906
政策透明	0.0165	3.182	3.131	3.167	3.232	3.114	3.196	3.193	3.151
政策连贯	0.0230	2.882	2.754	2.867	2.988	2.743	2.911	2.927	2.755
信用评价	0.0492	2.990	2.656	3.067	3.183	3.057	2.976	3.027	2.887
公平竞争	0.0576	2.635	2.295	2.617	2.902	2.600	2.643	2.680	2.509
财政补贴	0.0221	3.025	2.836	3.200	3.037	3.086	3.012	3.060	2.925
政府采购	0.0625	2.172	1.787	2.183	2.451	1.686	2.274	2.227	2.019
税收优惠	0.0103	3.103	2.607	2.517	2.598	3.229	3.077	3.113	3.075
政府基金	0.0424	2.576	2.607	2.517	2.598	1.829	2.732	2.567	2.604
债券融资	0.0622	1.562	1.443	1.500	1.695	1.257	1.625	1.593	1.472

指标	权重	全部企业得分	微型企业得分	小型企业得分	中型企业得分	高新技术企业得分	非高新技术企业得分	制造业企业得分	非制造业企业得分
股权融资	0.0734	1.936	1.607	2.050	2.098	1.543	2.018	1.980	1.811
融资担保	0.0218	3.227	2.918	3.283	3.415	3.286	3.214	3.273	3.094
信贷扶持	0.0320	2.626	2.393	2.750	2.707	2.343	2.685	2.667	2.509
绿色发展	0.0223	3.177	2.852	3.267	3.354	3.257	3.161	3.220	3.057
品牌质量	0.0260	2.847	2.590	2.750	3.110	2.657	2.887	2.827	2.906

注：本表为第三章的中小企业融资扶持政策精准性综合评价计算使用的数据，来自调查问卷整理。

附录 E 2013—2022 年我国企业信用债发行情况

表 E.1 2013—2022 年企业信用债发行情况

年份	类别	发行只数	只数占比（%）	发行总额（亿元）
2013	企业债	374	15.81	4752.30
	公司债	366	15.48	1702.04
	中期票据	539	22.79	6978.59
	短期融资券	1077	45.54	16134.80
	可转债	8	0.34	544.81
	可交换债	1	0.04	2.57
2014	企业债	584	17.65	6971.98
	公司债	469	14.17	1407.53
	中期票据	717	21.67	9772.70
	短期融资券	1521	45.97	21849.53
	可转债	13	0.39	320.99
	可交换债	5	0.15	59.76
2015	企业债	302	6.45	3421.02
	公司债	880	18.80	10283.55
	中期票据	918	19.61	12728.46
	短期融资券	2544	54.34	32806.30
	可转债	3	0.06	98.00
	可交换债	35	0.75	265.05
2016	企业债	498	7.81	5925.70
	公司债	2261	35.48	27859.68
	中期票据	896	14.06	11414.60
	短期融资券	2636	41.36	33675.85
	可转债	11	0.17	212.52
	可交换债	71	1.11	674.29

年份	类别	发行只数	只数占比（%）	发行总额（亿元）
2017	企业债	382	8.02	3730.95
	公司债	1201	25.23	11024.74
	中期票据	906	19.03	10341.45
	短期融资券	2139	44.93	23765.90
	可转债	53	1.11	949.67
	可交换债	80	1.68	1172.84
2018	企业债	286	4.56	2418.38
	公司债	1522	24.29	16575.65
	中期票据	1416	22.59	16962.15
	短期融资券	2918	46.56	31275.30
	可转债	97	1.55	801.10
	可交换债	28	0.45	464.74
2019	企业债	392	4.75	3624.39
	公司债	2461	29.80	25438.63
	中期票据	1675	20.28	20308.10
	短期融资券	3516	42.58	36254.19
	可转债	154	1.86	2707.63
	可交换债	60	0.73	824.15
2020	企业债	388	3.46	3930.39
	公司债	3614	32.19	33685.15
	中期票据	2120	18.88	23446.92
	短期融资券	4842	43.13	49986.43
	可转债	220	1.96	2786.27
	可交换债	43	0.38	476.39
2021	企业债	491	3.95	4399.40
	公司债	4063	32.68	34520.74
	中期票据	2561	20.60	25492.65
	短期融资券	5165	41.55	52301.71
	可转债	119	0.96	2828.47
	可交换债	33	0.27	421.60

续表

年份	类别	发行只数	只数占比（%）	发行总额（亿元）
2022	企业债	484	4.05	3681.30
	公司债	3640	30.47	30904.84
	中期票据	2654	22.21	27994.30
	短期融资券	4985	41.72	49560.38
	可转债	149	1.25	2200.93
	可交换债	36	0.30	422.94

资料来源：Wind 数据库。

表 E.2   2013—2022 年部分年份信用债行业分布

行业	2013		2018		2020		2022	
	发行只数	发行额（亿元）	发行只数	发行额（亿元）	发行只数	发行额（亿元）	发行只数	发行额（亿元）
制造业	740	6865.11	1076	10464.93	1343	14874.81	1073	12335.96
电力、热力、燃气及水生产和供应业	245	6190.66	546	8939.10	882	13119.73	968	14562.50
交通运输、仓储和邮政业	206	2944.05	499	6356.21	1040	12657.77	1012	11601.75
建筑业	342	3530.80	985	7967.31	2694	20830.05	3281	24382.55
综合	319	3373.04	1174	12154.03	2320	20678.83	2723	24659.51
采矿业	103	2898.65	397	5896.80	491	8567.06	318	5240.70
批发和零售业	165	1525.74	427	3423.91	587	4581.37	505	3952.10
信息传输、软件和信息技术服务业	26	611.45	60	1083.88	60	918.05	46	285.19
房地产业	33	240.35	385	4661.87	471	5126.33	479	4656.36
水利、环境和公共设施管理业	50	379.05	90	557.05	156	1,248.11	159	1044.52
租赁和商务服务业	42	465.00	315	2858.96	643	6029.71	780	6344.13
卫生和社会工作	1	4.00	2	7.00	1	1.00	3	15.00
金融业	15	616.00	234	3688.41	394	4751.15	484	5068.15

行业	2013		2018		2020		2022	
	发行只数	发行额（亿元）	发行只数	发行额（亿元）	发行只数	发行额（亿元）	发行只数	发行额（亿元）
住宿和餐饮业	10	47.20	7	42.90	19	94.49	25	102.00
农、林、牧、渔业	26	99.26	21	127.90	46	327.15	35	211.40
科学研究和技术服务业	5	11.10	7	8.32	13	64.16	17	81.17
文化、体育和娱乐业	21	115.90	36	204.93	58	347.00	35	190.00
居民服务、修理和其他服务业	7	27.15	2	4.50	5	31.50	5	31.70
教育	0	0	0	0	1	4.28	0	0
合计	2356	29944.50	6263	68448.01	11224	114252.55	11948	114764.69

资料来源：Wind 数据库。

表 E.3　2013—2022 年信用债评级分布

年份	评级	发行总额（亿元）	金额占比（%）	1年以下（亿元）	1—3年（亿元）	3—5年（亿元）	5—7年（亿元）	7—10年（亿元）	10年以上（亿元）
2013	无	7665.79	25.45	7,455.00	58.08	152.71	0.00	0.00	0.00
	BBB+	—	—	—	—	—	—	—	—
	BBB	—	—	—	—	—	—	—	—
	AAA	6273.69	20.83	0.00	22.27	1018.42	2842.20	1058.00	1332.80
	AA+	3109.50	10.33	0.00	2.30	431.40	1,430.30	1147.50	98.00
	AA−	184.77	0.61	0.00	6.69	154.08	24.00	0.00	0.00
	AA	4197.65	13.94	0.00	33.80	686.50	1401.06	2008.30	68.00
	A+	3.90	0.01	0.00	1.10	2.80	0.00	0.00	0.00
	A−1	8679.80	28.82	488.60	8191.20	0.00	0.00	0.00	0.00
	A−	—	—	—	—	—	—	—	—
	A	—	—	—	—	—	—	—	—
	合计	30115.10	100.00	7943.60	8315.43	2445.91	5697.56	4213.80	1498.80

年份	评级	发行总额 （亿元）	金额占比 （%）	1年以下 （亿元）	1—3年 （亿元）	3—5年 （亿元）	5—7年 （亿元）	7—10年 （亿元）	10年以上 （亿元）
2014	无	11480.02	28.43	10956.00	106.05	417.97	0.00	0.00	0.00
	BBB+	—	—	—	—	—	—	—	—
	BBB	—	—	—	—	—	—	—	—
	AAA	7539.30	18.67	0.00	45.00	1325.20	4160.60	892.00	1116.50
	AA+	4325.98	10.71	0.00	27.60	556.00	1590.68	1912.50	239.20
	AA−	124.90	0.31	0.00	5.20	94.20	25.50	0.00	0.00
	AA	6018.76	14.90	0.00	61.81	729.56	1424.09	3697.30	106.00
	A+	—	—	—	—	—	—	—	—
	A−1	10893.53	26.98	491.20	10,402.33	0.00	0.00	0.00	0.00
	A−	—	—	—	—	—	—	—	—
	A	—	—	—	—	—	—	—	—
	合计	40382.49	100.00	11447.20	10647.99	3122.93	7200.87	6501.80	1461.70
2015	无	25597.32	42.95	23054.30	145.42	1352.90	1044.70	0.00	0.00
	BBB+	—	—	—	—	—	—	—	—
	BBB	—	—	—	—	—	—	—	—
	AAA	11096.04	18.62	0.00	0.00	2848.79	6302.25	1345.00	600.00
	AA+	6034.96	10.13	0.00	41.50	1411.26	3130.70	1143.50	308.00
	AA−	145.00	0.24	0.00	28.40	109.60	7.00	0.00	0.00
	AA	6977.06	11.71	0.00	93.50	2454.84	2823.02	1562.70	43.00
	A+	—	—	—	—	—	—	—	—
	A−1	9752.00	16.36	188.00	9564.00	0.00	0.00	0.00	0.00
	A−	—	—	—	—	—	—	—	—
	A	—	—	—	—	—	—	—	—
	合计	59602.38	100.00	23242.30	9872.82	8177.40	13307.67	4051.20	951.00

年份	评级	发行总额（亿元）	金额占比（%）	1年以下（亿元）	1—3年（亿元）	3—5年（亿元）	5—7年（亿元）	7—10年（亿元）	10年以上（亿元）
2016	无	34890.36	43.74	27598.90	293.96	2524.50	4255.00	201.00	17.00
	BBB+	—	—	—	—	—	—	—	—
	BBB	—	—	—	—	—	—	—	—
	AAA	17836.14	22.36	0.00	93.00	4621.28	9264.36	2524.60	1332.90
	AA+	9993.49	12.53	10.00	13.00	2300.05	5648.84	1709.60	312.00
	AA–	99.01	0.12	0.00	16.90	71.00	11.11	0.00	0.00
	AA	10864.69	13.62	0.00	107.96	3573.88	4633.75	2322.40	226.70
	A+	2.00	0.00	0.00	0.00	2.00	0.00	0.00	0.00
	A–1	6076.95	7.62	103.50	5973.45	0.00	0.00	0.00	0.00
	A–	—	—	—	—	—	—	—	—
	A	—	—	—	—	—	—	—	—
	合计	79762.64	100.00	27712.40	6498.27	13092.71	23813.06	6757.60	1888.60
2017	无	23173.94	45.45	19755.20	102.48	1202.34	1994.23	99.70	20.00
	BBB+	—	—	—	—	—	—	—	—
	BBB	—	—	—	—	—	—	—	—
	AAA	13238.78	25.97	0.00	171.50	5723.73	5621.05	1371.00	351.50
	AA+	5518.13	10.82	0.00	19.50	1819.01	2608.62	919.30	151.70
	AA–	30.29	0.06	0.00	0.00	7.50	22.79	0.00	0.00
	AA	5008.71	9.82	0.00	69.59	1341.09	2081.08	1356.75	160.20
	A+	4015.70	7.88	174.50	3841.20	0.00	0.00	0.00	0.00
	A–1	—	—	—	—	—	—	—	—
	A–	—	—	—	—	—	—	—	—
	A	—	—	—	—	—	—	—	—
	合计	50985.55	100.00	19929.70	4204.27	10093.67	12327.77	3746.75	683.40

年份	评级	发行总额（亿元）	金额占比（%）	1年以下（亿元）	1—3年（亿元）	3—5年（亿元）	5—7年（亿元）	7—10年（亿元）	10年以上（亿元）
2018	无	30490.56	44.51	26469.00	182.74	1463.47	2286.99	8.35	80.00
	BBB+	—	—	—	—	—	—	—	—
	BBB	—	—	—	—	—	—	—	—
	AAA	23607.86	34.47	0.00	657.90	13541.46	7708.25	1178.85	521.40
	AA+	6421.60	9.37	0.00	127.10	3110.14	2556.96	550.40	77.00
	AA–	87.13	0.13	0.00	0.00	2.30	84.83	0.00	0.00
	AA	3074.66	4.49	0.00	67.84	953.04	1360.66	647.70	45.42
	A+	6.90	0.01	0.00	0.00	0.00	6.90	0.00	0.00
	A–1	4808.40	7.02	65.00	4743.40	0.00	0.00	0.00	0.00
	A–	—	—	—	—	—	—	—	—
	A	—	—	—	—	—	—	—	—
	合计	68497.11	100.00	26534.00	5778.98	19070.41	14004.60	2385.30	723.82
2019	无	41357.59	46.39	31422.01	406.65	3154.56	6092.37	121.50	160.50
	BBB+	—	—	—	—	—	—	—	—
	BBB	—	—	—	—	—	—	—	—
	AAA	30426.01	34.13	0.00	358.70	15026.19	12961.12	974.30	1105.70
	AA+	8085.01	9.07	0.00	217.80	2869.22	4075.90	777.59	144.50
	AA–	143.02	0.16	0.00	0.00	0.00	143.02	0.00	0.00
	AA	4255.19	4.77	0.00	25.00	1180.58	2327.81	648.00	73.80
	A+	48.06	0.05	0.00	0.00	0.00	48.06	0.00	0.00
	A–1	4842.20	5.43	493.00	4349.20	0.00	0.00	0.00	0.00
	A–	—	—	—	—	—	—	—	—
	A	—	—	—	—	—	—	—	—
	合计	89157.09	100.00	31915.01	5357.35	22230.55	25648.29	2521.39	1484.50

年份	评级	发行总额（亿元）	金额占比（%）	1年以下（亿元）	1—3年（亿元）	3—5年（亿元）	5—7年（亿元）	7—10年（亿元）	10年以上（亿元）
2020	无	57009.94	49.87	45248.95	1869.68	2691.25	6934.36	186.90	78.80
	BBB+	—	—	—	—	—	—	—	—
	BBB	—	—	—	—	—	—	—	—
	AAA	35643.64	31.18	12.00	2451.80	18554.47	11568.85	1835.42	1221.10
	AA+	11073.98	9.69	0.00	368.60	3676.93	5901.76	974.89	151.80
	AA−	325.33	0.28	0.00	0.00	0.00	325.33	0.00	0.00
	AA	4955.01	4.33	0.00	83.30	1531.75	2828.61	442.25	69.10
	A+	72.31	0.06	0.00	0.00	0.00	72.31	0.00	0.00
	A−1	5226.78	4.57	342.00	4884.78	0.00	0.00	0.00	0.00
	A−	—	—	—	—	—	—	—	—
	A	4.55	0.00	0.00	0.00	0.00	4.55	0.00	0.00
	合计	114311.55	100.00	45602.95	9658.16	26454.41	27635.77	3439.46	1520.80
2021	无	71789.10	59.84	47732.83	6736.11	8601.92	8253.43	376.35	88.46
	BBB+	—	—	—	—	—	—	—	—
	BBB	—	—	—	—	—	—	—	—
	AAA	31823.76	26.53	0.00	2927.70	14429.39	11364.86	1903.81	1198.00
	AA+	10768.46	8.98	0.00	579.68	3549.50	5228.23	1237.55	173.50
	AA−	264.77	0.22	0.00	0.00	0.00	264.77	0.00	0.00
	AA	2704.44	2.25	0.00	98.90	992.98	1277.26	298.40	36.90
	A+	68.08	0.06	0.00	0.00	0.00	68.08	0.00	0.00
	A−1	2541.80	2.12	212.50	2329.30	0.00	0.00	0.00	0.00
	A−	—	—	—	—	—	—	—	—
	A	4.15	0.00	0.00	0.00	0.00	4.15	0.00	0.00
	合计	119964.57	100.00	47945.33	12671.69	27573.79	26460.79	3816.11	1496.86

年份	评级	发行总额（亿元）	金额占比（%）	1年以下（亿元）	1—3年（亿元）	3—5年（亿元）	5—7年（亿元）	7—10年（亿元）	10年以上（亿元）
2022	无	81341.35	70.88	45814.91	8547.66	14403.87	11870.41	367.00	337.50
	BBB+	—	—	—	—	—	—	—	—
	BBB	—	—	—	—	—	—	—	—
	AAA	24867.79	21.67	0.00	2044.24	11964.79	8223.21	1569.05	1066.50
	AA+	5780.13	5.04	0.00	486.89	1898.05	2219.35	1081.95	93.90
	AA−	417.95	0.36	0.00	0.00	0.00	417.95	0.00	0.00
	AA	1331.60	1.16	0.00	62.50	335.80	758.41	174.90	0.00
	A+	145.86	0.13	0.00	0.00	0.00	145.86	0.00	0.00
	A−1	842.25	0.73	69.15	773.10	0.00	0.00	0.00	0.00
	A−	—	—	—	—	—	—	—	—
	A	37.77	0.03	0.00	0.00	0.00	37.77	0.00	0.00
	合计	114764.69	100.00	45884.06	11914.39	28602.50	23672.95	3192.90	1497.90

资料来源：Wind 数据库。

附录 F　科创板 2019 年上市的 70 家公司 2019—2023 年相关财务数据

证券代码	报告日期	所处行业	注册地	研发支出（万元）	研发人员（人）	资产总额（万元）	营业收入（万元）	资产负债率	总资产周转率	资产收益率
688001. SH	2019-12-31	制造业	江苏	19296.36	463	213678.23	125773.73	0.1119	0.7442	0.1044
688001. SH	2020-12-31	制造业	江苏	25265.23	598	364540.44	167749.64	0.1310	0.5802	0.0917
688001. SH	2021-12-31	制造业	江苏	35280.94	827	515019.36	202020.59	0.3143	0.4594	0.0714
688001. SH	2022-12-31	制造业	江苏	41976.09	993	554712.07	231998.53	0.3150	0.4338	0.0619
688001. SH	2023-06-30	制造业	江苏	19005.01	876	535269.43	88632.86	0.2885	0.1626	0.0239
688002. SH	2019-12-31	制造业	山东	11107.39	393	254426.47	68465.63	0.0793	0.3666	0.1082
688002. SH	2020-12-31	制造业	山东	22834.81	605	354457.56	156144.25	0.1735	0.5129	0.1920
688002. SH	2021-12-31	制造业	山东	41777.09	905	489139.63	178028.66	0.2264	0.4221	0.1088
688002. SH	2022-12-31	制造业	山东	53641.44	1088	632564.63	264588.78	0.3140	0.4718	0.0511
688002. SH	2023-06-30	制造业	山东	30415.84	1141	826688.46	178407.29	0.4075	0.2445	0.0329
688003. SH	2019-12-31	制造业	江苏	9472.43	413	189954.34	54106.93	0.1389	0.4269	0.0656
688003. SH	2020-12-31	制造业	江苏	15459.03	639	212100.73	96411.02	0.2708	0.4796	0.0534
688003. SH	2021-12-31	制造业	江苏	26274.03	794	259147.65	126523.87	0.4058	0.5370	0.0569
688003. SH	2022-12-31	制造业	江苏	31153.94	817	292810.55	158916.74	0.4249	0.5758	0.0551
688003. SH	2023-06-30	制造业	江苏	15085.38	771	305262.79	51342.51	0.4459	0.1717	0.0014
688005. SH	2019-12-31	制造业	浙江	16496.27	304	584961.70	418966.91	0.2618	0.8286	0.0171
688005. SH	2020-12-31	制造业	浙江	14604.11	287	613511.52	379455.67	0.2681	0.6332	0.0349

续表

证券 代码	报告 日期	所处 行业	注册地	研发支出 （万元）	研发人员 （人）	资产总额 （万元）	营业收入 （万元）	资产负债率	总资产周转率	资产收益率
688005. SH	2021- 12-31	制造业	浙江	35950.26	497	1470141.66	1025900.44	0.6304	0.9847	0.0872
688005. SH	2022- 12-31	制造业	浙江	48655.43	599	2566004.63	3012299.51	0.6667	1.4927	0.0681
688005. SH	2023- 06-30	制造业	浙江	11993.28	544	2352409.34	1289413.30	0.6277	0.5243	0.0161
688006. SH	2019- 12-31	制造业	浙江	7449.53	344	382767.04	131302.58	0.4192	0.4280	0.0949
688006. SH	2020- 12-31	制造业	浙江	10357.05	587	387579.96	149286.80	0.3376	0.3876	0.0966
688006. SH	2021- 12-31	制造业	浙江	13127.21	881	576640.70	248331.31	0.5102	0.5151	0.0488
688006. SH	2022- 12-31	制造业	浙江	20730.36	975	796608.71	345413.31	0.5798	0.5031	0.0715
688006. SH	2023- 06-30	制造业	浙江	12432.10	1,078	1008239.52	212091.44	0.5167	0.2350	0.0527
688007. SH	2019- 12-31	制造业	广东	20169.78	387	309950.81	197914.89	0.3147	0.7652	0.0867
688007. SH	2020- 12-31	制造业	广东	20444.34	369	322620.43	194888.42	0.3226	0.6162	0.0274
688007. SH	2021- 12-31	制造业	广东	23670.22	456	409723.10	249822.84	0.3598	0.6823	0.0605
688007. SH	2022- 12-31	制造业	广东	26210.84	521	433335.03	254114.46	0.3673	0.6028	0.0073
688007. SH	2023- 06-30	制造业	广东	12640.61	465	434027.47	107324.90	0.3654	0.2475	0.0091
688008. SH	2019- 12-31	制造业	上海	26685.52	214	778075.35	173773.47	0.0580	0.2906	0.1560
688008. SH	2020- 12-31	制造业	上海	29988.12	317	841944.19	182366.56	0.0415	0.2251	0.1363
688008. SH	2021- 12-31	制造业	上海	36984.97	373	895856.22	256201.75	0.0634	0.2949	0.0954
688008. SH	2022- 12-31	制造业	上海	56348.74	468	1068604.60	367225.85	0.0710	0.3739	0.1323
688008. SH	2023- 06-30	制造业	上海	30267.90	515	1094315.11	92761.62	0.0743	0.0858	0.0076
688009. SH	2019- 12-31	制造业	北京	160270.20	4235	9751259.13	4164628.68	0.5619	0.4701	0.0471
688009. SH	2020- 12-31	制造业	北京	173420.94	4310	10532808.23	4012447.67	0.5794	0.3956	0.0418
688009. SH	2021- 12-31	制造业	北京	190184.96	4374	10894258.88	3835829.71	0.5835	0.3580	0.0345

续表

证券代码	报告日期	所处行业	注册地	研发支出（万元）	研发人员（人）	资产总额（万元）	营业收入（万元）	资产负债率	总资产周转率	资产收益率
688009.SH	2022-12-31	制造业	北京	187422.58	4428	11680654.45	4020320.78	0.5952	0.3563	0.0363
688009.SH	2023-06-30	制造业	北京	71699.06	4274	11872113.46	1663301.02	0.5999	0.1415	0.0179
688010.SH	2019-12-31	制造业	福建	3753.89	250	202915.51	57990.70	0.1218	0.3906	0.0621
688010.SH	2020-12-31	制造业	福建	4807.82	222	233600.18	58754.96	0.2285	0.2692	0.0234
688010.SH	2021-12-31	制造业	福建	5250.41	256	269013.86	67464.03	0.3371	0.2685	0.0189
688010.SH	2022-12-31	制造业	福建	6150.32	253	280966.22	78096.96	0.3604	0.2840	0.0093
688010.SH	2023-06-30	制造业	福建	3020.08	263	255835.77	30311.63	0.3017	0.1129	-0.0015
688011.SH	2019-12-31	制造业	黑龙江	2559.83	149	130328.79	19164.65	0.0601	0.2194	0.0692
688011.SH	2020-12-31	制造业	黑龙江	2192.70	154	132823.40	12408.62	0.0725	0.0943	0.0187
688011.SH	2021-12-31	制造业	黑龙江	3381.51	190	137620.63	14380.07	0.1014	0.1063	0.0007
688011.SH	2022-12-31	制造业	黑龙江	3582.13	212	135686.91	14987.01	0.1186	0.1097	-0.0194
688011.SH	2023-06-30	制造业	黑龙江	2043.48	193	133449.83	6180.84	0.1198	0.0459	-0.0119
688012.SH	2019-12-31	制造业	上海	42457.24	276	477405.43	194694.93	0.2143	0.4688	0.0454
688012.SH	2020-12-31	制造业	上海	63978.67	346	580087.69	227329.19	0.2468	0.4299	0.0931
688012.SH	2021-12-31	制造业	上海	72779.80	415	1673298.90	310813.47	0.1669	0.2759	0.0898
688012.SH	2022-12-31	制造业	上海	92875.35	592	2003478.15	473983.10	0.2272	0.2578	0.0635
688012.SH	2023-06-30	制造业	上海	46030.41	634	2066672.64	252650.10	0.1879	0.1241	0.0493
688015.SH	2019-12-31	制造业	北京	11317.39	255	355067.83	165177.51	0.6920	0.5847	0.0443

证券代码	报告日期	所处行业	注册地	研发支出（万元）	研发人员（人）	资产总额（万元）	营业收入（万元）	资产负债率	总资产周转率	资产收益率
688015.SH	2020-12-31	制造业	北京	17325.44	416	434897.98	202617.08	0.6967	0.5130	0.0607
688015.SH	2021-12-31	制造业	北京	27173.30	517	529141.88	258212.67	0.5530	0.5357	0.0616
688015.SH	2022-12-31	制造业	北京	30483.23	529	561836.92	246769.82	0.5451	0.4524	0.0474
688015.SH	2023-06-30	制造业	北京	12409.46	483	540948.03	75460.70	0.5321	0.1369	0.0079
688016.SH	2019-12-31	制造业	上海	6069.01	95	115570.91	33373.25	0.0776	0.4686	0.1990
688016.SH	2020-12-31	制造业	上海	8331.89	157	137606.60	47025.23	0.1033	0.3715	0.1695
688016.SH	2021-12-31	制造业	上海	12348.05	193	175357.24	68463.07	0.1320	0.4375	0.2004
688016.SH	2022-12-31	制造业	上海	17226.65	223	199511.87	89650.04	0.1266	0.4783	0.1878
688016.SH	2023-06-30	制造业	上海	12077.79	235	218761.31	62162.25	0.1480	0.2972	0.1326
688018.SH	2019-12-31	信息技术服务	上海	11974.87	246	172504.74	75742.86	0.0668	0.7205	0.1508
688018.SH	2020-12-31	信息技术服务	上海	19279.20	340	182963.12	83128.65	0.1030	0.4677	0.0585
688018.SH	2021-12-31	信息技术服务	上海	27169.00	388	212905.61	138637.15	0.1437	0.7004	0.1002
688018.SH	2022-12-31	信息技术服务	上海	33712.18	440	208279.68	127112.72	0.1230	0.6036	0.0462
688018.SH	2023-06-30	信息技术服务	上海	17818.46	455	219968.15	66699.80	0.1172	0.3115	0.0302
688019.SH	2019-12-31	制造业	上海	5753.65	74	99119.89	28541.02	0.1045	0.4007	0.0924
688019.SH	2020-12-31	制造业	上海	8889.84	119	128734.63	42237.99	0.1858	0.3707	0.1352
688019.SH	2021-12-31	制造业	上海	15310.78	145	167222.84	68666.06	0.2817	0.4640	0.0845
688019.SH	2022-12-31	制造业	上海	16136.46	180	204760.13	107678.73	0.2569	0.5789	0.1621
688019.SH	2023-06-30	制造业	上海	10129.64	202	235039.42	57491.03	0.1786	0.2614	0.1069
688020.SH	2019-12-31	制造业	广东	3393.18	78	157115.48	29169.38	0.0198	0.2883	0.1336
688020.SH	2020-12-31	制造业	广东	4311.31	86	178226.37	28838.67	0.0862	0.1720	0.0747

续表

证券代码	报告日期	所处行业	注册地	研发支出（万元）	研发人员（人）	资产总额（万元）	营业收入（万元）	资产负债率	总资产周转率	资产收益率
688020.SH	2021-12-31	制造业	广东	6386.67	138	192685.27	28619.05	0.1513	0.1543	0.0219
688020.SH	2022-12-31	制造业	广东	6082.48	141	196793.09	31262.63	0.2072	0.1605	−0.0333
688020.SH	2023-06-30	制造业	广东	2922.47	139	192189.60	17168.59	0.2088	0.0883	−0.0216
688021.SH	2019-12-31	制造业	山东	2898.69	71	106835.76	26807.83	0.2219	0.3258	0.0627
688021.SH	2020-12-31	制造业	山东	3506.41	93	121818.61	31414.65	0.2472	0.2748	0.0685
688021.SH	2021-12-31	制造业	山东	3739.17	148	143105.04	39601.27	0.3335	0.2990	0.0466
688021.SH	2022-12-31	制造业	山东	3672.46	106	144075.93	20377.18	0.3525	0.1419	−0.0088
688021.SH	2023-06-30	制造业	山东	1668.80	123	149499.59	19282.56	0.3603	0.1314	0.0123
688022.SH	2019-12-31	制造业	江苏	2888.65	196	114085.16	45749.46	0.2342	0.5620	0.0841
688022.SH	2020-12-31	制造业	江苏	4985.98	293	162608.57	60313.84	0.4502	0.4360	0.0313
688022.SH	2021-12-31	制造业	江苏	6299.94	331	212168.25	75797.46	0.5626	0.4045	0.0305
688022.SH	2022-12-31	制造业	江苏	6897.45	413	300576.52	114280.42	0.6597	0.4458	0.0284
688022.SH	2023-06-30	制造业	江苏	4856.38	410	377422.10	71384.60	0.4634	0.2106	0.0128
688023.SH	2019-12-31	信息技术服务	浙江	20453.95	581	217217.27	94403.29	0.2863	0.6162	0.0602
688023.SH	2020-12-31	信息技术服务	浙江	31172.50	912	246312.29	132297.27	0.3212	0.5708	0.0569
688023.SH	2021-12-31	信息技术服务	浙江	53559.86	1,255	485176.65	182032.81	0.3591	0.4977	0.0031
688023.SH	2022-12-31	信息技术服务	浙江	64579.75	1,505	501430.00	198001.24	0.4170	0.4014	−0.0513
688023.SH	2023-06-30	信息技术服务	浙江	33610.83	1,493	455718.70	69557.00	0.4255	0.1453	−0.0865
688025.SH	2019-12-31	制造业	广东	6663.03	380	182368.41	56767.99	0.1391	0.4275	0.0487
688025.SH	2020-12-31	制造业	广东	10052.08	600	216362.67	85362.72	0.2534	0.4282	0.0221
688025.SH	2021-12-31	制造业	广东	14369.32	622	230211.75	119937.88	0.2497	0.5371	0.0407

续表

证券代码	报告日期	所处行业	注册地	研发支出（万元）	研发人员（人）	资产总额（万元）	营业收入（万元）	资产负债率	总资产周转率	资产收益率
688025.SH	2022-12-31	制造业	广东	16605.48	602	244443.60	117330.96	0.2507	0.4944	0.0321
688025.SH	2023-06-30	制造业	广东	7204.50	548	243364.65	56585.08	0.2216	0.2320	0.0200
688028.SH	2019-12-31	制造业	北京	1748.30	102	91031.42	25501.40	0.0498	0.3949	0.0930
688028.SH	2020-12-31	制造业	北京	1782.82	100	89811.88	24183.17	0.0604	0.2674	0.0547
688028.SH	2021-12-31	制造业	北京	2820.79	111	93141.76	32580.91	0.0734	0.3562	0.0595
688028.SH	2022-12-31	制造业	北京	3294.07	150	206201.86	41431.61	0.0878	0.2768	0.0412
688028.SH	2023-06-30	制造业	北京	2237.11	165	203467.38	24353.10	0.0820	0.1189	0.0183
688029.SH	2019-12-31	制造业	江苏	7039.86	299	287525.91	130747.43	0.1207	0.6802	0.1640
688029.SH	2020-12-31	制造业	江苏	9966.86	327	310522.71	132640.56	0.1422	0.4436	0.0890
688029.SH	2021-12-31	制造业	江苏	15289.17	403	363174.68	194672.40	0.1766	0.5779	0.0978
688029.SH	2022-12-31	制造业	江苏	16532.60	397	389402.00	198014.35	0.1591	0.5262	0.0885
688029.SH	2023-06-30	制造业	江苏	6867.34	378	409829.68	114713.50	0.1576	0.2871	0.0678
688030.SH	2019-12-31	信息技术服务	江苏	18674.72	420	162492.85	67457.07	0.1514	0.5688	0.0768
688030.SH	2020-12-31	信息技术服务	江苏	21221.62	489	179397.92	72538.88	0.2055	0.4243	0.0352
688030.SH	2021-12-31	信息技术服务	江苏	29924.51	611	194353.75	102694.81	0.2249	0.5495	0.0400
688030.SH	2022-12-31	信息技术服务	江苏	33933.70	783	211606.27	81159.61	0.3759	0.3998	-0.0906
688030.SH	2023-06-30	信息技术服务	江苏	17495.50	774	190449.65	37326.10	0.3654	0.1857	-0.0564
688033.SH	2019-12-31	制造业	北京	4132.37	35	255717.88	58183.72	0.0837	0.2972	0.1382
688033.SH	2020-12-31	制造业	北京	6957.25	74	259222.01	41516.69	0.0696	0.1612	0.0428
688033.SH	2021-12-31	制造业	北京	6937.51	126	333685.54	67125.92	0.2076	0.2264	0.0607
688033.SH	2022-12-31	制造业	北京	9423.23	196	685657.50	98711.78	0.2457	0.1937	0.0372

续表

证券代码	报告日期	所处行业	注册地	研发支出（万元）	研发人员（人）	资产总额（万元）	营业收入（万元）	资产负债率	总资产周转率	资产收益率
688033.SH	2023-06-30	制造业	北京	648.58	210	746665.66	97201.96	0.2885	0.1357	0.0216
688036.SH	2019-12-31	制造业	广东	80508.12	1568	1774375.34	2534592.96	0.5342	1.8042	0.1279
688036.SH	2020-12-31	制造业	广东	115767.38	1915	2599050.90	3779188.89	0.5956	1.7283	0.1225
688036.SH	2021-12-31	制造业	广东	151087.78	2845	3145925.75	4941190.17	0.5531	1.7202	0.1362
688036.SH	2022-12-31	制造业	广东	207804.21	3901	3084648.73	4659590.25	0.4857	1.4957	0.0792
688036.SH	2023-06-30	制造业	广东	107272.57	3721	3910443.78	2502939.85	0.5716	0.7156	0.0602
688037.SH	2019-12-31	制造业	辽宁	3505.45	95	93111.61	21315.67	0.1893	0.3252	0.0447
688037.SH	2020-12-31	制造业	辽宁	4541.47	144	122459.99	32890.02	0.3479	0.3051	0.0453
688037.SH	2021-12-31	制造业	辽宁	9249.96	217	196091.41	82867.25	0.5424	0.5203	0.0486
688037.SH	2022-12-31	制造业	辽宁	15213.56	295	349633.37	138486.71	0.3975	0.5075	0.0734
688037.SH	2023-06-30	制造业	辽宁	7697.75	306	383872.02	69560.19	0.4208	0.1897	0.0370
688039.SH	2019-12-31	信息技术服务	浙江	5059.28	171	151361.35	28451.80	0.0767	0.2904	0.0864
688039.SH	2020-12-31	信息技术服务	浙江	6191.60	232	162218.97	36589.13	0.0918	0.2334	0.0656
688039.SH	2021-12-31	信息技术服务	浙江	9094.89	235	179683.47	41819.89	0.1473	0.2446	0.0359
688039.SH	2022-12-31	信息技术服务	浙江	11820.56	284	162503.44	33144.11	0.1549	0.1937	-0.0576
688039.SH	2023-06-30	信息技术服务	浙江	7263.59	310	166822.29	10689.27	0.1966	0.0649	-0.0370
688058.SH	2019-12-31	信息技术服务	北京	3088.29	136	96181.37	14330.23	0.0226	0.2486	0.1015
688058.SH	2020-12-31	信息技术服务	北京	4041.07	201	101844.22	18226.02	0.0358	0.1841	0.0625
688058.SH	2021-12-31	信息技术服务	北京	6791.66	256	99232.71	19983.95	0.0399	0.1988	0.0254
688058.SH	2022-12-31	信息技术服务	北京	8774.94	315	89802.94	24766.99	0.0600	0.2620	-0.0387
688058.SH	2023-06-30	信息技术服务	北京	4249.31	290	93301.51	13463.93	0.0927	0.1471	0.0037

续表

证券代码	报告日期	所处行业	注册地	研发支出（万元）	研发人员（人）	资产总额（万元）	营业收入（万元）	资产负债率	总资产周转率	资产收益率
688066.SH	2019-12-31	信息技术服务	北京	8874.37	314	152573.17	60117.15	0.2103	0.5214	0.0723
688066.SH	2020-12-31	信息技术服务	北京	13049.64	362	189436.32	84669.80	0.2910	0.4951	0.0753
688066.SH	2021-12-31	信息技术服务	北京	21121.96	476	346525.45	146844.38	0.3469	0.5480	0.0746
688066.SH	2022-12-31	信息技术服务	北京	29564.00	583	596860.01	245705.04	0.5461	0.5209	0.0560
688066.SH	2023-06-30	信息技术服务	北京	17427.72	632	624991.70	102373.26	0.5607	0.1676	0.0018
688068.SH	2019-12-31	制造业	北京	2899.07	120	72567.46	21041.23	0.1052	0.4239	0.0680
688068.SH	2020-12-31	制造业	北京	4761.20	127	90251.50	51353.36	0.1725	0.6308	0.1367
688068.SH	2021-12-31	制造业	北京	13191.64	237	364484.46	536920.38	0.2115	2.3615	0.9686
688068.SH	2022-12-31	制造业	北京	19113.87	269	389927.18	355655.16	0.1399	0.9429	0.2453
688068.SH	2023-06-30	制造业	北京	6811.75	319	370110.51	30700.71	0.0731	0.0808	0.0201
688078.SH	2019-12-31	信息技术服务	北京	1522.55	36	57180.26	15434.00	0.0916	0.3890	0.1187
688078.SH	2020-12-31	信息技术服务	北京	2058.18	49	56965.57	19764.17	0.1018	0.3463	0.0889
688078.SH	2021-12-31	信息技术服务	北京	3614.16	155	69035.91	29086.71	0.1786	0.4617	0.1001
688078.SH	2022-12-31	信息技术服务	北京	3730.78	155	79861.49	36488.21	0.1910	0.4901	0.1075
688078.SH	2023-06-30	信息技术服务	北京	2148.76	168	79576.81	13917.51	0.1563	0.1746	0.0479
688088.SH	2019-12-31	信息技术服务	浙江	19615.57	452	274858.21	56447.70	0.0907	0.2846	0.1061
688088.SH	2020-12-31	信息技术服务	浙江	25947.43	460	300739.41	68318.66	0.1039	0.2374	0.0874
688088.SH	2021-12-31	信息技术服务	浙江	27028.84	444	291129.15	57302.46	0.1268	0.1936	0.0467
688088.SH	2022-12-31	信息技术服务	浙江	28786.85	493	298267.41	53164.85	0.1352	0.1804	0.0194
688088.SH	2023-06-30	信息技术服务	浙江	16389.12	524	306884.90	34019.19	0.1440	0.1124	0.0165
688089.SH	2019-12-31	制造业	湖北	1872.43	53	129783.15	31154.78	0.0372	0.3316	0.1275

证券代码	报告日期	所处行业	注册地	研发支出（万元）	研发人员（人）	资产总额（万元）	营业收入（万元）	资产负债率	总资产周转率	资产收益率
688089.SH	2020-12-31	制造业	湖北	2038.41	57	138282.07	32346.07	0.0429	0.2413	0.1007
688089.SH	2021-12-31	制造业	湖北	3094.71	70	144849.09	35110.93	0.0460	0.2480	0.0927
688089.SH	2022-12-31	制造业	湖北	3229.64	82	161082.84	43342.45	0.1153	0.2833	0.0403
688089.SH	2023-06-30	制造业	湖北	1783.39	81	156546.92	19876.09	0.0816	0.1252	0.0206
688098.SH	2019-12-31	制造业	上海	2656.44	63	144762.62	25380.93	0.1149	0.2063	0.0634
688098.SH	2020-12-31	制造业	上海	3379.59	67	151446.94	33773.24	0.0780	0.2280	0.0873
688098.SH	2021-12-31	制造业	上海	6858.56	69	159846.43	35842.92	0.0785	0.2303	0.0671
688098.SH	2022-12-31	制造业	上海	6754.51	67	160508.37	32859.45	0.0674	0.2051	0.0381
688098.SH	2023-06-30	制造业	上海	4099.15	65	155270.23	12307.15	0.0502	0.0779	0.0063
688099.SH	2019-12-31	信息技术服务	上海	46174.54	708	332347.49	235773.34	0.1568	0.9488	0.0632
688099.SH	2020-12-31	信息技术服务	上海	57775.37	780	368568.50	273825.33	0.2069	0.7813	0.0326
688099.SH	2021-12-31	信息技术服务	上海	90387.31	1,131	505645.12	477707.49	0.2272	1.0929	0.1894
688099.SH	2022-12-31	信息技术服务	上海	118541.80	1,480	586507.62	554491.44	0.1592	1.0154	0.1340
688099.SH	2023-06-30	信息技术服务	上海	60775.24	1,480	616004.48	235037.99	0.1385	0.3909	0.0307
688101.SH	2019-12-31	制造业	陕西	3941.68	188	422989.13	74200.87	0.2455	0.2239	0.0840
688101.SH	2020-12-31	制造业	陕西	4011.60	198	453310.25	87644.71	0.2632	0.2000	0.0512
688101.SH	2021-12-31	制造业	陕西	5221.50	223	485463.20	115070.91	0.2834	0.2452	0.0533
688101.SH	2022-12-31	制造业	陕西	6081.62	219	529892.00	125916.07	0.3210	0.2480	0.0440
688101.SH	2023-06-30	制造业	陕西	2707.40	214	537713.11	51007.43	0.3094	0.0956	0.0215
688108.SH	2019-12-31	制造业	天津	19249.61	72	120562.06	43591.34	0.0888	0.4334	0.0895
688108.SH	2020-12-31	制造业	天津	15919.53	102	121749.78	32742.00	0.1147	0.2702	0.0186

证券代码	报告日期	所处行业	注册地	研发支出（万元）	研发人员（人）	资产总额（万元）	营业收入（万元）	资产负债率	总资产周转率	资产收益率
688108.SH	2021-12-31	制造业	天津	18536.40	183	110308.60	19435.61	0.1432	0.1675	-0.1132
688108.SH	2022-12-31	制造业	天津	20733.90	179	106761.37	19285.42	0.1687	0.1777	-0.1597
688108.SH	2023-06-30	制造业	天津	8039.76	112	107558.53	16128.59	0.1962	0.1505	-0.0300
688111.SH	2019-12-31	信息技术服务	北京	59878.57	1,552	684399.35	157952.06	0.1133	0.3729	0.0946
688111.SH	2020-12-31	信息技术服务	北京	71088.19	1,923	851158.62	226096.84	0.1904	0.2945	0.1155
688111.SH	2021-12-31	信息技术服务	北京	108162.50	2,811	1042566.94	328005.88	0.2537	0.3464	0.1129
688111.SH	2022-12-31	信息技术服务	北京	133121.08	2,922	1205767.66	388495.95	0.2703	0.3456	0.1006
688111.SH	2023-06-30	信息技术服务	北京	71710.65	2,832	1279883.54	217214.70	0.2827	0.1748	0.0479
688116.SH	2019-12-31	制造业	江苏	2132.48	51	174246.13	38643.00	0.0848	0.2980	0.0847
688116.SH	2020-12-31	制造业	江苏	2817.75	60	188094.51	47194.64	0.1062	0.2605	0.0588
688116.SH	2021-12-31	制造业	江苏	5195.82	108	259027.35	131995.65	0.2270	0.5904	0.1319
688116.SH	2022-12-31	制造业	江苏	8811.32	168	406273.42	184152.76	0.3776	0.5536	0.1285
688116.SH	2023-06-30	制造业	江苏	4603.66	237	446305.77	64098.36	0.4207	0.1504	0.0216
688118.SH	2019-12-31	信息技术服务	上海	5510.96	188	108845.37	39597.86	0.1154	0.5345	0.0679
688118.SH	2020-12-31	信息技术服务	上海	5675.10	182	108949.14	36071.82	0.1023	0.3312	0.0288
688118.SH	2021-12-31	信息技术服务	上海	7519.96	238	107948.29	43642.93	0.1429	0.4024	0.0361
688118.SH	2022-12-31	信息技术服务	上海	8570.09	253	102081.69	42535.65	0.1471	0.4050	0.0012
688118.SH	2023-06-30	信息技术服务	上海	4844.73	302	97307.79	18066.87	0.1333	0.1812	-0.0314
688122.SH	2019-12-31	制造业	陕西	12891.20	194	480305.32	144610.74	0.4555	0.3288	0.0349
688122.SH	2020-12-31	制造业	陕西	11891.97	227	553998.87	211283.30	0.4789	0.4086	0.0715
688122.SH	2021-12-31	制造业	陕西	17565.45	260	875795.24	292721.88	0.3785	0.4095	0.1042

续表

证券代码	报告日期	所处行业	注册地	研发支出（万元）	研发人员（人）	资产总额（万元）	营业收入（万元）	资产负债率	总资产周转率	资产收益率
688122.SH	2022-12-31	制造业	陕西	25429.21	305	1130586.50	422717.81	0.4373	0.4214	0.1092
688122.SH	2023-06-30	制造业	陕西	13030.27	318	1139176.12	211191.08	0.4439	0.1861	0.0381
688123.SH	2019-12-31	制造业	上海	5770.77	64	141589.77	51337.19	0.0619	0.5647	0.1046
688123.SH	2020-12-31	制造业	上海	5196.53	70	155646.99	49385.21	0.0614	0.3323	0.1096
688123.SH	2021-12-31	制造业	上海	7429.94	73	163909.64	54405.39	0.0728	0.3405	0.0649
688123.SH	2022-12-31	制造业	上海	13402.68	110	205737.39	98043.28	0.0748	0.5305	0.1874
688123.SH	2023-06-30	制造业	上海	7238.46	125	198195.11	31697.99	0.0510	0.1569	0.0275
688128.SH	2019-12-31	制造业	广东	21447.51	355	354147.03	275239.77	0.3909	0.8911	0.0827
688128.SH	2020-12-31	制造业	广东	20892.15	362	399402.14	251964.72	0.4198	0.6687	0.0752
688128.SH	2021-12-31	制造业	广东	24718.91	422	485125.90	340745.45	0.4920	0.7705	0.0707
688128.SH	2022-12-31	制造业	广东	28750.57	464	624883.06	379453.13	0.5717	0.6837	0.0645
688128.SH	2023-06-30	制造业	广东	14779.29	485	669233.09	184398.64	0.5945	0.2850	0.0281
688138.SH	2019-12-31	制造业	广东	2039.14	56	132822.97	47965.09	0.1543	0.4761	0.0698
688138.SH	2020-12-31	制造业	广东	2419.95	76	142506.63	48719.26	0.1732	0.3539	0.0554
688138.SH	2021-12-31	制造业	广东	3684.18	83	152348.70	54391.24	0.2132	0.3689	0.0302
688138.SH	2022-12-31	制造业	广东	4474.38	84	174303.57	76215.40	0.2646	0.4666	0.0606
688138.SH	2023-06-30	制造业	广东	2509.79	98	175703.89	41741.40	0.2583	0.2385	0.0305
688139.SH	2019-12-31	制造业	山东	12136.12	277	303999.67	101252.04	0.1911	0.3844	0.0696
688139.SH	2020-12-31	制造业	山东	15071.92	400	394259.90	140202.90	0.2937	0.4016	0.1100
688139.SH	2021-12-31	制造业	山东	23630.70	565	489982.90	212586.27	0.2574	0.4808	0.1921
688139.SH	2022-12-31	制造业	山东	29247.01	897	548899.58	286404.46	0.2442	0.5514	0.1178

续表

证券代码	报告日期	所处行业	注册地	研发支出（万元）	研发人员（人）	资产总额（万元）	营业收入（万元）	资产负债率	总资产周转率	资产收益率
688139.SH	2023-06-30	制造业	山东	15757.45	840	548942.20	127045.59	0.2101	0.2314	0.0518
688166.SH	2019-12-31	制造业	江苏	12487.54	236	142129.69	50315.67	0.0761	0.4382	0.0967
688166.SH	2020-12-31	制造业	江苏	14084.44	270	182778.79	78538.27	0.2162	0.4834	0.1043
688166.SH	2021-12-31	制造业	江苏	17328.96	286	296961.51	105240.86	0.4135	0.4387	0.0990
688166.SH	2022-12-31	制造业	江苏	20702.49	290	466127.22	101733.15	0.5191	0.2666	0.0554
688166.SH	2023-06-30	制造业	江苏	10338.78	283	481406.15	58748.20	0.5112	0.1240	0.0208
688168.SH	2019-12-31	信息技术服务	北京	3777.31	109	106499.73	24873.18	0.0604	0.3614	0.1062
688168.SH	2020-12-31	信息技术服务	北京	6330.08	135	114505.89	26283.57	0.1074	0.2379	0.0403
688168.SH	2021-12-31	信息技术服务	北京	9357.83	179	123710.93	39142.29	0.1183	0.3286	0.0595
688168.SH	2022-12-31	信息技术服务	北京	10455.68	226	143839.67	45644.17	0.1612	0.3412	-0.0060
688168.SH	2023-06-30	信息技术服务	北京	7837.21	244	139669.92	14716.42	0.1898	0.1038	-0.0581
688188.SH	2019-12-31	信息技术服务	上海	4133.81	108	222072.22	37607.10	0.0317	0.2908	0.1903
688188.SH	2020-12-31	信息技术服务	上海	8206.54	142	261143.46	57082.93	0.0448	0.2363	0.1530
688188.SH	2021-12-31	信息技术服务	上海	13813.80	186	314859.76	91343.97	0.0475	0.3172	0.1906
688188.SH	2022-12-31	信息技术服务	上海	14355.34	279	450480.47	89849.19	0.0444	0.2348	0.1286
688188.SH	2023-06-30	信息技术服务	上海	8354.65	316	474494.49	66109.62	0.0379	0.1429	0.0830
688196.SH	2019-12-31	制造业	福建	6089.42	91	212552.57	129452.80	0.0271	0.8796	0.1465
688196.SH	2020-12-31	制造业	福建	7296.33	102	228624.01	159839.79	0.0273	0.7246	0.1098
688196.SH	2021-12-31	制造业	福建	12613.51	113	257254.75	308349.20	0.0398	1.2692	0.1419
688196.SH	2022-12-31	制造业	福建	20065.67	125	298549.63	434497.30	0.0676	1.5635	0.1626
688196.SH	2023-06-30	制造业	福建	7292.11	130	319687.66	182921.38	0.1399	0.5918	0.0491

续表

证券代码	报告日期	所处行业	注册地	研发支出（万元）	研发人员（人）	资产总额（万元）	营业收入（万元）	资产负债率	总资产周转率	资产收益率
688198.SH	2019-12-31	制造业	北京	1514.94	33	78829.17	14603.33	0.0297	0.2926	0.1260
688198.SH	2020-12-31	制造业	北京	2877.00	42	87143.51	18191.79	0.0409	0.2192	0.0674
688198.SH	2021-12-31	制造业	北京	5890.04	45	103095.59	25181.76	0.0414	0.2647	0.0539
688198.SH	2022-12-31	制造业	北京	5514.76	65	117966.02	29516.67	0.0680	0.2670	0.0854
688198.SH	2023-06-30	制造业	北京	3936.46	95	121466.84	16764.40	0.0946	0.1400	0.0364
688199.SH	2019-12-31	制造业	天津	6635.66	164	297363.44	133486.61	0.1026	0.6349	0.1182
688199.SH	2020-12-31	制造业	天津	5214.17	192	330322.42	101141.80	0.2079	0.3223	0.0435
688199.SH	2021-12-31	制造业	天津	7076.37	255	386274.03	125245.92	0.2652	0.3496	0.0461
688199.SH	2022-12-31	制造业	天津	8452.41	272	410578.97	141095.86	0.3116	0.3541	0.0108
688199.SH	2023-06-30	制造业	天津	3186.16	212	426793.23	56448.35	0.3442	0.1348	-0.0096
688202.SH	2019-12-31	科学研究和技术服务	上海	2818.79	1,001	112831.96	44939.28	0.1132	0.5596	0.0853
688202.SH	2020-12-31	科学研究和技术服务	上海	4696.45	1,372	136432.31	66595.59	0.1676	0.5343	0.1077
688202.SH	2021-12-31	科学研究和技术服务	上海	7775.83	2,117	179357.17	116726.16	0.2599	0.7393	0.1803
688202.SH	2022-12-31	科学研究和技术服务	上海	12287.81	2,890	232958.09	165893.03	0.3120	0.8047	0.1641
688202.SH	2023-06-30	科学研究和技术服务	上海	6118.20	2,710	259721.28	87232.66	0.3315	0.3541	0.0674
688218.SH	2019-12-31	制造业	江苏	1861.36	69	124423.45	47313.07	0.3272	0.4607	0.0518
688218.SH	2020-12-31	制造业	江苏	1812.88	70	127537.24	47287.22	0.3347	0.3754	0.0221
688218.SH	2021-12-31	制造业	江苏	2643.48	94	151674.99	58742.74	0.4281	0.4208	0.0175

续表

证券代码	报告日期	所处行业	注册地	研发支出（万元）	研发人员（人）	资产总额（万元）	营业收入（万元）	资产负债率	总资产周转率	资产收益率
688218.SH	2022-12-31	制造业	江苏	3525.19	90	166717.74	73798.01	0.4774	0.4636	0.0222
688218.SH	2023-06-30	制造业	江苏	1984.17	96	164382.57	39777.28	0.4558	0.2403	0.0192
688258.SH	2019-12-31	信息技术服务	江苏	3106.74	361	94368.97	21283.36	0.0932	0.3269	0.0631
688258.SH	2020-12-31	信息技术服务	江苏	3897.12	469	100631.60	19841.63	0.1036	0.2035	0.0595
688258.SH	2021-12-31	信息技术服务	江苏	5331.02	620	113269.64	23660.41	0.2004	0.2212	0.0395
688258.SH	2022-12-31	信息技术服务	江苏	9129.38	641	119981.40	28202.28	0.1859	0.2418	0.0399
688258.SH	2023-06-30	信息技术服务	江苏	2320.91	566	126786.42	13466.58	0.1889	0.1091	0.0406
688268.SH	2019-12-31	制造业	广东	2544.66	88	142067.29	84399.01	0.1584	0.7769	0.0668
688268.SH	2020-12-31	制造业	广东	3036.86	90	148303.62	99958.84	0.1413	0.6885	0.0733
688268.SH	2021-12-31	制造业	广东	4720.30	108	176518.93	134726.34	0.2148	0.8295	0.0796
688268.SH	2022-12-31	制造业	广东	6011.84	145	239456.61	180316.00	0.3379	0.8670	0.0994
688268.SH	2023-06-30	制造业	广东	2325.15	151	319272.10	74052.45	0.4237	0.2651	0.0269
688288.SH	2019-12-31	制造业	浙江	5137.35	226	96542.39	31320.20	0.1210	0.4924	0.1096
688288.SH	2020-12-31	制造业	浙江	8341.01	313	113439.93	45616.10	0.1916	0.4345	0.0841
688288.SH	2021-12-31	制造业	浙江	11303.32	433	111525.75	40559.53	0.1773	0.3606	0.0235
688288.SH	2022-12-31	制造业	浙江	12967.95	415	98466.48	23970.14	0.1809	0.2283	-0.1041
688288.SH	2023-06-30	制造业	浙江	6075.84	452	99447.41	17083.89	0.2083	0.1726	-0.0245
688299.SH	2019-12-31	制造业	浙江	3814.61	73	205550.60	91026.11	0.2157	0.5397	0.0848
688299.SH	2020-12-31	制造业	浙江	5276.47	109	218180.75	104504.45	0.1981	0.4933	0.0835
688299.SH	2021-12-31	制造业	浙江	7847.17	144	248650.46	129668.81	0.2005	0.5555	0.0800
688299.SH	2022-12-31	制造业	浙江	5196.54	151	270134.04	115304.27	0.2328	0.4445	0.0437

续表

证券代码	报告日期	所处行业	注册地	研发支出（万元）	研发人员（人）	资产总额（万元）	营业收入（万元）	资产负债率	总资产周转率	资产收益率
688299. SH	2023-06-30	制造业	浙江	3135.39	172	311401.86	56351.94	0.3242	0.1938	0.0209
688300. SH	2019-12-31	制造业	江苏	1283.30	36	102372.65	31530.11	0.1246	0.4387	0.1039
688300. SH	2020-12-31	制造业	江苏	1978.41	39	109256.87	40420.34	0.1177	0.3820	0.1048
688300. SH	2021-12-31	制造业	江苏	3505.62	54	130490.21	62470.96	0.1618	0.5211	0.1442
688300. SH	2022-12-31	制造业	江苏	3849.89	73	153762.32	66195.42	0.2000	0.4658	0.1324
688300. SH	2023-06-30	制造业	江苏	2117.94	63	156430.69	31410.67	0.2033	0.2025	0.0471
688310. SH	2019-12-31	制造业	浙江	2056.73	102	80441.64	20954.95	0.1212	0.3698	0.0817
688310. SH	2020-12-31	制造业	浙江	2623.47	109	81601.28	26316.84	0.0984	0.3248	0.0718
688310. SH	2021-12-31	制造业	浙江	3845.90	107	87931.17	31552.58	0.1327	0.3722	0.0755
688310. SH	2022-12-31	制造业	浙江	3666.21	109	103826.07	38348.99	0.2010	0.4000	0.0803
688310. SH	2023-06-30	制造业	浙江	1431.72	115	116681.83	19766.40	0.2575	0.1793	0.0407
688321. SH	2019-12-31	制造业	广东	7823.90	106	169142.25	17380.04	0.1449	0.1444	0.0161
688321. SH	2020-12-31	制造业	广东	13726.45	191	172627.10	26946.98	0.1346	0.1577	0.0182
688321. SH	2021-12-31	制造业	广东	23434.74	260	189440.60	43045.00	0.2517	0.2378	0.0121
688321. SH	2022-12-31	制造业	广东	28793.53	338	289579.94	52993.95	0.4559	0.2213	0.0054
688321. SH	2023-06-30	制造业	广东	24759.46	340	316115.30	24160.39	0.4369	0.0798	0.0383
688333. SH	2019-12-31	制造业	陕西	4203.43	154	147970.47	32174.28	0.2726	0.2774	0.0643
688333. SH	2020-12-31	制造业	陕西	6823.05	197	167877.55	41216.81	0.3080	0.2610	0.0549
688333. SH	2021-12-31	制造业	陕西	11421.98	267	210768.82	55199.30	0.3892	0.2916	-0.0282
688333. SH	2022-12-31	制造业	陕西	16256.63	435	303156.60	91807.86	0.4955	0.3573	0.0309
688333. SH	2023-06-30	制造业	陕西	8392.51	435	317452.36	43877.47	0.4961	0.1414	0.0057

续表

证券代码	报告日期	所处行业	注册地	研发支出（万元）	研发人员（人）	资产总额（万元）	营业收入（万元）	资产负债率	总资产周转率	资产收益率
688357.SH	2019-12-31	制造业	河南	1453.31	56	115702.73	40597.20	0.2469	0.4606	0.0976
688357.SH	2020-12-31	制造业	河南	1913.70	62	118237.49	45155.00	0.1757	0.3860	0.1089
688357.SH	2021-12-31	制造业	河南	4214.51	76	168165.22	87764.57	0.2719	0.6129	0.1923
688357.SH	2022-12-31	制造业	河南	3800.24	84	218605.97	85378.70	0.2912	0.4415	0.1023
688357.SH	2023-06-30	制造业	河南	2335.47	80	305291.30	49828.87	0.4435	0.1902	0.0286
688358.SH	2019-12-31	制造业	江苏	5202.20	202	129050.37	36975.57	0.0928	0.4582	0.1303
688358.SH	2020-12-31	制造业	江苏	5563.52	180	134960.40	33309.27	0.1161	0.2523	0.0755
688358.SH	2021-12-31	制造业	江苏	7228.64	215	139806.96	39781.19	0.1091	0.2896	0.0819
688358.SH	2022-12-31	制造业	江苏	7787.85	224	151392.66	38084.33	0.1324	0.2616	0.0727
688358.SH	2023-06-30	制造业	江苏	3766.34	182	156438.30	29639.83	0.1371	0.1926	0.0727
688363.SH	2019-12-31	制造业	山东	9388.62	279	497165.99	188557.07	0.0849	0.5355	0.1660
688363.SH	2020-12-31	制造业	山东	14115.78	377	571689.43	263273.40	0.1222	0.4926	0.1207
688363.SH	2021-12-31	制造业	山东	28433.80	571	750374.02	494777.38	0.2401	0.7485	0.1173
688363.SH	2022-12-31	制造业	山东	38818.80	827	868175.44	635919.20	0.2302	0.7858	0.1188
688363.SH	2023-06-30	制造业	山东	18670.03	813	836832.22	307561.16	0.1745	0.3608	0.0495
688366.SH	2019-12-31	制造业	上海	11607.60	263	615186.94	160433.39	0.0810	0.3030	0.0711
688366.SH	2020-12-31	制造业	上海	12647.41	270	629870.54	133242.70	0.0896	0.2140	0.0364
688366.SH	2021-12-31	制造业	上海	16759.69	314	695035.54	176699.43	0.1281	0.2667	0.0524
688366.SH	2022-12-31	制造业	上海	18219.18	344	689239.83	213027.60	0.1436	0.3078	0.0275
688366.SH	2023-06-30	制造业	上海	10139.13	341	725416.82	131290.25	0.1604	0.1856	0.0295
688368.SH	2019-12-31	信息技术服务	上海	6769.97	122	137236.67	87367.69	0.1746	0.9904	0.1047

续表

证券代码	报告日期	所处行业	注册地	研发支出（万元）	研发人员（人）	资产总额（万元）	营业收入（万元）	资产负债率	总资产周转率	资产收益率
688368.SH	2020-12-31	信息技术服务	上海	15759.28	196	162759.06	110294.23	0.2157	0.7353	0.0465
688368.SH	2021-12-31	信息技术服务	上海	29891.15	272	280261.98	230234.82	0.3196	1.0394	0.3209
688368.SH	2022-12-31	信息技术服务	上海	30315.28	341	251632.01	107939.98	0.3933	0.4059	-0.0774
688368.SH	2023-06-30	信息技术服务	上海	18933.99	375	259687.95	61531.38	0.3906	0.2407	-0.0341
688369.SH	2019-12-31	信息技术服务	北京	8937.10	330	168337.37	69983.60	0.2698	0.5729	0.0835
688369.SH	2020-12-31	信息技术服务	北京	11963.80	434	184189.41	76329.13	0.2812	0.4330	0.0657
688369.SH	2021-12-31	信息技术服务	北京	18110.25	576	207002.01	103122.93	0.3011	0.5272	0.0688
688369.SH	2022-12-31	信息技术服务	北京	20498.11	631	195045.77	103242.98	0.2480	0.5136	0.0488
688369.SH	2023-06-30	信息技术服务	北京	11727.88	659	182982.94	47881.78	0.1882	0.2533	0.0113
688388.SH	2019-12-31	制造业	广东	6314.88	88	265376.11	144604.97	0.0415	0.7887	0.1798
688388.SH	2020-12-31	制造业	广东	7243.33	91	294134.93	120217.89	0.1056	0.4297	0.0667
688388.SH	2021-12-31	制造业	广东	14690.53	235	606043.77	280417.95	0.4045	0.6230	0.1223
688388.SH	2022-12-31	制造业	广东	22945.59	225	1079577.20	464084.54	0.3142	0.5506	0.0617
688388.SH	2023-06-30	制造业	广东	12042.36	225	1099453.96	207768.86	0.3374	0.1907	0.0020
688389.SH	2019-12-31	制造业	广东	7792.17	271	117896.13	42264.43	0.1097	0.4246	0.1010
688389.SH	2020-12-31	制造业	广东	10333.05	354	128954.00	55382.30	0.1132	0.4487	0.1166
688389.SH	2021-12-31	制造业	广东	15580.73	485	147445.36	77810.71	0.1468	0.5630	0.1376
688389.SH	2022-12-31	制造业	广东	17079.40	365	182051.00	98304.48	0.2071	0.5967	0.1525
688389.SH	2023-06-30	制造业	广东	9737.79	392	204504.58	55843.93	0.2413	0.2889	0.0694
688399.SH	2019-12-31	制造业	江苏	3855.84	105	115436.25	28879.47	0.1157	0.3727	0.1081
688399.SH	2020-12-31	制造业	江苏	7206.57	104	227767.33	173968.07	0.2692	1.0138	0.4776

续表

证券代码	报告日期	所处行业	注册地	研发支出（万元）	研发人员（人）	资产总额（万元）	营业收入（万元）	资产负债率	总资产周转率	资产收益率
688399.SH	2021-12-31	制造业	江苏	10663.82	164	349934.36	283903.63	0.2752	0.9829	0.4131
688399.SH	2022-12-31	制造业	江苏	18582.29	254	489100.00	553479.28	0.2275	1.3193	0.4357
688399.SH	2023-06-30	制造业	江苏	6876.69	245	434970.41	18661.47	0.1469	0.0404	-0.0148

资料来源：Wind 数据库。

后　记

　　本书是薛菁主持的教育部人文社会科学研究规划基金项目"适度干预视角下中小企业融资扶持政策精准供给研究"（20YJA790078）的最终成果。从2020年3月课题立项到2024年2月将研究成果提交出版社出版，4年中，经历了文献梳理、理论归纳、企业调研、资料收集、案例筛选、实证设计、结论验证、对策提炼等研究过程，有艰辛，更有收获。

　　中小企业融资扶持中政府力量与市场作用交织，政策干预"度"与政策实施效应密切相关，在支持民营经济发展壮大、金融高质量服务实体经济的时代背景下，该选题仍具有生命力。随着金融监管体制改革的深化、资本市场注册制改革的推进，这一选题有更多的内容值得深入研究。未来我们将继续努力，挖掘新的研究点，提交高质量研究成果。

　　在课题研究和书稿撰写过程中，得到了许多朋友、同事、同行的帮助，借此机会向他们表示衷心的感谢。同时，也向为书中调研部分给予大力支持的相关职能部门、企业、金融机构、访谈者，及书中所引用的文献的作者们致以最真诚的谢意。

薛菁

2024年2月18日